高等院校通识课教育精品系列教材

“互联网＋”新形态一体化精品教材

大学生创新创业教育案例集

主　编　王兴隆　王玉坤

副主编　王再军　桑　艳

DAXUESHENG CHUANGXIN CHUANGYE JIAOYU ANLIJI

航空工业出版社

内 容 提 要

创新创业类课程的目标造就学生的职业生涯规划能力与实际施行能力，促进学生成人、成才、成功。本书注重对实践的指导，通过案例分析、行业分析等强化了理念和方法的实践应用，可以直接辅助于创业活动的开展和相应的管理。尤其在主要案例分析上，本书选取的案例都具有“互联网”“众筹”“共享经济”等时代特征，案例主人公经历也不断激励我校毕业生开拓、进取、不懈奋斗。书中选取部分具有代表性企业家的创业故事与毕业大学生的创业故事，以激励给多的学生成长成才，引领在校大学生培养创新精神、培养创业能力。本书希望能够“引导中职生追求和创造幸福”，而不仅仅是提高就业率。

图书在版编目（CIP）数据

大学生创新创业教育案例集 / 王兴隆，王玉坤主编
.— 北京：航空工业出版社，2019.1（2022.7 重印）
ISBN 978-7-5165-1774-1

Ⅰ. ①大…　Ⅱ. ①王…②王…　Ⅲ. ①大学生－创造教育－研究　Ⅳ. ①G640

中国版本图书馆CIP数据核字（2019）第001106号

大学生创新创业教育案例集
Daxuesheng Chuangxin Chuangye Jiaoyu Anliji

航空工业出版社出版发行
（北京市朝阳区京顺路 5 号曙光大厦 C 座四层　100028）
发行部电话：010-85672663　010-85672683

北京荣玉印刷有限公司印刷　　全国各地新华书店经售
2019 年 1 月第 1 版　　2022 年 7 月第 2 次印刷
开本：787 毫米 ×1092 毫米　1/16　　字数：259 千字
印张：12.5　　定价：45.00 元

前　言

随着我国高等教育大众化进程的推进，高校毕业生人数不断增加，就业形势愈加严峻。大学生的出路在何方？“就业难，创业去”，已经成为鼓励大学生走自主创业之路的确种明智选择。高等学校实施创新创业教育，是党中央国务院在新形势下实施创新驱动战略，推进高等教育综合改革，促进高校毕业生更高质量创业就业的重要举措。创新创业教育是增强创业意识、焕发创业精神 、提高创业能力、促进创业活动的基石，对于建设创新型国家具有无可估量的现实意义。创新创业教育课程作为创业教育的主要载体与工具，是创业教育理念、教育原则转化为具体教育实践的主要载体之一，也是培养具有创业素质人才的关键。

《大学生创新创业教育案例集》立足于地方高校人才培养向应用型转向的大背景，遵循教育部 2012 年 8 月颁发的《普通本科学校创业教育教学基本要求（试行）》，顺应创新创业的新时代发展要求编写而成。本书收录了或成功或失败的各种创业案例，希望以此帮助大学生建立职业理想和目标，增强他们的职业决策能力，使他们能够主动提高职业素养，积极规划职业生涯，避免毕业时的焦虑、彷徨，顺利就业，开创自己的人生新阶段。

本案例集具有鲜明的特色。一是实践性突出。本教材的教学案例均来源于实践，是现实中创业者的真实经历。这些案例既有成功的，又有失败的；既有商业巨子的成长史，也有普通学子的创业路。在每个案例后，附有对案例的相应点评与相关知识的介绍。学生在阅读学习本案例集后，不仅可以了解到创业者的共同特质，而且也会在创业者经历的引导下，对照自身，产生触动和思考。二是编排体例新颖。本案例集并不是单纯搜集案例，更不是简单的创业故事的讲述。全书八个单元，每个单元均包括了核心知识、典型案例、互动空间、他山之石共四个部分。核心知识主要内容是与创新创业有关的基础的理论知识；典型案例是本书的主体部分，包括了与本单元主题相符的创业案例，每个案例后都有针对性的分析点评，利于学生从案例中得到更深刻的启发和指导；互动空间是一个实践性较强的环节，包括了创业品质、创业能力的测试以及一些模拟的实践活动；他山之石是在互动空间的基础上，主要提供一些创业创新的实践知识。在附录部分，本案例集搜集了部分盐城师范学院学子的创业实例，更显贴近学生实际。本案例集的编排方式利于学生在理论指导下感知实践，在分析实际案例中加深对理论的理解，提高其运用理论解决实际问题的能力，利于驱动其思考自身的创新创业实践。三是较强的鼓舞性和借鉴性。本案例集中的各位创业者经历不同，但都真实感人，因此具有较强的鼓舞性和可借鉴性。他们的拼搏精神和创业经历是人生中一笔宝贵的财富，也是学习的楷模。尤其是附录所收录的盐城师范学院学子创业的案例，更是学院精神的体现，也是学校应用型人才培养模式所收获的成果，是学院创新创业教育的硕果，也是在校师弟师妹学习的榜样。

本案例集包含创新赢得未来、唤醒创业基因、构建创业团队、紧抓创业良机、创新商业模式、整合创业资源、撰写创业计划、管理新创企业共 8 个单元，搜集了各类型案例 62 个，并附有盐城师范学院学子的创业案例 19 个。王兴隆同志编写第一、二单元，王玉坤同志编写第三、四单元，王再军同志编写第五、六单元，桑艳同志编写第七、八单元和附录部分。全书的框架结构和统稿、定稿由王兴隆和王玉坤同志负责。

在教材编写过程中，我们参阅了大量国内外公开出版文献和资料，在此向相关作者和编者表示深深的谢意。本书的出版还得到了航空工业出版社和江苏省有关高校创新创业教育工作者的大力支持，在此一并致谢谢！

由于编者水平有限，不足之处在所难免有，敬请专家、同行和广大读者批评指正。

本教材为“十三五”江苏省高等学校重点教材，课题编号为 2017-2-138。

此外，本书作者还为广大一线教师提供了服务于本书的教学资源库，有需要者可致电 010-60206144 或发邮件至 2033489814@qq.com。

编　者

2018 年 12 月

Chapter 1

创新赢得未来

Chapter 2

唤醒创业基因

Chapter 3 构建创业团队

Chapter 4 紧抓创业良机

Chapter 5 创新商业模式

Chapter 6 整合创业资源

Chapter 7 撰写创业计划

Chapter 8 管理新创企业

Chapter 1 创新赢得未来

创业箴言

一个人追求的目标越高，他的能力就发展得越快，对社会就越有益。

——罗曼·罗兰

核心知识

知识点 1　创新与创业

两千多年前，老子就在《道德经》中提出“天下万物生于有，有生于无”的创造思想；孔子提出要“因材施教”以及“不愤不启，不悱不发。举一隅不以三隅反，则不复也”的思想。1919 年，我国著名教育家陶行知第一次把“创造”引入教育领域。他在《第一流教育家》一文中提出要培养具有“创造精神”和“开辟精神”的人才，认为培养学生的创新能力对国家富强和民族兴亡有重要意义。

1. 创新的含义

创新分为广义和狭义两个层次。广义的创新表现为不同的参与者和机构之间（包括企业、政府、大学、科研机构等）的交互作用的网络，在这个网络中，任何一个节点都有可能成为创新行为实现的特定空间；狭义的创新是从新思想的产生到产品的设计、试制、生产、销售和市场化的一系列活动。因而，创新的行为可以表现在技术、制度或管理等不同的侧面。

创新活动的本质在于：它是人类特有的实践活动。首先，创新是在意识支配下进行的创造性活动。在人类社会之外，其他动植物只是进化、演化，而不是创新。其次，创新是有规律的实践活动。创新活动以扎实的专业知识为基础，以艰苦卓绝的精神劳动为途径，以敏锐的观察力、丰富的想象力、深刻的洞察力为导向，反映符合事物发展要求的基本规律；它是突破性的实践活动。创新不是一般的重复劳动，更不是对原有内容的简单修补，而必须是突破性的发展、根本性的变革、综合性的创造；它是在继承中升华的实践活动。继承是创新的必要前提。创新的特质是开拓进取，而不是做简单的复制者。

2. 创业的含义

创业是创业者通过以环境的互动、发现、识别、评价、开发利用机会、整合资源，进而创造价值的过程，其价值体现在为顾客提供的产品或服务之中。创业的含义一般有广义和狭义两种。广义的创业主要指岗位创业，即在现有岗位上顺应时代发展和岗位目标要求，创造性地发挥劳动者的聪明才智，通过全面提高自身能力和素质，在工作岗位上有所发展和建树，并为岗位提供者尽可能多地创造财富，实现开拓性的就业。狭义的创业通常仅指自主创业。自主创业又称独立创业，是指创业者个人或创业团队白手起家进行创业，转变择业观念，以资源所有者的身份，利用知识、能力和社会资本，通过自筹资金、技术入股、寻求合作等方式创立新的社会经济单元。

总之，大多数人都认同创业是一个过程，而且是一个价值创造的过程（或活动)，都要经过一定的方式（或组织形式）来实现价值创造，一般可以采取个体创业（或独立创业)、企业内创业（或公司创业)、社会创业等方式，强调机会的驱动，机会的发现、识别和利用。创业是各种要素交互、动态均衡的过程或结果。

3. 创新与创业的关系

（1）创新是创业的基础，而创业推动着创新。从总体上说，一方面，科学技术、思想观念的创新促进了人们的物质生产和生活方式的变革，引发了新的生产、生活方式，进而给整个社会不断地提供新的消费需求，这是创业活动源源不断的根本动力；另一方面，创业在本质上是人们的一种创新性实践活动。无论是何种性质、类型的创业活动，它们都有一个共同的特征，那就是创业是主体的一种能动的、开创性的实践活动，是一种高度的自主行为。在创业实践过程中，主体的主观能动性将会得到充分的发挥和发扬，正是这种主体能动性充分体现了创业的创新性特征。

（2）创新是创业的本质与源泉。经济学家熊彼特曾提出，创业包括创新和未曾尝试过的技术。创业者只有在创业的过程中具有持续不断的创新思维和创新意识，才可能产生新的富有创意的想法和方案，才可能不断寻求新的模式、新的思路，最终获得创业成功。

（3）创新的价值在于创业。从一定程度上讲，创新的价值就在于将潜在的知识、技术和市场机会转变为现实生产力，实现社会财富的增长，造福于人类社会。而实现这种转化的根本途径就是创业。创业者可能不是创新者或发明家，但必须具有发现潜在商机的眼光和敢于冒险的精神；创新者也不一定就是创业者或企业家，但创新的成果则是经由创业者推向市场的，是潜在价值的市场化，由此，创新成果才能转化为现实生产力。这也从侧面体现了创新与创业的相互关系。

（4）创业推动并深化创新。创业者可以推动新发明、新产品或新服务的不断涌现，创造出新的市场需求，从而进一步推动和深化各方面的创新，因而也就提高了企业或是整个国家的创新能力，推动了经济的增长。

概言之，创业的精神实质是创新；创新是创业的动力和源泉，是创业的主要标志。

知识点 2　创业的价值

1. 创业的社会价值

（1）创业是社会就业的扩容器。知识经济只是在一定程度上改变了就业的方向和结构，而不可能自动解决就业问题，创业可以通过提供就业岗位、服务社会来带动就业。创业型中小企业更是发挥了重要作用，创造了大部分就业机会，尤其是在大企业进行裁员时，中小企业在稳定就业方面起着越来越重要的作用。大学生创业一方面解决了自身的就业问题，另一方面也解决了社会人员的就业问题，全社会广泛的创业活动，有利于解决社会就业问题，促进和谐社会的建立。

（2）创业是科技创新的加速器。知识经济时代的创业更可以实现先进技术转化，推动新发明、新产品或新服务不断涌现，创造出新的市场需求，从而进一步推动和深化科技创新，提高企业或是整个国家的创新能力，推动经济增长。创业是新理论、新技术、新知识、新制度形成现实生产力的转化器，新建立的企业要想在激烈的市场竞争中站住脚，就要使用先进的生产技术，采用科学的技术手段，因此创业可以加速科技的创新。

（3）创业是经济发展的原动力。在知识经济时代，无论是在发达国家，还是在发展中国家，创业都是一个国家经济发展中最具活力的部分，是经济发展的原动力。我国改革开放以后，国家实行市场经济，积极支持个人投资兴办企业，新创办的中小企业成为我国新的经济增长点，对我国经济持续高速增长，以及促进我国的城市化进程和现代化建设，都起到了重要的作用。

（4）创业是社会进步的准动器。创业活动促进了社会经济体制的改革和深化，繁荣了市场，丰富了人们的生活，提高了生活质量，促进了社会稳定和谐，是实现共同富裕的有效途径。创业还可以激发整个社会的创新意识和创新精神，有利于社会文化、观念的转变。此外，创业使无数人进入了社会和经济的主流，对社会形成创新、宽容、民主、公正、诚信等观念和文化具有积极推动作用。

2. 创业的个体价值

（1）满足个人自我实现的需要。在知识经济时代，智力已经成为比土地、资金、劳动更有意义的关键性生产要素。因此，拥有稀缺知识和人力资本的大学生更有能力通过创业实现自我价值。而且，大学生创业的政策、金融、文化、基础设施等环境条件也日渐良好，借助知识和创意进行创业的梦想随时可以变为现实。

（2）带动个人就业。随着高等教育大众化的发展，“学位＝工作”这个公式不再简单地成立，“毕业＝失业”的可能性大大增加。当前大学生就业形势严峻，创业是解决就业难题的一剂良药。在创业的语境下，传统意义上的就业具有了更多的“求职”和“创造新的就业岗位”的新内涵。“求职”不再是被动地等待工作，也不再是在某一特定领域里寻找空缺，而是主动地、全方位地探寻可能的岗位，以及通过施展才华使其成为自己的现实工作的过程。大学生自主创业不仅可以解决自身就业的问题，还可以创造就业岗位，带动他人就业。如果社会上形成了大学生创业的氛围，将大大缓解大学毕业生的就业压力。另外，创业还能为大学生创业者提供更加公平的机会和通畅的上升通道，让青年人有更广阔的驰骋空间，让更多的青年人通过自己的努力实现人生理想。

（3）创业是人生财富。创业是一个艰辛的过程，但它有利于最大限度地发挥个人潜能。在创业过程中，创业者能够逐步形成勤恳工作、不断学习、承担责任、勇于创新等创业品质。即便创业失败，这种创业经历也是人生中一次珍贵的学习机会，使创业者学会更好地应对失败和挑战，变得更加成熟。许多创业者都是在经历了最初的或者多次的失败磨难之后，才发展成为真正的创业家。那些成功的创业家常常将第一次创业的失败当作日后功成名就的秘诀。马来西亚常青集团执行主席、著名华裔企业家张晓卿在接受凤凰卫视《财智全攻略》节目专访时说：“危机常常带来希望，失败让我重新站起来。最重要的是，我们不要放松自己，不要以为一切都是唾手可得的。”很多创业失败的年轻人后来又回到企业工作，依托公司的各种平台、资源，往往能把工作做得更为出色。所以说，创业是对人非常有价值的一种训练，它对人才培养的意义比课堂教育还要重要。

典型案例

案例 1　大疆公司：我们欣赏但不佩服乔布斯

2015 年年初，美国《时代》杂志评选出 2014 年度十大科技产品，深圳市大疆公司的“精灵”系列航拍飞行器“Phantom 2 Vision +”成为唯一入选的中国产品。

在随后《纽约时报》发布的 2014 年杰出的高科技产品中，大疆“悟”系列的无人机产品“DJI Inspire 1”荣登榜首。这个几年前还在深圳一套民房里办公，只有五六位大学生的航模公司，现如今客户已遍布全球 100 多个国家，占有国际无人机市场份额近七成。《华尔街日报》评价大疆公司为“首个在全球主要的消费产品领域成为先锋者的中国企业”。作为大疆的掌门人，汪滔丝毫不敢懈怠，工作态度仍旧像他2006年在大学宿舍中创建大疆时一样，一丝不苟。汪滔说：“我很欣赏史蒂夫·乔布斯（Steve Jobs）的一些想法，但世上没有一个人是让我真正佩服的。你所要做的就是比别人更聪明——这就需要你与大众保持距离。如果你能创造出这种距离，就意味着你成功了。”

汪滔在上大学的头三年，一直没找到自己的人生目标，但在大四的时候他开发了一套直升机飞行控制系统，他的人生由此改变。为了大学期间的这最后一个小组项目，汪滔可谓付出了一切，经常熬夜到凌晨5点。虽然他开发的这个机载计算机的悬停功能在班级展示前一晚出了问题，但他付出的心血并没有白费。2006年，汪滔和自己的两位同学来到了中国制造业中心——深圳。他们在一套三居室的公寓中办公，汪滔将他在大学获得的奖学金的剩余部分全部拿出来搞了研究。

核心团队建立后，汪滔继续开发产品，并开始向国外业余爱好者销售，这些人从德国和新西兰等国家给他发来电子邮件。在美国，《连线》杂志主编安德森创办了无人机爱好者的留言板DIY Drones，上面的一些用户提出无人机应该从单旋翼设计向四旋翼设计转变，因为四旋翼飞行器价格更便宜，也更容易进行编程。大疆开始开发研制具有自动驾驶功能的更为先进的飞行控制器。试飞成功以后，汪滔开始带着它们到一些小型贸易展上推销。

在深圳大疆公司的办公室里，汪滔正畅想着消费级无人机行业的未来。随着无人机开始向农业、建筑业和地图等商业应用领域扩展，汪滔下定决心要保持大疆公司的市场主导地位。“我们当前面临的主要发展瓶颈是，如何快速解决各类技术难题，我们不能满足于眼前的成绩。”

分析点评

大疆的成功源于它的创始人汪滔的创新精神和永不放弃的坚持。汪滔的今天也可以是我们千万在校大学生的明天，只要我们一直走在创新的路上，不管前方有多少障碍，也会闯出一片新天地。

案例2　爱彼迎：创意解决难题

近年来，世界各地的旅行者们开始使用Airbnb（爱彼迎）网站来预定、安排自己外出旅行时的食宿。这个中文名可翻译为“空中食宿”的服务型网站成立于2008年，其用户遍布全球。2011年，Airbnb服务增长了800%；2015年，这家网站进行新一轮的融资，估值达到200亿美元。Airbnb成立于2008年8月，总部位于美国加利福尼亚州圣弗朗西斯科市，是一个旅行房屋租赁服务网站，用户可通过电脑或手机应用程序发布、搜索度假房屋租赁信息并完成在线预订。Airbnb将旅游人士和家有空房出租的房主联系起来，它可以为用户提供各式各样的住宿信息，并从成交金额中提取10%的服务费作为公司主要的盈利来源。这种简单的商业模式在近年来迸发出惊人的增长活力。

Airbnb创始人布莱恩·切斯基（Brian Chesky）的父母都是普通的社会义工，没有优渥的家庭背景，完全是白手起家。切斯基毕业于罗德岛设计学院，学的是美术专业，毕业不久他就失业了，最穷的时候，切斯基连房租都交不起，险些露宿街头。2007年，切斯基和他的同窗好友乔·杰比亚（Joe Gebbia）失业多时，正手头紧张的时候，房主又来催交房租，2人此时经历了失业和创业失败，心灰意冷，便跑出去借酒消愁。在喝酒的过程中，切斯基说："要是有人帮咱们付房租就好了。"两人一愣，随即一拍大腿，对呀，找人付房租啊。当时，城里正举办一个大型的商品展览会，很多来参加的展商及游客都租不到称心的旅馆。于是，他们决定把自己租来的房间客厅腾出来给游客住，再用游客交的住宿费来交房租。说干就干，杰比亚从壁橱里拉出几个被束之高阁的充气床垫，切斯基在当地网站发出了招租广告……

就在那个周末，三个前来参展的年轻人入住他们的客厅，切斯基和杰比亚这个月的房租至此有了着落。捞了第一桶金之后，他们的"生意"越做越大。几个月后，他们共同的朋友内森·布莱卡斯亚克（Nathan Blecharczyk）也前来寻求合作。就这样，Airbnb有了最初的雏形。

Airbnb的创办模式并没有什么"高大上"之处，其主要业务是给出行人士和家有空房的房主提供联络平台，在全世界范围内将需求和资源进行对接。但就是这样贴近普通民众生活的事业，获得了快速的成长和发展。

分析点评

Airbnb是众多"草根"创业的典范，其创始人切斯基没有深厚的家庭背景，没有学习过任何经济学理论，他只是在穷困之时为解决自身生存问题而迸发了灵感，产生了一个新颖的创意。在当前"互联网+"的时代，社会给年轻人提供的展现创造力的空间越来越大，所以，创业对大学生来说并非童话。

案例 3　企业不创新会死？——柯达公司警示录

柯达公司始建于 1880 年，创始人是乔治·伊士曼，总部位于美国纽约罗彻斯特。柯达公司是世界上最大的影像产品及相关生产和提供商，提供的产品和服务包括 LED、专业影像、商业影像、娱乐影像、业务解决方案、商业印刷、冲印、电影艺术等，公司的业务遍及全球 150 多个国家和地区。据统计，柯达 2002 年全球营业额达到 128 亿美元，其中一半以上来自美国以外的市场。然而，就是这样一个声名显赫、营业额高、业务遍布全球的百年老店，于 2012 年宣布申请破产保护，其员工锐减，仅剩 10000 多人。

时间回到 1991 年，比尔·盖茨应邀来到柯达总部，与柯达公司董事会成员商谈在 Windows 上支持柯达数字图像格式的问题时，时任 CEO 惠特莫尔居然在会议上鼾声大作。当年惠特莫尔觉得自己有资本在会议上睡觉的原因有两个：一是企业规模悬殊，1990 年微软的盈利收入是 11.8 亿美元，而柯达是 189.1 亿美元；二是在与董事会成员交流的过程中，盖茨使用了不少计算机专业术语，令沟通产生了障碍。在胶片给柯达带来滚滚财源和各种荣誉的时候，讨论数字化这种看起来枯燥且含金量不高的问题，惠特莫尔确实没有兴趣。“我们坐在这里与盖茨开会，而惠特莫尔却在一旁打呼噜。”这是斯瓦西在《变焦》一书中引用的当事人的话。也许，我们从这句话中就能找到声名显赫的柯达迅速衰败的原因——对新技术应用的迟钝，创新的迟缓。

在很多百年老店的 CEO 为了企业的生存与发展，绞尽脑汁地思考调整甚至更替核心业务的时候，柯达历任 CEO 似乎并没有产生过担忧，他们利用乔治·伊斯曼发明的感光胶片称雄百年，当数字化浪潮滚滚而来时，惊醒已晚，柯达很快就被时代的巨轮抛下了。

分析点评

在经济全球化和技术创新日新月异的信息技术时代，任何企业或产品如果一成不变，结果都只会和柯达一样。同样，从柯达的溃败中我们可以学习到，大者并非恒大，强者亦非恒强。不管是新企业还是百年老店，都需要不断地进行技术创新和管理的变革。唯有那些伴随着社会的发展而不断创新的企业，方能基业长青。

案例4 逐梦者席梦颖

席梦颖是北京邮电大学数字媒体与艺术专业大三的一名女生，身为艺考生的她深知艺考过程中的艰辛与困惑。因为没有专业的美术培训，她高三时经历了高强度的培训（早上七点至凌晨两三点）。在艺考的过程中又因为没有合适的衔接，她经常要在不同的城市奔波，到各个学校考试，吃和住常常没有合理的安排。于是她一直在想，如果有人能帮助艺考生处理这些事情，艺考生就可以安心地学习了。如今，身处“大众创业、万众创新”的全民创业时代，加之北京邮电大学的创新创业氛围又十分浓郁，席梦颖的创业梦想开始发芽。在学长、老师的鼓励和支持下，席梦颖正式开始了自己的创业之旅：为艺考生制订前期的培训工作及一系列的艺考时间安排计划，帮助更多的艺考生迈进自己理想的学校。

最初，席梦颖对于创业过程一无所知，在商业模式选择方面充满了困惑与迷茫。当时市场上已出现了一些比较成熟、专业化的美术生学习交流软件，拥有比较大的用户基数，对于自己的项目究竟是否可行、是否会被市场认可，席梦颖心中充满了疑虑与不安。一开始，席梦颖尝试创办了一个“智慧艺考”手机APP软件，这个软件专门为高三艺考学生在考试期间制定一系列的日程安排，包括吃、住、考试报名等方面。这一商业模式虽然在考试季为艺考生提供了诸多的便利，但服务周期只有考试的那3个月时间，每年仅有一批学生，积累的用户很少，没能继续下去。后来，席梦颖转变了商业模式，把目标用户扩大到有艺考打算的高一、高二的学生，为他们提供交流的平台，帮助艺考生大大减轻高三的培训压力，提高升学的成功率。在高一、高二阶段，以线上的交流辅导为主，到了高三便转为线下的辅导，这一商业模式不但可以大大增加用户的数量，也可以提高用户的留存率。

2015年4月，席梦颖创办的北京圣显教育科技有限公司正式开始了运营，9月20号正式注册。在运营与具体活动的执行方面，一个比较大的问题是如何寻找专业的教师资源。几经周折，席梦颖要到了一位传统出版社社长的微信，她在图书馆安静地酝酿了两天才和这位社长说了第一句话，之后席梦颖又聊了许多有关共享经济的内容，以及对于传统出版行业如何进行转型的思考。最终出版社社长被打动了，为席梦颖提供了许多免费的师资，帮助她做线上与线下的课堂。为了吸引用户，除了线上的课堂外，席梦颖还举办了丰富的线下活动，如最牛画霸（全国美术生优秀作品选拔大赛）等。

与此同时，席梦颖还专门建立了一个艺考生的线上线下交流社群。在短短3个月的时间内，社群便已经开展了13次艺考名师讲堂的交流活动，这些高质量的活动也让社群积累了1300多位用户。如今，席梦颖的社群已经积累了6000多位粉丝，有680

多人在PC端进行在线学习，以及在QQ端适配。为了使艺考生能更直接地与导师交流，她的技术团队正在努力搭建一个名叫“艺宝”思维的APP，使用户可以在移动平台上进行线上画作点评。

创业之初，席梦颖形单影只，无人支持。虽然之后加入了几位同年级信通院做技术的同学，但整个团队十分不成熟。后来在老师的介绍下，席梦颖认识了一位能够写技术框架并带领过技术团队的学长，这位学长海外读研归来，有两年的工作经历，且已经有自己的项目。一开始学长对于席梦颖所做的事情并不热衷，但席梦颖经常找机会与这位学长谈自己的想法、创意及具体的商业模式、行动安排等。最终，学长被席梦颖的热忱与坚韧打动，加入了她的团队，彼此成为很好的合作伙伴。随着几位做技术的硕士和博士的陆续加入，技术团队不断趋于成熟。此外，团队对于美术编辑人才的要求也相当高，因为他们必须要懂美术，具有较高的绘画水平，可以对学生的画作进行在线点评。席梦颖便开始通过积极参加北京印刷学院举办的沙龙活动等，作为嘉宾分享自己的创业经历，吸引相关的人才。

幸运的是，席梦颖在第一轮融资时很顺利地拿到了投资人的10万元，以及学校资助的3万元，解决了创业之初的燃眉之急。在偶然的机会下席梦颖向一个投资机构介绍了自己的项目，2016年寒假她一天都没有休息，紧锣密鼓地梳理项目以与投资人对接，将创业商业计划书改了很多遍，带领投资人看团队，进行路演，现在拿到了第二轮投资的协议，这是席梦颖的公司在半年内拿到的第二轮投资。

谈及以后的规划，席梦颖说，希望自己的公司可以成为“美术教育行业的新东方”。

席梦颖就这样在学习中一点一滴地摸索，一步一步地践行着自己的创业之旅，看着创业中那些林林总总的憧憬与构想竟一步步地变为了现实，席梦颖说，这些小的成功源于自己的幸运。的确，在创业这条路上她很幸运地遇到了许多志同道合的创业小伙伴，得到了老师、学长的指引，还加入过“炭九”“创业帮”这样的训练营，并积极参加学校举办的“互联网+”创业大赛的指导课程。但更重要的是她有尝试的勇气，勇于向着自己的梦想去努力。

分析点评

创业的过程布满荆棘，前路艰险，但唯有勇于尝试，并且付出不同于常人的努力，才能获得与众不同的生活与体验，才能在黑暗中逐渐看清远方微弱的光芒。如今，许许多多有梦想的年轻人已经踏上了创业道路，让我们共同期待他们收获自己的美丽人生，谱写与众不同的精彩篇章。

案例5　公益创业从校园出发

地沟油是近几年冒出的社会问题，一度令人闻之色变。就在各界为怎样解决这个问题不停争论时，攻读环境工程学专业的刘美辰等同学获悉，油可以做肥皂。她所在的环保社团马上行动起来，先把学校食堂当作试点，获得肥皂制件的基本原料。同时，他们与北京一家专门从事社区公益事业的企业——北京爱思创新进行合作，后者在皂化反应等专业知识方面给予他们不小的帮助。刘美辰等人设想，社团的活动或许能在北京的高校中引起关注，继而以浪卷之势，层层推进。

联想青年公益创业大赛的启动，让他们更加看到了这个项目的可操作性。“联想的介入能帮助我们解决不少困难，提高组织管理能力。”加上媒体的宣传报道、公益训练营以及可能获得资金支持等潜在因素，刘美辰对前景颇为乐观，“绿手指”公益创业的想法由此成型。

随着联想等大型企业的进入，公益创业活动正在社会上产生越来越大的影响，很多大学生也对此极为关注。与普通的商业创业不同，公益创业在启动之初并不需要那么多资源，关键是要有合适的创意与行动力。大学生从设计一个公益项目开始，通过组织化运作，可以学习和掌握公益项目的操作技能，成为具备专业知识、技能和实践经验的公益专门人才。同时，公益创业行动能帮助大学生提前完成职业选择和职业准备，解决大学生社会化不足和就业难的难题。

“绿手指”目前基本采用的是“内循环”和“外支援”互补的生存方式。“内循环”是从餐饮企业获得地沟油，制成的肥皂再返还回去，这样可以解决原料成本问题；“外支援”则是寻求可长期合作的肥皂厂商，通过他们的包装广告费用获取一定利润。刘美辰称，与肥皂厂合作，还相当于得到了可靠的质量“背书”。制成的肥皂，除了返还餐饮企业的那部分，其他的则用于举办环保低碳宣传活动时的派发环节。

分析点评

创业是一个创造新事物的过程，也是一个实现价值增值的过程，这意味着创业所创造出来的这种新事物，对创业者以及对其服务对象而言都是有价值的。地沟油是近几年社会中凸显的热点话题，它关系到人们的饮食安全，与人们的切身利益息息相关，如何更好地解决这一题，已成为困扰人们多年的障碍，这就为在此领域能够另辟蹊泾的创业者提供了发展的机会和空间。以刘美辰为代表的“绿手指”，正是看中了此项目的可操作性，他们立足于目前广受关注的地沟油问题，浪好地抓住人们迫切想解决地沟油问题的机会，利用专业知识，组建专业团队，策划了地沟油做肥皂的项目。与此同时，他们还与北京爱思创新进行合作以获得专业支持，通过参加联想青年公益创业大赛来对创业项目进行推广，将废油制成肥皂，并对特殊肥皂进行包装、推广，从而实现社会效益。他们以公益为目的，以创业为理想，从源头上减少了地沟油的形成，实现了资源再利用，宣传了环保节能思想，关注了食品安全问题。

案例 6　技术创新成就事业

高锐涛，汕头人，2006年毕业于中山大学，在水处理公司工作一年后开始创业，现为广州华淳水处理设备有限公司总经理。该公司现在是集研制、开发、生产、销售、维修为一体的新型纯水电去离子技术企业，产品已获得三项国家专利。

谈起创业过程，高锐涛言谈得体，表情平静如水，对自己未来的事业充满信心。高锐涛从小聪明好学，在水处理公司工作的一年中，便通过拆分设备、改装设备等工作，研制出许多新成果，服务于公司。在创业后，他更是独创拥有自主知识产权的、国际领先的双纯水电去离子技术，该技术现已广泛应用于医院手术室、机构实验室等场所。

从最初开公司时一个人苦熬，到现在已有十几个正式员工；从最初三个月没有销售一台机器，到现在年销售达两百多万元；从最初缺乏经验，到现在已有三项国家专利。当被问到他为什么决定创业时，高锐涛道：“创业比较容易发挥自己的才能，实现自己的人生价值，同时能通过创业带动就业，为别人创造出更多的就业机会，实现双赢。”

他回忆了一个细节：创业的第三个月，公司还没有收到一笔订单，他心急如焚。有一天，位于科学城的一家公司打来电话咨询，问华淳能否搞一套达标的高纯水设备，并声称之前五家公司均无法达到要求，如没能力，就不要来了。当时他丝毫没有考虑，立刻就去了，在拥有独创技术的基础上，他通过每天十多个小时加班加点的研发，终于解决了该公司的技术需求，在赢得名气的同时，也为他赢得了人生的第一桶金。那一刻，他脸上露出了久违的激动之情。

在谈及公司今后的发展方向时，他设想公司要往规范化和产业化方向发展，只有规范化，公司才能更加有活力，运转无阻；只有产业化，公司才能扩大规模，提高效益。他坦言，今后公司产品要做大、做精，需要往三个方向走：一是产品成品要销售到医院手术室、机构实验室等场所；二是产品核心技术批发给同行厂家进行生产；三是在全国范围内招省级代理，扩大市场份额。

“商人是为挣钱而挣钱，而企业家要以社会服务为基础，要肩负一定的社会责任。我认为，办好一个企业，首先把产品做好，实现产品服务社会的价值，再把这种价值转换成利润，才能真正实现个人与社会的统一。”高锐涛说。

分析点评

高锐涛大学毕业后并没有直接创业，而是在相关企业工作一年后才开始创业。经过企业一年的锻炼，他了解了市场行情，熟悉了设备技术要领，于是决定自己创业。大学生创业的短板是缺乏资金，其优势是拥有专业知识和专业技术。从高锐涛的创业案例中，我们可以得到如下启示：第一，技术革新是企业的生命力，创新精神是创业者必备的素质。在创业之初，让高锐涛获得人生第一桶金，在行业中树立声望，使得企业起死回生的就是技术革新满足了客户的需求。第二，管理创新让企业发展壮大，赢得人生第一桶金也许不难，难就难在使企业持续发展壮大，不断赢得人生财富。对于这一点，作为创业者的高锐涛非常清楚，在谈及企业未来的发展时，他的思路非常清晰，定位也非常准确。第三，承担社会责任是企业家成长的动力，高度的社会责任感激励着企业家开发符合社会需求的产品和服务，把企业家个人的人生价值追求与社会的发展需求统一起来、协调发展，是无数成功创业者的共性。

案例7　热爱创业才能创好业

颜求实，男，华南师范大学教育信息技术学院2010级本科生，华南师范大学紫荆书屋经营者之一。紫荆书屋从2012年5月书屋开张，每天营业额可达2000元，每月销售额达七八千元，为10多名在校生提供了勤工助学岗位，颜秋实也成为华南师范大学在校成功创业的佼佼者。

谈起创业，每个人都有一段难忘的经历，颜求实也不例外。小时候，当其他小朋友在操场上游戏时，他总在津津有味地读着从路边花2元钱买来的二手书——《创业点子》；中学春节期间，他到厂里批发鞭炮，在路边摆地摊售卖；高中时，当其他同学都在没日没夜复习准备接高考时，他却率领一群伙伴急急忙忙地推销着手机卡、复习资料以及各种学习、生活用品。在家人的眼里，颜求实就是个叛逆的孩子，他们都很不解：为什么他就这么爱折腾，不好好专学习呢？他们哪里知道，在这种爱折腾的表象下隐藏着一颗渴望创业的心。

2010年，颜求实考上了华南师范大学。刚进入大学的校门，他就处在一个比较尴尬的位置上：老师觉得他工作经验较多，给他安排了同学们都很羡慕的学生干部工作岗位，但他自己不愿意做这个差事，因为他上大学，从心底就是奔着创业去的。

经过内心的挣扎，他还是决定创业，并且成立恒远高校创业团队，团队汇聚了广东省各大高校精英 70 多人（主要是分布在广东省不同高校的高中同学），涉及的经管领域有电子数码产品销售与维修、品牌鞋推广、毕业相册承包、校园包车代理以及高校招生等。当时的营销模式是：只要团队中有成员提出一个项需求，经几个主要负责人商谈后觉得有可行性，便整合共享项目资源，迅速推广到广东省各大高校去。

颜求实当时负责的某品牌鞋推广，便是该模式的典型例子，而该项目也为他掘得人生的第一桶金。经过调研，他发现，高校的少男少女对某品牌的帆布鞋尤其喜爱，且只要达到一定量的销售额，厂家就会提供性价比很高的货源，于是他决定从这个突破口入手。经实地调查和学习，他构建了一种独特的销售模式，即实体店、网店和高校代理三位一体进行销售，三者相互依赖，相互融合。也就是，高校代理通过网店把需要宣传的产品介绍给顾客，并获得中间的利润差价；顾客可以选择自行在线购买，也可以找高校代理购买；而实体店在自身盈利的同时，也给高校代理和网店提供了很好的信用平台

后来，他又通过参与组建工作室的方式承接了学院的一些项目，并且通过提交申请策划书拿下了学校紫荆书屋的经管权。

对于创业，颜求实坚持这样一个信念：必须从心底去真正热爱它，才能做好它。

分析点评

敬业精神是创业者的重要精神之一，是创业者在创业过程中面临各种挑战和困境时能坚持下去的精神支柱。可以说，没有敬业精神，就没有个人的创业奋斗史。案例中颜求实对创业的热爱，使他无论身在何处，都能对商机保持高度的敏感性，都会积极投身创业实践，并不断探索自己的创业模式，总结自己的创业经验，寻求最佳的创业模式。只要保持高涨的创业激情，秉持务实的创业态度、爱岗敬业的创业精神，每个人都能成为创业者，甚至是成功的创业者。

案例 8　为创业梦时刻准备着

大学生创业除了拥有梦想和激情外，还要做足创业准备，并具有清醒的头脑。来自北京邮电大学通信工程专业的大四在读生欧阳朝明就是这样一个对创业有着清醒的认识并为之进行持续努力的人。

大二的时候，懵懂的欧阳机缘巧合地选择了“互联网产业与创业”这门课，并开始与几个同学一起运营了 CEOs 的微信公众号。在老师的引荐下，欧阳到创业校友酒会担任了志愿者，开始帮助师兄运营互联网思维的公众号。从每天进行排版推送的工

作，到开始自己关注大量的公众号并从中摘选文章，欧阳一直以一种谦虚谨慎的心态认真完成着公众号的运营工作。慢慢地，互联网思维的“粉丝”越来越多，最鼎盛的时候，公众号的“粉丝”数甚至达三十多万。这一成功使欧阳成为同学的偶像、社会的名人。这时候开始有一些人慕名而来找欧阳了，也有一些投资人向欧阳伸出了橄榄枝，希望可以帮助他商业化运作事业。

在运营互联网思维的过程中，欧阳主动去接触、了解不同的创业者，并认识到创业需要很高的综合能力，而他距此还非常遥远。因此，欧阳并没有沉醉于纷至沓来的机会当中，而是对自己有了一个更加清晰的认识。

创业是欧阳的梦想，为了实现梦想，欧阳积极地做着各方面的准备。2014 年 7 月 7 日，欧阳开启了他在拉勾网的实习，在这里他深刻体会到了创业企业的点滴成长、创业的各种艰辛与挑战，这为他以后的互联网运营积累了宝贵的经验。在实习的过程中，欧阳更加全面地理解了创业的整个过程，切身地体会到创业的不易之处，也更加清楚自己在运营、技术资源、活动执行等方面的不足与缺陷。与此同时，欧阳也认识到技术在互联网创业过程中的重要性。为了提高自己的技术能力、了解最新的战术动态，欧阳从微信运营转到了公司的技术部门做 Java 实习生，在这里他了解到互联网创业所需的各种技术准备。欧阳还积极参加各种社会活动，如接受各大学校的邀请去分享创业经验、参加各种互联网创业的沙龙及讲座。他在这些活动中认识了有相同创业梦想的创业者、互联网创业的专家，积累了宝贵的人脉和社会资源。千里之行，始于足下，欧阳也给自己提出了更大的挑战：亲自举办互联网思维线下沙龙等活动，从而锻炼自己组织具体活动的执行能力。

欧阳一直说自己很幸运，一路成长过来，遇到了许多“正确”的人，让他成长得很快、很顺利，特别是选择了“互联网产业与创业”这门课，正是这门课开启了他了解互联网创业的大门。现在，这个 1995 年出生的、腼腆内向却又坦诚纯粹的男孩，正在用他骨子里的韧性、进取和善良，突破着自己，从生活的方方面面锤炼自己的意志，丰富自己的思维，磨炼自己的心性，向着他所渴望的不一样的生活迈进。

分析点评

现在，许多年轻人都有创业的梦想与激情，这固然是件好事，但是创业尤其是大学生创业绝不是一蹴而就的事情，也不是靠短暂的成功就可以证明的，它需要的是一种长足的积累，需要像欧阳一样对创业保持清醒的认识，知道自己的目标是什么，更要知道自己需要在什么时间做什么样的事情，去一步步地践行梦想。

互动空间

创业测试：你具备创业的资质吗？

创业充满了诱惑，但并非每个人都适合走这条道路。美国创业协会设计了一份测试题，假如你正想自己“单挑”，不妨做做下面的题。

以下每道题都有4个选项：A.经常；B.有时；C.很少；D.从不。

1.在急需决策时，你是否会想“再让我考虑一下吧”？

2.你是否会为自己的优柔寡断找借口说“得慎重，怎能轻易下结论呢”？

3.你是否会为避免冒犯某个有实力的客户而有意回避一些关键性问题，甚至有意迎合客户呢？

4.你是否无论遇到什么紧急任务都先处理日常的琐碎事务呢？

5.你是否非得在巨大压力下才肯承担重任？

6.你是否无力抵御妨碍你完成重要任务的干扰和危机？

7.你在决策重要的行动和计划时，常常忽视其后果吗？

8.当你需做出可能不得人心的决策时，是否会找借口逃避而不敢面对？

9.你是否总是在晚上才发现有要紧的事情没有办？

10.你是否因不愿意承担艰苦任务而找各种借口？

11.你是否常来不及躲避或预防困难情形的发生？

12.你总是拐弯抹角地宣布可能得罪他人的决定吗？

13.你喜欢让别人替你做你自己不愿意做的事吗？

计分：选A得4分，选B得3分，选C得2分，选D得1分。

分析：

得分50分以上，说明你的个人素质与创业者相去甚远。

40~49分，说明你不算勤勉，应彻底改变拖沓、低效率的缺点，否则创业只是一句空话。

30~39分，说明你在大多数情况下充满自信，但有时犹豫不决，不过没关系，这也是稳重和深思熟虑的表现。

15~29 分，说明你是一个高效率的决策者和管理者，有望成为成功的创业者，你还在等什么？

他山之石

大学生创业的基本条件有哪些？

1. 充分的资源（Resources），包括人力和财力。创业者要具备充分的经验、学历、流动资金、时间、精神和毅力。

2. 可行的概念（Ideas），生意概念不怕旧，最重要的可行，有长久性、可以继续开发、扩展。

3. 适当的基本技能（Skills），不是行业中的一般技能，而是通常性的企业管理技能。

4. 有关行业的知识（Knowledge），不能只陶醉于自己的理想。

5. 才智（Intelligence），创业者不一定要有高智商，但要能够善于把握时机去做出明确的决定。

6. 网络和关系（Network），创业者如果有人帮助和支持，不断扩大朋友网络和打好人际关系，会带来不少方便。

7. 确定的目标（Goal），可使创业者少走弯路，明确奋斗的方向。

非常巧的是，将七个条件的首字母串在一起，恰好是“RISKING”（冒险）一词，这也反映出创业是伴随风险的。

Chapter 2 唤醒创业基因

创业箴言

创业者需要动机、激情和鼓励来开发一个商机。为了将创意变成可行的商业机遇，创业者将面临很多困难和挑战。

——杰克·M. 卡普兰

核心知识

知识点 1　创业者类型

创业者（entrepreneur）是开拓性地将商业机会转变为经济实体，并扮演经济实体中组织、管理、控制、协调等关键角色的个人。管理学大师彼得·F. 德鲁克认为创业者就是赋予资源以生产财富的能力的人。由此可见，创业者是一种主导劳动方式的领导人，是一种无中生有的创业现象，是一种需要具有使命、荣誉、责任能力的人，是一种组织与运用服务、技术、器物作业的人，是一种具有思考、推理、判断的人，是一种能使人追随并在追随的过程中获得利益的人，是一种具有完全权利能力和行为能力的人。

创业者从不同的角度有不同的划分，如机会型创业者和生存型创业者；自主创业者和岗位创业者；独立创业者和合伙创业者；传统型创业者、技术型创业者和服务型创业者；等等。

由于每个人的性格特点不同，其在从事某项事业的时候所采用的方式就不同，就目前火热的创业市场来说，不同的创业者具有各自鲜明的特点。

1. 撞南墙型

每个人心中都有一个创业梦，都想自己当老板，梦想着率领精兵强将在行业中冲锋陷阵，于是不少人毅然决然辞去稳定而舒服的工作，向一个未知领域迈进，开始认识行业内人士，寻找合伙创始人，组建团队，把多年的积蓄全都拿出来，开始大把大把花钱。现在大多是互联网创业，创业首先就得烧钱拉用户，别提什么商业模式，有了用户什么模式都能盈利，然而就在你大把大把花钱，到各公司高薪挖人，玩得不亦乐乎的时候，回头发现，产品已然面临骂声一片，且公司内部的能人互相不服气，勾心斗角，争权夺利，人员流动严重。再看看自己的银行账户，积攒了多年的血汗钱已经所剩无几，凭着目前拼凑而来的产品和所谓的黄金团队根本拿不到任何投资。在内忧外患下，只好关闭公司。这场创业梦终究醒来，你拍拍身上的尘埃，又回到原来熟悉的行业，老老实实当起了职业经理人。

2. 养猪型

出身名门，背景殷实，在某大公司任职高管，看到移动互联网的大潮，准确地判断出行业趋势，找到你的好朋友，某风投机构合伙人，和他说："哥们，现在移动互联网这么火，我在某某的公司多年，他目前对移动互联网的反应很慢，等醒过来的时候，只能通过并购来实现他的互联网布局。你投资点钱给我，我做一个方向，保证是某某公司需要的。我在这家公司待了 5 年了，我太了解他了。"某合伙人擦了擦嘴边的口水，一拍大腿，这事儿成了！于是高举高打，支起一面大旗，不断地使用媒体报道曝光用户数据等资料。某天某个大佬终于觉醒，跟手下投资部说了三个字："买下来。"投资部现任总监赶紧跑到曾经的领导——你的面前，话不多说，买了！你和投资人各自分得一杯羹。

3. 永动机型

对你来说，创业这件事已经融入你的血液，第一次看到一个机会，拉上几个好友一起吃苦创业，经过多年努力，终于到纳斯达克敲钟，那一刻，无数的掌声与光环围绕着你。之后，你选择深藏功与名，二次创业，又是重新组建团队，拓展市场，因为有了第一次的成功，媒体、投资人都对你充满信心。这次走得更快，不到三年，你再次站到了纳斯达克股票交易市场。这一次，当所有人认为你会退休享受生活的时候，你却背起行囊，又踏上了新的征程……

4. 奋斗终生型

改变世界是你的终身使命，你永远享受着创业路上的各种艰辛与欢乐，享受着当前产品问世时人们惊讶得合不拢嘴的情形。对于创业，你乐在其中，什么财富、声望都不是你创业的目标，你只是想不断地给这世界创造惊喜。对这样的人来说年龄根本不是什么问题，七八十岁仍保持着创新的热情与活力。

知识点 2　创业者素质

创业者需要的是综合素质，每一项素质都很重要，不可偏废。缺少任何一项素质，将来都有可能影响事业的发展。有些素质是天生的，但大多数素质可以通过后天的努力来培养。如果你能够从现在做起，注重培养以下一些素质，创业成功一定指日可待。

1. 务实与坦诚

创业者应该拥有开阔的视野，见多识广，了解市场大体的状况，知道行业缺什么；知道自己能做什么，不能做什么；踏踏实实做好眼前事，不断学习与进步；学会自我修复、自我升级，轻装上阵；有包容力、引导力；成员间坦诚相待、关系简单、少内耗、自我管理，分担责任、共享成果。

2. 善良与虚心

创业者还应该友好地面对所有人，把“止于至善”当作创业的终极目标。创业者有足够的胸怀和气度，知道自己应该坚持什么，可以放弃什么，了解自己的特长和弱点，不断努力提升自己，对未知的事物保持虚心和敬畏的态度，对任何事情都保持乐观的心态，竭尽全力去实现目标。

3. 强烈的欲望

创业和做人一样，首先要抓对大方向，在正确的时间做正确的事情，要做自己喜欢的并且擅长的事情，要脚踏实地、动手实践，要不断学习、修正、进步。“欲望”实际就是一种生活目标，一种人生理想。创业者的欲望与普通人的欲望的不同之处在于，创业者的欲望往往超出他们的现实，往往需要他们打破现在的立足点，打破眼前的樊笼，才能够实现。所以，创业者的欲望往往伴随着行动力和牺牲精神，这不是普通人能够做得到的。因为创业者想要实现的欲望，凭现有的身份、地位、财富是得不到的，所以要去创业，要靠创业改变身份，提高地位，积累财富，这是大多数白手起家的创业者走过的共同道路。

4. 忍耐力

对一般人来说，忍耐是一种美德；对创业者来说，忍耐却是必须具备的品格。在创业道路上，付出了怎样的努力和代价，忍受了多少别人不能够忍受的痛苦甚至是屈辱，只有经历过创业的人最清楚。对创业者来说，致命的是精神上的折磨。如果想自己创业，一定要先在心里问一问自己，面对从肉体到精神上的全面折磨，你有没有恒久的“定力”与“精神力”。如果没有，那么一定要谨慎创业。对有些人来说，一辈子给别人打工，做一个打工仔，也不失为一个合适的选择。

5. 顺势而为

创业者一定要明势，不但要明政事、商事，还要明世事、人事，这应该是一个创业者的基本素质。势，就是趋向。势分大势、中势、小势。创业的人，一定要了解社会形势，要研究政策，这是大势。对一个创业者来说，大到国家领导人的更迭，小到一个乡镇干部的去留，都可能对自己的创业有影响。在政策方面，国家所鼓励发展和限制发展的领域，与创业成败也有很大关系。顺势而为，顺着国家鼓励的方向努力，才能顺水行舟，事半功倍。

中势指的是市场机会。市场上现在流行的和人们喜欢的，可能就是你创业的方向。俞敏洪如果不是赶上全国性的英语热和出国潮，他就是费再大的劲，流再多的汗，洒再多的泪，也不一定会有今天的成功。

小势就是个人的能力、性格、特长。创业者在选择创业项目时，一定要找与自己能力相匹配的项目，契合自己的兴趣，可以发挥自己的特长，这样才有利于自己做持久性的、全身心的投入。

6. 人情练达

每一个创业者在创业的过程中，都必然有其凭依的条件，也就是其拥有的资源。创业者的资源，可分为外部资源和内部资源两种。内部资源主要是创业者个人的能力、其所占有的生产资料及知识技能、家族资源等。外部资源同样不可或缺，最重要的一点就是人脉资源的建立，即创业者构建其人际网络或社会网络的能力。一个创业者如果不能在最短时间之内建立自己最广泛的人际网络，那他的创业一定会非常艰难。对于创业者来说，同学（战友）资源和同乡资源可并称为最重要的两大外部资源。如曾国藩用兵只喜欢用湖南人。正是同乡之间互相支援，才成就了中国历史上最成功的两大商帮——晋商和徽商的辉煌。

7. 商业敏感及胆识

创业者的敏感是对外界变化的敏感，尤其是对商业机会的快速反应。有些人的商业感觉是天生的，如晚清著名企业家胡雪岩；更多人的商业感觉则依靠后天培养。如果你有心做一个商人，你就应该像训练猎犬一样训练自己的商业感觉。良好的商业感觉是创业者成功的最好保证。创业还需要胆量，需要冒险。冒险精神是创业家精神的一个重要组成部分，但创业毕竟不是赌博，不能盲目自信，应掌握好度，否则就只是冒进，只能做无谓的牺牲。创业者一定要分清冒险与冒进的关系，要区分清楚什么是勇敢，什么是无知。无知的冒进只会使事情变得更糟，让你的行为毫无意义。

8. 善于与他人分享

作为创业者，一定要懂得分享。一个不懂得与他人分享的创业者，不可能将事业做大。创业者只有学会分享，并愿意与员工分享，员工的生存需要、安全需要、尊重需要才能得到满足。员工出于感激，同时也因为害怕失去眼前所获得的一切，就会产生“自我实现的需要”，希望实现自我价值，也会更乐于为工作付出努力，做出更大的贡献，回报创业者。这样，一个企业才能良性循环。这就是马斯洛需求层次理论在企业管理方面的恰当解释。分享不仅限于企业或团队内部，对创业者来说，外部的分享有时候同样重要。分享不是无谓的付出，而是种智慧。

9. 自我反省

创业是一个不断摸索的过程，创业者难免在此过程中不断地犯错误。反省，正是认识错误、改正错误的前提。对创业者来说，反省的过程就是学习的过程。作为一个创业者，遭遇挫折、遇上事业的低谷都是经常发生的，这时，反省能力和自我反省精神能够很好地帮助创业者渡过难关。曾子说：“吾日三省吾身。”对创业者来说，应该时刻警醒自己、反省自己，唯有如此，才能时刻保持清醒。

知识点 3　创业者应具备的能力

1. 发现新创意的能力

创新能力是一个创业者必须具备的能力。早在 1912 年，经济学家熊彼特就在其经济学著作《经济学发展理论》中提出了“创新理论”。书中认为，作为企业家，其职能就是实现创新。需要指出的是，创新能力并不仅仅包含在技术或者产品的创新之中，创业者的创新涉及方方面面。

2. 积极寻找创新来源的能力

创新能力是一个人事业获得创新发展的动力源泉，创业者要有追求完美的意识，要积极寻找新鲜的、未尝试过的解决方案。创业者要考虑创业的整个过程，从过程的纵向路径中寻找创新点，也可以进行横向分析，从产品、市场、客户需求、公司管理及运营角度来考虑创新。

3. 创意评估的能力

我们应该清楚，并不是所有的创意都能转变为商机。对创意的评估，是指分析、评价创意是否能变为商机，是否能为创业者带来利润。创业者需要考虑以下问题：这个创意过分、夸张吗？实践起来容易吗？有没有实践成果？是否有其他人早已就涉足过了？如果这些问题得到了圆满的回答，则说明创意是可行的。

4. 将创意转变为商机并获得成功的能力

将创意真正变成商机是指创业者在通过市场分析后，经过确立产品与服务的方式，在市场研究的基础上，制订合理的商业计划，确定起动资金，构建公司管理模式等一系列工作，启动并开始公司运营的过程。这一过程复杂而艰巨，有很多环节涉及商业知识和经验。

大学生创业者要坚定决心，因为这一阶段不仅要面对大量细致、琐碎的工作，而且会面对未曾经历过的困难。要将商机转变为财富，仅仅依靠知识技能是不够的，因此我们建议，这一阶段，可以寻求专业人士的帮助。

5. 制订资金计划，明确所需资源的能力

启动资金是指企业在创建的前期需要的资金投入，创业者需要对前期的成本投入有明确的认识，虽创业者可以找专业人士来帮助自己，但是自己也应做到心中有数。公司的生存与发展，产品和技术是至关重要的。解决了产品的技术性与服务性问题，就需要关注销售，只有销售之后，才会有利润产生。公司的前期运行需要有足够的资金支持，因此创业者在执行计划的过程中必谨慎考虑财务因素。公司开办之初常常会出现亏损，这也需要有足够的资金支持。创业者既要有可行的资金计划，也要有良好的心理素质。

典型案例

案例1　马云：从教师到创业者的转变

1988年，马云担任杭州电子工业学院外语教师，这是他的第一份工作，当时工资大约每月110元。不甘寂寞的他找了不少兼职，并利用课余时间为到杭州观光的外国游客担任导游。西湖边的第一个英语角就是马云发起的。

1992年，马云和朋友一起成立了杭州最早的专业翻译社“海博翻译社”，并且在课余时间四处活动接翻译业务。他们当时经营得挺艰难，一个月的营业额是200多元，可仅房租就要700元。后来实在不行了，马云就背着口袋到义乌、广州去进货，卖礼品、鲜花，用这些钱养了翻译社3年，才开始收支平衡。马云后来说：“我一直的理念，就是真正想赚钱的人必须把钱看轻，如果你脑子里老是钱的话，一定不可能赚钱的。”

到1995年，钱没赚多少的马云，却凭着超强的活动能力为自己带来了不小的名气。一家和美商合作承包建设项目的中国公司，聘请马云为翻译到美国收账。

接下来的一切就像好莱坞影片中的情节一样：美国商人想赖账，掏出一把枪将马

云禁闭在房间中长达两天。马云在惊恐不安中被释放，又丢失了随身行李，只得在拉斯维加斯的赌场挣了600美元回国。

回国之前马云去西雅图看了一个朋友，在此马云第一次接触了互联网。西班牙《国家报》生动地描述了马云当时的心情——“我甚至害怕触摸电脑的按键。我当时想：谁知道这玩意儿多少钱呢？我要是把它弄坏了就赔了。”

就这样，作为“杭州十大杰出青年教师”之一的马云辞了职，借了2000美元，1995年4月开办了“中国黄页”，这是中国第一批网络公司之一。1997年底，马云和他的团队在北京开发了外经贸部官方站点、网上中国商品交易市场等一系列政府站点。不过由于许多原因，马云于1999年初决定放弃这些在北京的生意，并拒绝了雅虎、新浪的高薪邀请，决定回到杭州创办一家能为全世界中小企业服务的电子商务站点。

“从我外婆到我儿子，他们都会读阿里巴巴”。于是，马云从别人手里买下了阿里巴巴这个域名。阿里巴巴的成立大会被安排在马云家里——当然，此时谁也不会想到，几年之后，他们居然能一口吃下声名赫赫的雅虎中国。

马云下了死命令，每个员工必须把房子租在离他家5分钟可以到达的路程之内。那时候的工作是不分昼夜的，但也是大家最开心的时候，那时的马云亲自为大家下厨，端上一桌好菜。

其后的6年，阿里巴巴的故事人尽皆知——马云6分钟说服投资基金软银，拿到第一笔风险投资。其后，各路投资纷纷进入。现在，数以百万计的全球商人在阿里巴巴上交换信息。此外，马云和投资者还在2003年7月推出为消费者服务的淘宝网，2004年推出网络交易支付工具“支付宝”。

分析点评

“马云聪明的地方就是‘不是银行而做银行’，将阿里金融的身份掩饰得很彻底。做银行有人监管，不是银行，没有人监管。但他的全部布局已经完成。”在接受媒体采访时，招商银行副行长丁伟如此评价马云。面对阿里巴巴上市，新华社称赞了投资者对中国这家本土企业及其创建人赋予的信任，并称之为“中国奇迹”。国人评价马云多觉得他是一个神话般的人物，是中国的骄傲。而外国媒体评价马云，则是觉得他是一个像沃伦·巴菲特一样智慧的人。温家宝评价马云是一个有理想的人，拥有一个不屈的灵魂；是一个非常优秀的首席执行官，是中国互联网的一个传奇。

案例2 陈志列与研祥智能公司

陈志列，1963年出生，籍贯江苏，北京户籍，1987年考入西北工业大学计算机机系读研究生，师从我国著名计算机专家康继昌教授，研究方向是并行超级计算机，1990 年以优异成绩获得工学硕士学位。

1990 年，陈志列从西北工业大学计算机专业毕业后，被分配到了一家国有科研机构下属的合资公司，这家公司不仅承接国家委派的相关电脑控制系统的开发工作，而且代理了一个我国台湾品牌的嵌入式产品销售。

1991 年，陈志列来到深圳工作。与以往不同的是，这一次他是被“借调”到与公司合作的台湾企业，巩固其设立在深圳的分公司。台湾企业要求公司提供优秀的业务和技术人员前往，而符合这一要求的最佳人选就是陈志列。

独自来到深圳的陈志列，自己租了一个简陋的农民房住了下来，重新开始了艰难的打拼。一年多下来，一米八几的大汉被工作折磨得不足 130 斤。面对前去看望的老领导，陈志列坚持说是自己锻炼“减肥”的结果，当领导提出要去他的“宿舍”参观一下时，陈志列坚决地拒绝了。

一个人在深圳坚持待了一年多的时间，陈志列终于病倒了。在病床上，陈志列开始对自己的未来进行思考：台湾企业待遇虽然好，但是对于人才成长有太多的限制。陈志列感觉到头顶有一块大石头压着，似乎怎么也长不高。但是，如果离开这家公司去其他企业发展，前景也不一定乐观。

不给自己留后路

经过几年对用户的接触，陈志列已经熟悉了中国工控市场的状况。国内的工业自动化行业起步于 20 世纪 90 年代初，缺乏有竞争力的产品，市场基本上被海外品牌占据。当时的海外产品，不但价格很高，而且适用领域不是很宽，品种也比较有限，市场上还有很多没被覆盖的空白点。

面对难得的创业机遇，经过多年市场打拼，已经积累了丰富的营销经验和技术实力的陈志列，开始有了通过自主创业摆脱中国工控产业落后现状的冲动。地处改革开放前沿的深圳，在 1992 年邓小平同志南方谈话之后，有着非常浓郁的创业氛围，这使陈志列的创业冲动很快变成了创业行动。

但是，陈志列自主创业的想法却受到了来自父母和亲友的强烈反对。陈志列的父亲、母亲，岳父、岳母四位老人一起找他单位领导，恳求领导劝阻。爱才心切的老领导带着四位老人的厚望与陈志列展开了一次彻夜长谈。在了解了陈志列创业的决心后，老领导最后提出了一个折中的建议：“你如果愿意创业也可以，单位可以考虑在深圳成立一个分公司，创业收益你与公司分摊，风险算在公司的账上。即便你创业失败，也还可以继续做公司的业务骨干。”

老领导要陈志列回去再慎重考虑一下，如果真的下定决心，单位也不会强人所难。第二天一早，满眼血丝的陈志列敲开了老领导的门；"我已经决定自己单独创业，不能给自己留下任何后路，没有破釜沉舟的勇气，就不可能取得成功！"就这样，陈志列于 1993 年在深圳注册成立了研祥机电实业有限公司，专营嵌入式产品的代理销售和技术开发。

"高手"招聘高手

凭借丰富的市场经验和技术出身的优势，陈志列稳扎稳打，通过做代理的方式，挣到了第一桶金。为了进一步扩大公司的经营规模，"研祥"开始通过在报纸上刊登招聘广告，来招揽公司发展所需的人才。

1994 年 2 月，研祥智能公司的门口迎来了一个年轻人，他就是不远千里从宁波赶来公司应聘的朱军。公司的门开着，朱军走进去，房间里的人个个都在忙个不停，没有人注意到他，更不用说停下来和他打招呼了，朱军一下子有点不知所措。

过了一会，坐在角落里一直埋头处理仪器的高个子男人终于发现了他，他站起来，问明朱军的来意，便请朱军到另一个小房间里聊聊。一番攀谈之下，朱军才知道这个大个子就是陈志列，不由得对他产生了好感。原来，陈志列的技术和能力在业内已经小有名气，而他之前也正好代理过朱军所在单位的产品，两人曾经就产品的性能等问题通过书信。在这里意外碰到，两人都觉得特别有缘分，所以很快就消除了陌生感。

陈志列对朱军的到来充满好奇，因为他知道朱军技术过硬，在单位里很受重视，而且父亲还是宁波市的领导。他为什么放弃优越的条件，千里迢迢地来到他们小小的公司呢？"这是你们登的那则广告吗？"朱军说完，递了一份报纸给陈志列。陈志列一看，只见报纸的分类广告一栏登着他们公司的广告，但陈志列还是不明白，这则普通的广告有什么特别的地方能把朱军吸引过来呢？

可是，他仔细一看，不由得哈哈大笑。原来，由于打字员的疏忽，招聘广告上的"高薪诚聘高手"被打成了"高手诚聘高手"。本来就是高手的朱军，看到这则广告马上对这家公司产生了好感，觉得这家公司够胆量、有自信，于是决定过来会会高手。听完陈志列的解释，朱军也哈哈大笑起来。

陈志列问他："你现在知道实情了，后悔吗？"朱军边笑边使劲摇头："不，不会，你的确是高手！我没有来错！"朱军就这样留在了研祥智能公司，并且很快就和陈志列一起，成了公司下班最晚的人，但是，他觉得很快乐。和自己过去的单位相比，这里的工作强度大，时刻要面对挑战、解决问题，工资也不高，更没什么福利，顶多在周末或者不忙的时候，陈志列才会组织大家去路边的大排档吃饭聊天。可陈志列幽默风趣、口才了得，有他在的地方就有笑声，员工们都非常喜欢和他在一起。

当然，除了这些，朱军更喜欢这里的工作气氛。他注意到，即便是陈志列提出的方案，也经常遭到大家的否决。在这里，完全没有官本位思想，大家都可以畅所欲言，不需要去理会对方的级别是否在你之上。这种宽松民主的气氛，如同一块磁铁一样深深地吸引了朱军。对于这个世界上许多有理想、有抱负的人来说，能和一群志同道合的人在一起，享受那种思想上的碰撞、精神上的愉悦，比丰厚的物质享受更为重要。

从代工到开发自己的产品

“研祥”的创业是从做代工开始的，但陈志列并不满足于此。“当时很多企业都是从代工开始的，因为没有很高的技术要求，仅仅满足生产条件就可以了。在刚刚‘下海’的时候，我也曾计划着赚钱和兄弟们一起开着越野车到西藏玩玩，但在创业过程中这个想法逐渐转变了。”陈志列说，一方面，打工始终是在为别人“打工”，没有形成自己的品牌；另一方面，代工产品的利润率非常低，不适合企业长期的发展需求。

经过仔细考虑，陈志列把投资自主研发的想法在公司集体会议上公布了出来，没想到的是，“研祥”领导团队全部举手通过。这可以说是“研祥”的第一次转变。1995年，“研祥”成立了产品研发部，开始挖掘新产品开发能力。这个阶段，研祥一边卖自己开发的产品，一边继续做代工。之后，研祥相继成立成都、北京、上海分公司，初步形成了全国网络销售布局。

陈志列是个天生的演说家，他用富有感染力的话语，激发公司年轻人身上的冲劲。“中国制造应该成为过去，中国创造时代正在来临！”“我们立志，要做最好的产品。不久的将来，让每一个中国人可以对世界说，您要买最好的产品，还是得用我们中国产的！”陈志列的这些话，如同一个准备出征的将军对士兵们的战前宣言一般掷地有声，在他的感染下，一股为民族品牌争光的社会责任感，在研发人员心中油然而生。

经过几年的努力，陈志列的理想终于变成了现实。研祥是做控制系统的，在深圳地铁一期的时候，因为地下潮，好多设备都是裸露的，所用设备西门子和研祥各占一半。在许多人看来，西门子的东西一定比研祥可靠。可一期的试运行表明，如果有10次故障，9次是由西门子出的。结果从二期到四期，深圳地铁只用研祥的产品了。对此，陈志列自豪地说：“这个东西公关也没戏！这个责任谁能承担？两车要追尾了，这个是要枪毙人的。现在广州地铁从一期开始，北京地铁从五期开始，只用一家——研祥。”

分析点评

陈志列是我国改革开放后知识分子创业成功的典型代表。陈志列出生在一个普通知识分子家庭，创业前既没有资金积累，也没有“过硬”的社会背景。他之所以走上创业的道路，一是因为他看到了自己专业领域的创业机会，并产生了通过创业改变我国在工控领域落后状态的冲动；二是因为当时我国，特别是深圳有非常好的创业氛围。但归根结底，他能取得如此的成功，与他在该领域的专业性，与他个人强大的领导力是分不开的。

案例 3　王兴：创业是九死一生

一提到王兴，很多人脑海里想到的一个词语就是连环创业者，因为他是校内网、饭否网、美团网这三个中国大名鼎鼎的网站的联合创始人。除此之外，他还有另一层身份——大学生创业者。他是在毕业后，没有丰富的职业经历就开始创业的人。

王兴就是人们口中常说的那种天才少年，高中没有参加高考就被保送到了中国知名学府——清华大学，毕业后拿到全额奖学金去了美国特拉华大学，师从一位获得 MIT 计算机科学博士学位的大陆学者高光荣，随后归国就业。在一两次不算成功的创业之后，王兴创立了中国版的 Facebook——校内网，并很快风靡大学校园。2006 年 10 月，校内网被千橡互动集团以 200 万美元收购。2007 年 5 月，王兴创办了饭否网，这也是中国第一个类似 Twitter 的项目，但饭否在发展势头一片良好之际被关闭，这让王兴的事业大受挫折。2010 年 3 月，王兴上线了新项目——美团网，并在千团大战之中脱颖而出，稳居行业前三，先后获得红杉和阿里的两轮数千万美元的融资。这个连环创业者的事业蒸蒸日上。

王兴身上有着深刻的危机感，他以马化腾曾经说过的一句话来自省："可能巨人倒下的时候身体还是温暖的。"在他看来，在这个持续激烈变化的行业，美团离破产始终只有几个月的时间。

贯穿王兴创业史的秘诀有三项。

一是几乎所有的项目都来自美国互联网行业的先驱者，王兴和他的团队紧紧跟随美国互联网的发展。甚至有人在知乎上提问王兴，除了把国外的东西带到国内，还做了什么？王兴倒是不太讳言这个问题，甚至表示看到过这个帖子，他认为："创业主要是看你给用户提供什么样的服务，这才是最核心的价值。至于是不是原创，可能并不重要。"在王兴看来，"要承认国外确实比我们先进，在互联网行业更是如此，确实是他们先发明了东西，然后碰到问题，再去解决用户的需求。就像现在的汽车都是四个轮子、一个方向盘，不是国外做四个轮子，国内做五个轮子才叫创新。"

二是王兴从创业开始，核心团队几乎不变，虽然偶有分分合合，最终还是能走到一起。在王兴看来："创业本来是件不容易的事情，最好的团队肯定是能和而不同，就是大家的技能、一些观点不会完全一致，要不然就完全重复了，但是能够和谐地为一个目标而努力。"

三是吸取曾经的创业经验。在多次创业失败后，王兴总是能在失败的过程中学习到经验和教训，并且加以改进。比如现在的 O2O 项目，在曾经的校内网做推广时，王兴的团队就实验过类似的业务。

分析点评

创业是极具挑战性的社会活动，是对创业者自身智慧、能力、气魄胆识的全方位考验。一个人要想获得创业的成功，必须具备基本的创业素质。

案例4　Zara创始人：从穷裁缝到世界首富

最近20年来，比尔·盖茨大部分时间都是这个世界上最富有的人。不过也有少数几个人曾经超过他，除了贝索斯外，还有他自己的好朋友巴菲特，还有一个西班牙卖服装的。一个卖服装的竟然身家超过了科技大亨比尔·盖茨，事实的确就是如此，2016年，这个卖服装的奥特加，身家达到了795亿美元，超过了比尔·盖茨成为世界首富。两年过去了，奥特加的身家已经保持在700多亿美元，马云跟李嘉诚两大富豪加起来都没有奥特加一个人多。

奥特加是一个传奇富豪，他只靠着一个服装品牌就成为世界首富，这个品牌就是享誉世界的Zara。Zara目前的利润，全中国前30名的服装企业加起来都没有他一家多。目前Zara的母公司的Inditex年营收达到了209亿欧元，而且在库存非常高的服装行业，Inditex的库存只有20多亿欧元。

一个贫穷裁缝的发家之路

这位来自西班牙西北部贫困地区的80岁老头——阿曼西奥·奥特加，直到40岁时还是个穷裁缝，他是如何谱写自己传奇的呢？

奥特加的童年是贫困的，由于温饱难以解决，8岁那年奥特加举家搬往拉科鲁尼亚，这是个极其混乱的小渔村。13岁那年，奥特加迫于生活的压力终于辍学，到服装店去做一名学徒，打杂工。当地酒吧老板经常能听到酒吧里的一个年轻人大言不惭地说："我一定得搞出些名堂！"这个年轻人就是奥特加。但是上天并没有很快给予这位少年实现自己抱负的机会。在做学徒期间他与同样贫困的女裁缝罗萨莉娅·梅拉结了婚。

奥特加第一次创业是在拉科鲁尼亚的一家服装店里打工，随后开了自己的裁缝铺，向服装店出售女式上衣。后来他发现精致的女款睡袍虽然极受欢迎，却因为价格高昂让人只敢远观。于是他决定制作物美价廉的顶级睡袍，让人们能够享用。他的想法在市场收获了极大的成功。看到曙光的奥特加马上同妻子开了第一家工厂，然而上天并没那么容易让他成功，在他将近40岁的时候，一家德国企业取消了他们的一笔大订单，使得奥特加濒临破产。

绝处逢生——Zara 的诞生

一怒之下，阿曼西奥·奥特加正式创建了 Zara 品牌，开始了自产自销之路。

1975 年，奥特加在拉科鲁尼亚以 5000 比塞塔（西班牙货币，相当于 30 欧元）开了一家名为 Zara 的服装小店。这是 Zara 登顶服装零售业的第一步！

在 5 年的打拼下，Zara 凭借着自己的低价、潮流受到了西班牙市场的认可，于是奥特佳决定在 1990 年突击欧洲市场，他成功在欧洲 9 个国家开了 500 家 Zara 专卖店，并在 2000 年将触手伸向北美。

Zara 有着自己的销售策略，它会将店开到城市最繁华的地区，并慢慢将触手伸向周边较小的城镇，就如同“油污”一般，先由一大滴开始，然后慢慢向周边延伸。

Zara 不同于其他浮躁的品牌，稍微有点名气就开始疯狂打广告。它选择用别人打广告的时间强大自己，就算是一直“零广告”，它依旧深得全球人群的广大好评。

很快，2006 年，Zara 已经在亚洲都家喻户晓了。

分析点评

如今作为超级富豪的奥特加，依然只开一台破车，而且很少离开他居住的小镇。虽然他的事迹是如此辉煌，资产是如此富裕，但是奥特加却低调到尘埃里。他从不接受媒体采访，要不是富豪榜榜单，甚至大多数人都不知道他的存在。他将创业当成人生目标、当成最终理想，凭借不屈的精神和强大的信念，终于在服装业谱写一段神话。这个 90 多岁老头的经历如同传奇一般，告诉世上所有人，只要一心想搞出点名堂，就算过了 40 岁都不算晚！

案例 5　连续跳崖的天才马斯克

事实证明，有些天才，做什么火什么。Zip2，Paypal，SpaceX，SolarCity，Hyperloop，这一串令人头晕目眩的名字背后都有马斯克的身影。马斯克涉足的领域之宽，令人咋舌：从在线支付，到汽车、太阳能、航天技术，甚至到外星球殖民。其中，SpaceX 是继美俄中三国之后，第四个可以发射和回收航天飞行器的组织。

从 1995 年，24 岁开始，马斯克就没有停止过创业与探索新领域的脚步。如果说创业如跳崖，那么像马斯克这样的“连续创业者”已跳崖无数次。

1995 年，马斯克和自己的兄弟 Kimbal 创立了 Zip2。1999 年，Zip2 被 Compaq 以 3

亿美元收购，马斯克个人入账2000万美元。他随后杀入在线支付领域，创立公司。后来该公司与Confinity公司合并后形成了Paypal公司。2002年，eBay以15亿美元收购了Paypal，马斯克依然是Paypal最大股东，选择套现1.8亿美元（税后）走人。

2002年下半年，马斯克投身于火箭领域的创新。他物色到很不错的火箭专家；这些专家自身也厌倦于NASA这种政府机构的缓慢节奏和官僚制度，一拍即合一同创业，于是SpaceX诞生。SpaceX先是着眼于廉价的火箭发射技术，让发射火箭也可回收重复使用，其最终目标是殖民火星。2008年下半年，SpaceX第四次发射成功，火箭完美地把目标物送入轨道。

在2004年，SpaceX正在技术攻坚之时，马斯克个人投资开办了Tesla，专注于电动汽车。马斯克不理会什么叫“创业者要专注”，也用实际行动反驳了这一点。他坚信电动汽车是汽车业的未来，而自己是这个格局转变的推进人。2012年，Tesla Model S取得了巨大成功，Tesla的股票飙升。同期，SolarCity上市，一度成为市值60亿美元的公司。

马斯克就是这样一个热衷于创新型创业的企业家，不论是从技术层面，还是创意层面。

分析点评

马斯克是一个十足的冒险家，他立足新兴技术，将各种天马行空的想法付诸了实践。新兴企业的崛起注注伴随着崭新技术、换代产品和创新商业模式的成熟推广，因此创新思维对创业者来说至关重要。它帮助创业者从更独到、更高远的角度发现商机，一个好的创意可以改变一个人的一生，可以创造一个奇迹！

案例6　从《印象刘三姐》到《又见平遥》

每一次都是新的

“每一次都是新的”是王潮歌导演作品的一大特点，旺盛的、不枯竭的创作灵感，使她成为评论家笔下“最具创新精神的导演”。而在个人生活经营和商业运作上，她也同样不追随主流方式和传统套路，大胆地按照自己的方式去思考，去行动。她在一次答记者问时说：“我是一个另类企业家，特另类，我的思维方法和我对企业的认识都跟大家不太一样。”

王潮歌“万分不愿意”外界套用现有的商业模式去理解“印象”，她认为商业模式是一个企业家自己独创的一种商业特点，一定要随着时间和人的变化而变化。作为一家文化创意企业，“印象”在走的以及将走的是怎样的商业路径，王潮歌“自己也很好奇”。她说：“我是第一个吃螃蟹的，也许以后长得特好看，也许早早地就死了，不一定。”

作为一个创业者，王潮歌虽然始终保持一种“文化人”的自觉和对商业的“反感”，但却深知商业知识对企业经营的作用。她喜欢在机场买杂志、买书，原来都是买一些小说什么的，现在特自然地就走到经济类那块去了。她说：“我已经不是被动地学习，而是开始对这事感兴趣了。”另外，她还非常注意向投资人学习，经常向他们询问各种各样的问题。经过三轮融资，她已经从这些商业精英那里学到了很多商业知识。

长板理论

王潮歌是个非常直率的人。在做《开讲啦》的主讲嘉宾时，她一开场就坦言自己特别兴奋，一点都不紧张。她幽默地说：“等待这个跟大家见面的机会，等了好长时间，今天终于站在这儿了！挺高兴的！我是谁呢？我叫王潮歌，女，民族，汉，60年代生于北京，已婚，括号，原配，育有一女。从大学毕业，一直到现在，做过的唯一职业就是导演。我认为我是谁这个问题，是大多数中国人现在每天都在问的一个问题。但知道我是谁，特别不容易！”

在谈了自己的成长经历后，她与大家分享了自己的“长板理论”。她认为自己的所有板都短，只有一根长，那就是她的作文写得非常之好。她说：“因为我写得好，文学带给我的光荣，带给我的荣誉，足以消解我在物理、数学上的缺陷，所以我现在并不扭曲，只因为我有一个长板。这个长板，使我的性格是完美的，使我今天的生活充满阳光，这个长板也带给我名和利，以及生活的饭碗。”

接着，她又用一个简单的例子，进一步解释了她的理论。她说：“如果我非常想当一个歌唱家，我天天去练声，我可以唱歌吗？我不可以！为什么？因为我的声带没有长成那个样子，就是我苦死累死，我也不能成为一个歌唱家。这是我的短板，我为什么要练？所以，要知道自己是谁。知道自己是谁，才能够把自己的长板做得更长。短板，就暂且短着吧。”

“你才女强人呢”

身在一个基本上全是男人的圈子内，王潮歌凭什么跟他们平起平坐，甚至让他们相信女人的肩膀也是可以“挑重担”的？王潮歌坦言，“说”是不行的，你得“干”出来。因此，她可以在零下十几度的室外工作长达十几个小时，从不叫苦叫累，可以在必要时每天只睡三四个小时，而且她在每一次做决定时都果断强势，并且最后证明这些决定是对的。王潮歌习惯用这种“刚性”的方式去赢得尊重，原因是她极度自信。

王潮歌还是个“场面人”，她在任何公开场合都能迅速成为焦点。不仅是因为她爱穿色彩鲜艳的衣服，更是因为她有能做“青年导师”的口才。任志强戏称她为“语言有特点”的“人民艺术家”，马云则送给她“女马云”的绰号。而她在事业上的成功和工作中的干练风格，也使人们很自然地将她划入了“女强人”的行列。

但对“女强人”这个称呼，她却很讨厌。“你才女强人呢，我就想干干净净靠自己双手挣钱，加上吃相好看点儿，怎么就女强人了，不靠男人吃饭就一定是女强人吗？”“为什么口若悬河能指挥“三军”的女人就不是男人心目中的好妻子？他们愿意看到我们坚毅隐忍，以及甜美可爱，但当看到修饰漂亮的女人征战商场，他们就从心里嗤的一声：女强人吧，你们？他们就是脑子里有一个对女性固定的标准，因为你不符合，他们就会不喜欢。”

王潮歌说，自己其实跟媒体所宣传的“孙二娘”架势完全不一样，她会把父母、女儿和丈夫一块带着出差，会在适当的时候“示弱”，这种“示弱”并不仅仅是恰当而巧妙地让身边的男士拧开矿泉水的瓶盖，而是“真弱”。“我有时候会冲樊跃大喊大叫，把我所有的火都冲他发。但我会跟他说，你得原谅我，我是女人，我这时候就是受不了了，我得减压。”

一个曾经采访过她的媒体人如此评价：“你可能以为王潮歌以这种以刚克刚的方式去跟男搭档合作工作，家庭会不幸福，实际上却相反，她是深谙男性世界规则并且知道什么时候该对抗，什么时候该妥协的人。”而另外一名她的同行则评价：“她是真正的女强人，善于驾驭各种男人，就连张艺谋这种个性极强的男人她也能合作十年，足见其情商。”

《又见平遥》

2013年春节期间，大型情境体验剧《又见平遥》正式公演。这一次，王潮歌肩挑了从策划到导演的所有角色，而张艺谋不再出现在剧目单上，以往他总是担任总导演或者总策划头衔。十年来他们基本上都是这么分工的，张艺谋和樊跃负责整体艺术风格的把握，她负责具体执行。而十年后，张艺谋“隐退”了，“印象”系列和王潮歌却一起成熟了。

“情境体验剧”是一个全新的剧种，表演方式显得奇特。王潮歌说：“我们很少有机会这样去看一个演出，这更像一个博物馆，或者说，更像一回穿越。我们有时像一个看客，有时又像亲历者。在一个又一个互不关联的场景中，我们捡拾祖先生活的片段：清末的平遥城、镖局、赵家大院、街市、南门广场……

有观众含着眼泪看完《又见平遥》整场演出，称这是近十年来看过的最好的作品。有的观众在看完演出后，还要再次游览平遥古城，因为他对平遥古城有了新的认识，认为只有先看了《又见平遥》，了解了平遥精神，才能更进一步了解这座古城的精髓所在。

为了保证这场大型情境体验剧的演出效果，王潮歌与樊跃共同参与设计了“又见平遥”剧场。这个剧场是专为这个演出设计、建造的，它以黄土和瓦作为主要语汇，集传统与现代于一体，与两千多年的平遥古城遥相呼应。为了表达对平遥古城的尊敬，不夺其风采，在设计上整个演出基地向下深挖6米空间。

据欣赏过此剧的人们称，情境体验剧《又见平遥》的剧场内部，有着繁复和奇特的空间分割，完全不同于传统剧场。它没有前厅，没有主入场口，没有观众席，没有传统舞台。观众从不同的门进入剧场，在90分钟的时间里，步行穿过几个不同形态的主题空间。而表演者更深入观众中间，在观剧人群中往来穿梭，甚至与观众对话，让观众有机会成为戏剧的一部分，一起互动。

分析点评

王潮歌是一个另类创业者。之所以说她另类，一是因为她的创业想法与众不同，她很少去想怎么挣钱，她每天大多数时间都在想怎么创作出有新意的作品；二是因为她的创业方式与众不同，她提供给人的不是衣食住行，而是一种艺术享受，但这种艺术享受所拉动的衣食住行产业，却都会使她盈利。王潮歌的创业虽然另类，却揭示了中国当代社会创业活动的许多新质。一是从事文化工作的人也能创业。文化也可以用企业的方式运作，创意也可以盈利，这在西方发达国家，已经是非常普遍的现象。大名鼎鼎的好莱坞、迪士尼，不但大挣本国人的钱，而且能赚全世界人民的钱。二是通过整合资源盈利。“印象”不但充分挖掘了阳朔等风景名胜区的自然资源、人文资源和文化历史资源，而且巧妙地借助了风险投资和地方政府的资源。三是通过形成产业链盈利。“印象”也好，“又见平遥”也好，门票收入都只占王潮歌创业收入的一小部分。王潮歌的贡献是通过演出拉动了当地旅游、住宿、餐饮和地方名优特产的整体发展，形成了一个良性循环的产业链。当然，作为文化创意产业的创业者，她需要有自己独特的艺术风格、独到的商业眼光，需要用持之以恒的努力去打造自己的艺术产品，需要通过不断的学习去提升自己的商业知识和经营管理能力。

案例7 杨甫刚：大学生创业带头大哥

杨甫刚，毕业于浙江义乌工商职业技术学院国际贸易系物流专业。在传统教育观念里，他本是那种典型的“差生”：初、高中时性格叛逆，成绩倒数第一；第一次高考失败后复读两年，才勉强考上义乌工商职业技术学院。毕业这年又恰逢金融危机，然而他非但没有为找工作发愁，相反，他被学院副院长称为“学校的英雄”，因为他月入三四万，每年营业额超过200万元，流动资金有十几万，成为网上商城“三皇冠”卖家。在他的影响下，整个学院共有1200多名学生在网上开店，“钻级”卖家达400多位。

创业初期艰难

杨甫刚出生在一个贫穷的家庭，父亲是开船的，母亲在家务农。1997年金融危机，父亲开船亏本，欠了一屁股的外债。父母辛苦打拼还债，把全部的希望都寄托在了儿子身上。然而，被父母寄予厚望的杨甫刚，却从小学到高中一直都是差生。在人们眼里，他劣迹斑斑：上课睡觉、与同学打闹、和老师吵架、谈恋爱、与狐朋狗友在外面玩、夜不归宿。每当父母骂他不争气时，他就反驳："你们还骂我，那我还想问，怎么我们家里这么穷，别人家就那么有钱？"每当这时，父母只能暗自垂泪。

随着年龄的增加，他渐渐理解了父母的苦心，开始意识到学习的重要性。然而，由于落下了太多的课程，高考中杨甫刚名落孙山。在父母的劝说下，他又复读了一年，由于底子实在太差，虽然经过一番努力学习，杨甫刚还是没能达到本科院校需要的成绩，最终只考入了一家高职院校——义乌工商职业技术学院。下岗的父亲视之为最大的欣慰，期待着儿子毕业以后能进政府机关，过上体面、稳定的生活。而杨甫刚则认为父亲的想法已经过时了。在他读高中的2003年，被称为"扩招就业元年"，媒体上开始出现"失业大学毕业生达50万"的惊人报道，北大毕业生街头卖肉亦掀起轩然大波，高学历不再必然意味着体面工作和精英身份。

杨甫刚想实现一个不一样的梦想，"就算我拼了命考过英语六级，通过计算机二级考试，年年拿一等奖学金，出了校门，我能和本科、名校的学生竞争当精英吗？"

大一开学没多久，杨甫刚开始在校内捡矿泉水瓶、易拉罐卖钱。但刚开始干不久，他就遭到学校门卫的强烈不满："大学生捡垃圾，还读什么大学？"被说成是"捡垃圾的"让杨甫刚大受打击，之后，他又找了一条稍"高端"的路线，到学生宿舍推销义乌名牌——梦娜袜子。他天真地以为只要自己勤奋，就能把梦娜袜子从学校一步步销往全国。遭到了很多同学的白眼甚至闭门羹之后，杨甫刚懵懵懂懂地明白，做生意不能蛮干，上门推销并不是一条好路子。

2007年4月，在朋友的推荐下，杨甫刚开始转战淘宝，而他所拥有的创业成本只是1辆自行车与500元生活费。在淘宝网申请了账号后，他拿出了身上仅有的500元钱，又向同学借了1000元钱，凭着这1500元钱来到商贸城进货，开始经营自己的网上店铺。

杨甫刚先是找到了同学的妈妈，在她那里进了五六百元的健身球、瑜伽垫。有一个供货商是他在网上认识的，是义乌人，比他大一岁，他告诉那个供货商人自己是学生，没有钱。那个供货商倒也直爽，告诉他说去拿货就好了。回到寝室，他将所进的货定好了价格，发到网上。万事开头难，刚开始网上的人也不怎么相信他，而且网络店铺这么多，问津者寥寥。

开张的第二天晚上，杨甫刚发现已有一名上海客户下了订单。客户选购一件产品，如果发货，除掉运费，他只能赚0.5元。但杨甫刚没有放弃，为赚这0.5元，他舍不得坐公交车，而是步行送货，因为坐公交车要花去1.5元，那这趟生意就亏本了。口渴时，他连纯净水也舍不得买。也许太渴望成功，所以他能做别人不愿做的事。无论客户大小，他的服务和信誉都不会打折。在实现了零的突破后，杨甫刚更加注重把握营销方向、价格定位、产品质量。

“你是学校的英雄！”

网上商城就是个大型的虚拟市场，只有深入其中，才能发现商机。杨甫刚每天都会花费大量的时间泡在这个市场里，看看人家的店铺都在卖什么。经过一番调查，他发现网络销售排行第一的是化妆品，于是，他决定再次转方向卖化妆品。在做这个决定的时候，杨甫刚其实对化妆品一窍不通，但他天天泡相关的论坛，在网上寻找资料，硬是把自己“泡”成了化妆品专家。

他的判断是对的。从事化妆品销售之后，他的业务量稳步上升，最终稳定在每天100多笔订单、每月20多万元的销售额。

网络销售，店铺所获得的好评非常重要，而要想获得更多的好评，除了提供质优价廉的物品外，心平气和的服务态度以及一些小的营销策略都非常重要。杨甫刚总结道：“客户就是我的上帝，他们不管要买多少东西、最后决定买不买，只要找到了我，我都会和他们好好聊聊，向他们介绍自己的产品。有的时候我还会在发货的时候放点小礼品送给买家，这样买家会对你很有好感，还会带来不少新顾客呢！”

依托义乌的化妆品产业集群，杨甫刚能以很便宜的价格进到货，淘宝上的生意节节攀升。开店8个月后，当他的网店做到五颗钻时（淘宝网店的信誉评分标准，越多越好），杨甫刚突然受到学院副院长的隆重接待。临走前，院长笑眯眯地望着他说：“杨甫刚，你是学校的英雄！”

分析点评

杨甫刚是所有大学生中的普通一员，他家庭贫困，学习成绩也不优异，和同期的绝大多数大学毕业生相比，他的个人履历丝毫没有竞争力。于是他另辟蹊径，开始了自己的小本经营。由于缺乏经验，抱着天真的想法，他的第一个生意失败了，然而小小的挫折并没有让他丧失信心，反而让他对经营有了初步的理解。2007年，他抓住了电子商务迅速发展的机遇，成功将自己的淘宝店开了起来。他对客户真诚，学习能力极强，脚踏实地，一步一步地推动淘宝店的发展壮大。对于大学生创业者，不少人在创业时都会面临各种各样的挫折，如想法不切实际、缺少资金支持，甚至经营过程中被骗等。创业本身就是一个充满不确定性的过程，创业存在风险，一方面，大学生要做好失败的心理准备，坚韧不拔是每一个成功者必须要具备的素质；另一方面，大学生不能好高骛远，马云、马化腾是我们崇拜、学习的榜样，而当我们自己开始创业、展开经营的时候，则应脚踏实地，认清现实，充分利用身边已有的资源。能将一份“小事业”做成功，本身就是了不起的事情。

案例8 在三线城市开办培训机构

李尧浩在回忆自己的创业选择时说："一直以来我都想做一些事，最好是我熟悉的教育的事。于是，在2012年的那个清明节，趁回家乡的契机，我和我的搭档一起在一间舒适祥和的餐厅共商创业计划。我的搭档中有些是我的师兄，毕业后回到雷州的中学任教。他们因为经济窘迫，决心发挥自己的特长，创办家教培训中心，改善经济状况。就这样，在一些志同道合的朋友的支持下，为了美好的梦想，为了热衷的事业，为了实现人生价值，我选择了不同寻常的道路——创业。"

农村包围城市

考虑到大城市创办培训机构竞争大、成本高，李尧浩决定立足雷州，开辟雷州的培训资源。他说，很多人问他："为什么选择在经济落后，较不发达的地方开办培训机构？"他总是会说："因为我是土包子，喜欢农村气息。"其实，这是其创业团队经过深思熟虑选择的"农村包围城市"的竞争策略。试想，一个初出茅庐的大学生，没有资金，没有背景，没有任何创业经验，怎么可能在经济发达的大城市中施展拳脚呢？比如说，在广州，大大小小的教育机构有上千家，家家都有大家名师坐镇，想在那占有一席之地是非常难的。与其在大洋中漂泊，不如在小河里畅游。

以学生和家长为中心

自创办家教培训中心以来，李尧浩一直秉承"教育是一项良心工程，做最信赖的教育品牌"的办学宗旨，努力实现"我们用心，孩子欢心，家长放心"的办学目标。而在实施层面，无论是教学，还是管理和服务，他们一直都高标准、严要求，不为"执行不到位"找任何借口。据不完全统计，在机构接受不同品牌辅导的学员累计超过1000名，来机构咨询的家长和学生累计超过2000名，没有出现过一例投诉。机构首次融资10万元，在头3个月内就基本收回资本。经过每期抽样调查，他们发现，他们的教学和服务满意度逐步增高，达到95%以上。带着一大箩筐的好评和满意，李尧浩在创业的道路上越来越起劲，对培训机构的发展前景充满信心。

众志成城，其利断金

回顾自己的创业历程，李尧浩深有感触地说："这一切都归功于我的团队！""如果只有我一个人在奋斗，如果只有我一个人在策划，如果只有我一个人在管理，肯定没有今天的成绩。因为对于大学生创业者来说，在缺乏资金以及管理实践经验的条件下，团队的合作、团队的力量、团队的智慧就显得很重要了。集体的智慧使我们的决策更加科学，集体的智慧可以让我们规避市场风险，集体的智慧使我们从容应对各种挑战。"他总结道，"培训机构迅速成长，使我深深地明白一个道理：众志成城，其利断金。"

将"幼苗"栽培成"参天大树"

"曾几何时，我有一个梦想。我梦想我们国家越来越发达，科技越来越进步。我梦想每家都拥有一部电脑，学生每天都可以上网学习。因为我相信，未来的教育是以线上学习为主，线下学习为辅的。如果可以，我将努力让来自不同地方的学生同时接受我的品牌课程；如果可以，我会把学生的教学和家长的监督联系在一起。我憧憬，有一天，学生在电脑前学习，家长在办公室也能同步看到老师和学生上课的情况，打造教师、家长帮助学生高效学习的平台。因此，我将协同我的团队，一起摸索属于不同地方的不同家庭的个性化教育模式。或许，我还要带领我的团队一起开拓早教、幼教等教育项目，因为我要把一个人从'幼苗'栽培成'参天大树'。或许，一群有着饱满热情的年轻人能在不久的将来引领教育，因为我们一直都在奋斗着。"

分析点评

家教培训、少儿艺术培训是大学生创业常见的项目。这类创业项目，创业者在创业之初既要当老板，又要当员工，相关招生、宣传、上课的所有环节，创业者都要亲自上阵。这样一是可以大量节约人工成本，使创业企业轻装上阵，迅速成长；二是能让创业者直接面对市场，面对顾客，避免凭个人的意志想当然地做决定，犯决策性错误。在一、二线城市，培训市场尽管容量大，但准入门槛高，竞争十分激烈。案例中的李尧浩选择回三线城市，开辟培训市场，突破了一般大学生创业者的习惯思维。华南师范大学在广东省教育领域具有很高的知名度，他和他的合作伙伴都具有华南师范大学的教育背景，这为他们赢得了学生、家长的信赖，使得生源得到保障。而生源就是培训机构的生命，是培训机构生死存亡的关键。当然，要稳住生源、扩大生源，一靠宣传，二靠质量。这些恰恰是李尧浩创业团队的优势所在。他们整合了现有优势资源，做到"天时、地利、人和"；他们有激情，有先进的教育理念和现代的教育方法，善于团结，懂得合作，具有现代企业家的精神气质，具有现代企业家的开拓进取精神，这些成就了他们的事业。

互动空间

评估创业者潜力——个性特征测验

成功的创业者有一些共同的特征，这些特征对创业能否成功起着重要的作用。因此，进行创业决策，是从了解这些创业特征和特质并进而了解和探索个体自我开始的。

从下列 32 组句子中，选择最能反映你个人观点的句子。

题号	选项	选择
1	(A)工作一定要完成。 (B)我喜欢与优秀的朋友在一起，这样我能够获得他们对我工作的看法和建议。	
2	(A)当我的责任增加时，我会感到更加快乐。 (B)我喜欢把什么事情都事先安排好。	
3	(A)我决不做任何可能使自己受损失的事情。 (B)理解如何创业是赚钱的第一步。	
4	(A)不管是多好的事情，如果这件事情的失败可能使我招致嘲笑，我就不会冒险去做。 (B)除了工作之外，我还记挂别人的安康。	
5	(A)我会为自己开创的任何事业而努力。 (B)我只会做那些使我开心并有安全感的事。	
6	(A)如果我失败了，别人会嘲笑我。 (B)尽管我对自己很有信心，我还是需要别人的建议。	
7	(A)在遇到困难时，我要找到解决的办法。 (B)如果新开创的事业失败了，我会继续自己的工作。	
8	(A)如果我觉得一个想法是好主意，我就会实践这个想法。 (B)我能够比现在做得更好。	
9	(A)工作时，我会注意维系良好的人际关系。 (B)不管发生什么事，都是我从经历中学习的机会。	
10	(A)即使我的努力失败了，我也能从中学到东西。 (B)我喜欢舒适的生活。	
11	(A)我只会投资比赛或彩票，总有一天幸运会落到我的头上。 (B)如果我在工作中失利，我会努力找出原因。	
12	(A)我会尊敬我的员工，并对他们一视同仁。 (B)如果我能有更好的工作，我就会离开现在的工作。	
13	(A)在实施一个新的想法之前，我会慎重考虑。 (B)如果我的叔叔去世，我会先去参加葬礼，即便这会导致公司订单延误好几天。	
14	(A)只有当我拥有资本时，我才能够发展一份事业。 (B)我希望能够自己做出重要决定。	
15	(A)当别人的好意和信任被背叛时，我不会坐视不理。 (B)如果事情没有按照我的想法发展，我会寻求其他的替代机会。	
16	(A)我可以犯错误。 (B)我非常喜欢与朋友谈天。	

续

题号	选项	选择
17	(A)我希望我的钱能够安全地存在银行里。 (B)我完全认可我的工作，同时也了解它的优劣。	
18	(A)我希望能够拥有很多钱从而过上舒适的生活。 (B)在做决定时我希望得到别人的帮助。	
19	(A)人们首先应该照顾好自己的亲人和朋友。 (B)我喜欢解决难题。	
20	(A)即使可能损害自己，我也不会做让别人不开心的事。 (B)钱是事业发展的必需品。	
21	(A)我希望我的事业能够很快发展起来，这样我就不会遇到经济紧张的困境。 (B)不能因为不成功就去责备自己。	
22	(A)我应该能够独立地按照自己的想法去做事。 (B)只有为自己的未来积累了一大笔钱后我才会幸福。	
23	(A)如果我失败了，那主要是别人的错误造成的。 (B)我只会做那些让我感到舒服且令我满意的事情。	
24	(A)在开始一份工作之前，我会认真考虑它是否会对我的声誉造成不利的影响。 (B)我希望自己能和别人一样，也买得起昂贵的东西。	
25	(A)我希望能够有舒适的房子住。 (B)我会从失败中吸取教训。	
26	(A)在做任何工作之前，我都要考虑它的长期影响。 (B)我希望每件事情都按照我的想法进行。	
27	(A)金钱能够带来舒适，所以我的主要目标在于赚钱。 (B)我喜欢在能够经常见到朋友的地方工作。	
28	(A)我了解自己正在做的事，我不怕受到别人的批评。 (B)如果我失败了，我会觉得自己非常差劲。	
29	(A)碰到困难是常有的事，我应该去做一些好的新工作。 (B)在开始新工作之前，我会采纳有经验的朋友们的建议。	
30	(A)我的所有经历都会激励我前进。 (B)我希望我有很多钱。	
31	(A)我喜欢每天从容不迫，万事顺利，没有任何烦恼。 (B)不管遇到多大的障碍，我将努力达到目标。	
32	(A)我不喜欢别人无故干涉我做事。 (B)为了赚钱，我可以做任何事情。	

活动建议：

通过本测试可以了解个体的创业倾向。给学生 15 分钟时间完成测试，让学生选择每组句子中最能反映个人观点的一句。本测试可以在课堂上做，教师在课堂上讲解。根据下面的评分标准可以帮助学生对自己的答案进行评分。把每题所得分数相加，根据下面的评分等级确定创业倾向：

0 ~ 25 分，不具创业性；

26 ~ 36 分，中立；

37 ~ 47 分，具有一定创业性；

48 分以上，非常具有创业性。

要提示学生这些分数只代表创业倾向，而不能说明一个人能否成为创业者。

计分标准：

1.A = 1　B = 2	9.A = 1　B = 2	17.A = 0　B = 2	25.A = 1　B = 2
2.A = 2　B = 1	10.A = 2　B = 1	18.A = 1　B = 0	26.A = 1　B = 1
3.A = 0　B = 1	11.A = 0　B = 2	19.A = 0　B = 2	27.A = 1　B = 1
4.A = 0　B = 1	12.A = 1　B = 1	20.A = 1　B = 1	28.A = 2　B = 0
5.A = 2　B = 1	13.A = 2　B = 0	21.A = 1　B = 0	29.A = 0　B = 1
6.A = 0　B = 2	14.A = 1　B = 1	22.A = 1　B = 1	30.A = 2　B = 1
7.A = 2　B = 0	15.A = 1　B = 1	23.A = 0　B = 2	31.A = 1　B = 2
8.A = 1　B = 2	16.A = 2　B = 1	24.A = 1　B = 1	32.A = 1　B = 0

他山之石

成功创业的 18 个要素

1. 一旦有赚钱的念头就马上一步一个脚印去做，要付诸行动，敢于碰，善于磨，只有这样才能抓住机会。

2. 一个人单调地上下班，把固定的工资存入银行，年复一年，到头来只是有限的少许积蓄。想赚大钱，就要立志当商人，而且目标要水涨船高，选定十万、二十万，再是一百万、五百万……

3. 不安于现状，无休止地进取。许多人开始时挣扎奋斗，但在他花费无数血汗、使前途稍露曙光后，便自鸣得意、开始松懈，于是失败立刻追踪而至，跌倒后，再也爬不起来。

4. 多动脑筋，超越常理，出奇制胜。鬼点子越多，越能赚钱。

5. 想发财要不怕羞，当你在大街小巷推销产品时，不要怕被人瞧不起。

6. 对自己充满信心，这么一来，你便能发挥大的潜力。

7. 赚钱要有创意。第一个做的是天才，第二个做的是庸才，第三个以后做的便是蠢材。所以，创业的第一要诀就是眼光独到，想别人未想到的事业。

8. 成功的企业家或商人都是爽快的人，个性豪爽，干净利落，不拖泥带水，把握时机，当机立断。

9. 多听经验丰富的知己好友的建议。

10. 做生意从小处做起，不要因小而不为。

11. 从先挣几元钱开始，目标先定得低一点，增加成功的胜算。

12. 不断提升你的服务和技术，不断扩展你的生意渠道，不断增加你的潜在客户。

13. 要善于发散思维。

14. 要有坚定的信念，一件事只要有三个人认同，就值得去做，等十个人都认为可行时，就已经没有跟风的必要了。

15. 用人不疑，该放权时就放权。

16. 将成本控制到每一分钱，将盈利增加到极限。

17. 不屈不挠的战斗意志。

18. 准备到有一半的把握时，就要开始去做了，十全十美的准备是不可能的。

Chapter 3 构建创业团队

创业箴言

当今世界充斥着丰富的技术、大量的创业者和充裕的风险资本，而真正缺乏的是出色的团队。如何创建一个优秀的团队将会是你面临的最大挑战。

——约翰·多尔

核心知识

知识点 1　创业团队的含义

团队是为了实现某一目标而由有相互协作意愿的个体组成的一种组织形式。组成团队的个体能力互补、分工明确，并通过共同努力产生积极协同作用，这种作用的结果使得团队中每个人所做的贡献形成互补。创业团队也属于团队的一种。一般来讲，创业团队是指有着共同目标的两个或两个以上的个体组成的，一起从事创业活动、建立一个企业的团队。其实，这个团队在公司成立之前就已经存在，因此，创业团队也是指在创业初期由一群才能互补、责任共担、愿为实现共同的创业目标而奋斗的人所组成的特殊群体。

团队在创业过程中具有重要的意义。美国的一项研究表明，83.3% 的高成长企业是由团队建立的，团队创业型企业的成长性明显优于独自创业型企业。然而在我国，一部分创业者“单打独斗”的思想普遍存在，对于今天的创业者而言，要推动所创事业的快速发展并取得创业成功，迫切需要以崭新的团队观念替代传统的“单打独斗”的理念。

知识点 2　组建创业团队的要素

组建一个创业团队一般要具备目标、人员、定位、权限和计划五大要素，可以用 5P 来表示。

1. 目标（purpose）

创业团队应该有一个既定的目标，为团队成员导航；没有目标，团队就没有存在的价值。目标是将人们的努力凝聚起来的重要因素，从本质上来说，创业团队的根本目标在于创造新价值。团队的目标必须与组织（企业）的大目标一致，同时，组织内部又可以划分为若干小团队，包括常设团队（如职能部门）和临时团队（如项目部、攻关小组）。组织的大目标可分解成小目标，由各个小团队来承担，小团队目标还可以具体分解到各个团队成员身上，由大家合力实现这个共同的目标。

2. 人员（people）

人员是构成创业团队的最核心要素。两个及以上的人就可以构成团队。任何目标都是通过人员具体实现的，所以人员的选择是团队中非常重要的一个部分。在一个创业团队中需要有人定计划，有人出方案，有人实施，有人协调，还要有人去监督评价工作进展与业绩表现。不同的人通过分工来共同完成创业团队的目标，所以在人员选择方面要考虑团队的要求如何，人员的能力如何，技能是否互补，人员的经验如何，性格搭配是否和谐等。

3. 定位（place）

创业团队的定位包含两层意思：一是创业团队的定位，创业团队在组织中处于什么位置，由谁选择和决定团队的成员，团队最终应对谁负责，团队采取什么方式激励下属等；二是个体（创业者）的定位，作为成员在团队中扮演什么角色，是订计划还是具体实施或评估等。

4. 权限（power）

创业团队当中领导人的权利大小与团队的发展阶段和创业实体所属的行业相关，一般来说，创业团队越成熟，领导者所拥有的权利相应越小；在创业团队发展的初期阶段，领导权相对比较集中。高科技创业实体多数是实行民主的管理方式。在确定创业团队权限时，应综合考虑组织规模、团队数量、业务类型等因素，以决定授予何种权限及多大权限等。

5. 计划（plan）

确定了团队的职责和权限后，要把这些职责和权限具体分配给团队成员，这就需要通过计划来指导各个团队成员分别承担哪些工作以及怎么做。计划包括目标的实现计划及团队进度计划。在实现团队目标的过程中，有长远的计划，也有近期的计划。计划的类型包括财务计划、营销计划、生产计划等。

知识点 3　组建优秀创业团队的策略分析

1. 具有共同的理想，利益兼顾

大学生创业时，一般首先会想到邀请与自己志同道合的同学、室友、工作中的同事加入，形成创业之初的合伙人团队，这是最初创业团队的形成方式之一。这种情况在其他创业过程中也很常见，例如“万通六君子”都是冯仑最早创业时的伙伴，当冯仑二次创业，创办万通集团时，这些人又先后加入。这样的团队中，成员有共同的理想、技能、兴趣爱好，合伙人之间相互了解，共同奋斗，往往是团队第一，个人第二。与西方不同的是，中国的传统文化中，合伙人的定义更多的时候等同于兄弟，是从“义”即道德约束的角度认同的。在创业过程中，尤其是创业初期，当公司的利润并不显现的时候，创业者与合伙人更多考虑的是公司的利益，而耻于谈钱，友谊是维系他们之间关系的主要纽带。这种合伙人关系貌似牢固，但也有很大弊病。当企业发展步入正轨，运营平稳，利润增加的时候，个人的利益观念就会凸显，合伙人的一方会因为付出与得到的不相符或者以为不相符而产生情绪，导致离开团队并带走一部分利润，影响公司的继续发展。因此，在创建团队时，即使是最好的朋友也应该建立一个合理的利益分配制度并得到合伙人的支持；在创建公司的时候，就应该考虑建立一个制度健全的公司组织形式与绩效制度，这样公司就不会因为某个人的离去而无法正常运作，从而为公司今后的发展打下良好的基础。

2. 打造互补性团队

建立一支互补性的团队有利于公司的发展。高科技创业的企的管理上不可能面面俱到，技术性的创业者需要一个管理人才帮助自己建立公司的组织结构并进行日常的绩效监督，财务的管理也需要专业的人员。当创业者自己不能做这些工作时，可以由团队成员共同提出解决方案，这种平衡和补充的作用可以保证新创企业的健康发展。

3. 打造稳定的初创团队

一开始就拥有一支成功的、稳定的创业团队是每一个创业者的梦想。但现实是，创业合伙人分手的概率是很大的，即使企业成功地存活下来得到发展，创业团队仍然有分手的可能，团队成员的离去有可能带走股份或者需要收购股权，造成公司的资金紧张。如果团队成员急于离开，创业者就应该考虑是不是公司的管理出了问题并及时与团队成员沟通，解决问题。公司发展初期团队成员的离开有时会造成“灾难性后果”，这一点创业者应当在招募时就想到，并与团队成员做出约定。

4. 学会及时沟通

创业者在寻找创业团队时，首先应制订一份计划，至少应该在心里有一个明确的想法，你想要哪方面的人员，你希望他从事什么样的工作，你能够给予对方哪些有利条件等，都应该考虑清楚。招聘只是招募团队成员的一种方式，创业者可以多参加一些招聘人员的活动，以便接触到这些人员，找到合适的人选。如何说服对方加入自己的创业团队也是创业者需要考虑的问题，例如对他描述企业的发展前景，坦率地讲出自己目前遇到的困境以激起他实现价值的渴望是十分有用的方法。沟通需要技巧，创业者应当成为一个沟通高手，通过沟通，可以使双方都了解彼此的需要，这样招聘时可以针对性地找到合适的人选。

典型案例

案例 1　马化腾：难得的创业团队

腾讯创造奇迹靠的是团队。1998 年的秋天，马化腾与他的同学张志东“合资”注册了深圳腾讯计算机系统有限公司。之后又吸纳了三位股东：曾李青、许晨晔、陈一丹。这五个创始人的 QQ 号，据说是从 10001 到 10005。为避免彼此争夺权力，马化腾在创立腾讯之初就和四个伙伴约定清楚：各展所长、各管一摊。其中，马化腾是 CEO（首席执行官），张志东是 CTO（首席技术官），曾李青是 COO（首席运营官），许晨晔是 CIO（首席信息官），陈一丹是 CAO（首席行政官）。

之所以说创业五兄弟“难得”，是因为到 2005 年的时候，这五人的创始团队还基本是保持这样的合作阵形，不离不弃。直到腾讯做到互联网帝国的局面，其中四个还在公司一线，只有 COO 曾李青于 2007 年转为“终身顾问”的虚职。

在企业迅速壮大的过程中，要保持创始人团队的稳定合作尤其不易。在这个背后，工程师出身的马化腾一开始对于团队合作的理性设计功不可没。

从股份构成上看，五个人一共凑了 50 万元，其中马化腾出资 23.75 万元，占了 47.5% 的股份；张志东出了 10 万元，占 20%；曾李青出了 6.25 万元，占 12.5% 的股份；其他两人各出 5 万元，各占 10% 的股份。虽然主要由马化腾出资，他却自愿把所占的股份降到一半以下。“要他们的总和比我多一点点，不要形成垄断、独裁的局面。”而同时，他自己又一定要出主要的资金，占大股。“如果没有一个主心骨，股份大家平分，到时候也肯定会出问题，同样完蛋。”

保持稳定的另一个关键因素，就在于搭档之间的“合理组合”。据《中国互联网史》作者林军回忆说：“马化腾非常聪明，但非常固执，注重用户体验，愿意从用户的角度去看产品。张志东是脑袋非常活跃，对技术很沉迷的一个人。马化腾技术上也非常好，但是他的长处是能够把很多事情简单化，而张志东更多是把一个事情做得完美化。”

许晨晔和马化腾、张志东同为深圳大学计算机系的同学，他是一个非常随和、有主见，但不轻易表达的人，是有名的“好好先生”。而陈一丹是马化腾在深圳中学时的同学，后来也就读于深圳大学，他十分严谨，同时又是一个非常张扬的人，他能在不同的状态下激起大家的激情。

如果说其他几位合作者都只是“搭档级人物”的话，那么曾李青就是腾讯五个人创始人中最好玩、最开放、最具激情和感召力的一个人，与温和的马化腾、爱好技术的张志东相比，他完全是另一个类型。其大开大合的性格，也比马化腾更具攻击性，更像拿主意的人。不过或许正是这一点，也导致他最早脱离了团队，单独创业。

后来，马化腾在接受多家媒体的联合采访时承认，他最开始也考虑过和张志东、曾李青三个人均分股份的方法，但是最后还是采取了五人创业团队，根据分工占据不同的股份结构的策略。即便是后来有人想加钱、占更大股份，马化腾说不行，“根据我对你能力的判断，你不适合拿更多的股份”。因为在马化腾看来，未来的潜力要和应有的股份匹配，不匹配就要出问题。如果拿大股的不干事，干事的股份又少，矛盾就会发生。

当然经过几次稀释，最后他们上市所持有的股份比例只有当初的1/3，但即便是这样，他们每个人的身价都还是达到了数十亿元人民币，是一个皆大欢喜的结局。

分析点评

创业团队是一种特殊的群体，是由两个或两个以上具有共同的创业理念、价值观和创业愿景，相互信任，为了共同的创业目标，团结合作，共同承担创建新企业责任而组建的工作团队。调查发现，70%创业成功的企业，都有多名创始人。其中2~3人的占44%，4人的占17%，5人以上的占9%。尤其是在高科技领域，团队创业与个体创业相比占更多比例。事实证明：选择合理的创业模式，组建卓有成效的创业团队是创业成功的重要基础。创业团队工作绩效大于所有成员独立工作绩效之和。没有团队的创业也许并不一定会失败，但要创建一个没有团队而具有高成长性的企业却极其困难。

一个成功的创业团队，其成员间必然是一种非常合理的优势互补的关系，不同的团队成员在团队中扮演不同的角色。可以说，在中国的民营企业中，能够像马化腾这样，既包容又拉拢，选择性格不同、各有特长的人组成一个创业团队，并在成功开拓局面后还能依旧保持着长期的默契合作，是很少见的。而马化腾成功之处，就在于其从一开始就很好地设计了创业团队的责、权、利。能力越大，责任越大，权力越大，收益也就越大。

案例2　小米科技的精英团队

2010年4月6日，小米科技正式成立，雷军从小米科技成立之日起就担任CEO，一直亲手操持小米科技的发展方向和具体业务，每天倾注大量时间、精力于其中，事无巨细亲力亲为。此次的创业雷军谋划已久，小米科技的诞生寄托了他创办“伟大企业”的梦想。

雷军对小米科技的雄心，从其豪华的创始人团队也能一窥端倪。除了创始人雷军，小米科技联合创始人还包括原谷歌中国工程研究院副院长林斌、原摩托罗拉北京研究中心高级总监周光平、原北京科技大学工业设计系副主任刘德、原金山词霸事业部总经理黎万强、原微软中国工程院开发总监黄江吉和谷歌中国高级工程师洪峰。其中，林斌任小米科技总裁，负责公司日常运作，其他5名联合创始人分任副总裁。这几位联合创始人都具备国际国内一流企业平均超过15年的从业经验。

雷军在出席“2012创业小聚年会”时接受了媒体的采访，谈到自己的创业经验和成功之道。雷军认为，创业时找到了好的团队就等于成功了一半。雷军曾经说过，当年在选择创办小米时，自己从来没有硬件创业的经验，因此要搞定硬件工程师其实非常困难，而雷军当初的做法就是用excel表列了很长的名单，一个个找合伙人，为了说服一个硬件工程师加入他们小米的团队，他给人打了90多个电话……雷军表示，“如果你没有我那么多名单可以聊，你可以先问问自己，你最希望自己的合伙人是哪个公司的人，然后就去那个公司楼下咖啡厅等着，看到人就拉进来聊，总能找到你想要的人。”雷军之所以会这样做，就是因为他知道，团队是他创业的根本，所以，他首先要做的就是组建一个够强大的团队。现在的小米，已然成为中国科技企业的巨头，雷军所有的付出都是值得的。

分析点评

小米能够有今天的成就离不开它的精英创业团队。团队是事业的核心，是成功的关键，它决定了初创企业的发展方向、发展速度和发展格局。团队成员的个人能力与才能的互补是创业企业发展的关键。

案例3 阿里巴巴“十八罗汉”

2001年12月，中国加入世界贸易组织，国门打开，互联网开始风行，众多网络先驱加入互联网的大潮中，创造了一个又一个奇迹，如雅虎的杨致远、搜狐的张朝阳、网易的丁磊，等等。在这股浪潮中，杭州师范学院的英语教师马云带领他的创业团队，先是在杭州创办了中国黄页网站，然后到北京的外经贸EDI办公室组建了外经贸部网站，再返回杭州的湖畔花园创立了阿里巴巴公司。如今，阿里巴巴公司已经成为世界上最大的B2B和B2C电子商务平台。阿里巴巴的成功，与其“十八罗汉”创业团队的努力是分不开的。这支“十八罗汉”团队被称为“天下最难挖的团队”“一群平凡人做着不平凡事的团队”。

“十八罗汉”团队的核心领导者是马云，团队中的成员大多数是马云的学生和朋友，因此，“十八罗汉”的故事还得从马云说起。马云其貌不扬，身材瘦小，两次高考失败，第三年才考上杭州师范学院英语系。在大学期间，马云热衷于社会活动，是学生会的干部，毕业后当了高校英语老师。马云的教学很不错，全英文授课，课堂生动有趣，学生都很爱听。马云也创办了杭州有名的英语角，许多学生和办公室白领慕名而来，其中许多人成了马云的学生，后来还有些人加入了阿里巴巴。

1995年，马云下海了，创办了海博翻译社，这是杭州的第一家专业翻译社。刚开始的时候，翻译社的生意并不好，在入不敷出快要解散的情况下，马云背着麻袋在街头贩卖小商品贴补经营费用，硬是成功把公司支撑下来。后来，海博翻译社发展成为杭州最大的翻译社。在一次到美国西雅图出差的过程中，经朋友介绍，马云第一次与互联网有了“亲密的接触”，马云认识到，“将来这个东西可能有戏”。回国后，马云兴冲冲地邀请24位朋友到家中，滔滔不绝地向大家介绍互联网，并宣布自己要办互联网公司。在马云激情演讲后，24人中有23人反对：“马云你又不学计算机，不懂网络，这不是马云你搞的东西。”但是，想了一晚，马云第二天还是决定去做，凑钱创办了中国黄页网站。接下来，马云进行疯狂的销售，在各家公司、街头巷尾，马云激情四溢地向听众介绍当时大家都不知道究竟为何物的互联网，那时的马云被大家称为“疯子”。然而，正是这个疯子的激情感染了他的朋友和学生，一群对互联网同样有梦想的志同道合的年轻人聚集在“疯子”的周围，使得中国黄页在短短两年内取得了很大的市场份额，在1997年营业额高达700万美元。

随后，马云带着他的团队，受邀到外经贸部开发官方网站。在北京外经贸部的两年时间里，尽管马云的创业激情再次感染了那里所有的同事，但是由于与外经贸部领导层存在意见分歧，最终马云决定离开外经贸部，重回杭州创业。在做出回杭州重新创业决定的当天晚上，马云约齐了所有团队成员到他办公室开会，宣布了他的决定。马云告诉这些从杭州一路来北京奋斗的战友们：“我给你们三个选择权：第一，你们可以去雅虎，有我推荐，雅虎一定会录用你们的，而且工资会很高；第二，去新浪、搜狐等国内的公司，有我推荐，工资也会很高；第三，跟我回家，只能分800块钱，你们住的地方离我五分钟以内，你们自己租房子，不能打出租车，而且必须在我家里上班。做什么我不清楚，我只知道我要做一个全世界最大的商人的网站。如何抉择，给你们三天时间自己做决定。”沉默、安静，接着大家陆陆续续走了出去。三分钟过后，团队的所有人几乎在一瞬间全部折回，站在马云面前：“我们一起回家吧！”

于是，1999年，马云带着他的创业团队又回到了杭州，在湖畔花园的家里创立了阿里巴巴。公司成立所需的50万元是团队成员凑齐的，马云要求不能向亲戚朋友借钱，必须是pocket money。而且，马云对所有团队成员说：“你们只能做排长、连长，至于军长，我要另请高明。”但团队成员都毫不在乎，跟着他干了。

阿里巴巴刚成立的时候，工作非常辛苦，每天工作十几个小时是家常便饭，从早到晚，困了就回去睡觉，睡醒了再回来上班。工程师常常工作到半夜，累了也不回家，就随便铺张席子席地而睡。同时，创业资金非常紧张，大家恨不得每一分钱都掰成两半来用。那时候，担任出纳的彭蕾和财务的谢世煌两人常常会为了添置一两件小办公用品而满大街地转。当看中某样办公用品时，一个看价钱，一个按计算器，先算出性价比。如果超支，再好的东西彭蕾也只能摇头，这与当时人人羡慕的IT公司相比，简直是有天壤之别。在阿里巴巴最困难的时候，马云甚至向团队成员“借钱”发工资，以渡过暂时的困难，团队成员竟然答应了。

阿里巴巴团队在湖畔花园那段时间的最大娱乐，就是听马云讲互联网的故事。马云时不时会给大家分析互联网的形势，“ebay 上去了，又下去了，阿里巴巴……”就是在这样艰苦的环境中，阿里巴巴创业团队痛并快乐着，为“将全世界商人联合起来”的伟大目标而奋斗。团队成员目标高度一致，但是成员之间也避免不了对未来发展方向的种种争论，甚至争吵。这种争论有时候过了头，容易造成团队成员之间的不信任。为了平息团队之间的矛盾和冲突，马云提出了“简易”的原则。“比如，你对我有意见，当面说出来，闹一场或打一场，直至把问题解决掉。如果你不找我，找其他人说，那么你就应该退出这个团队。”这个简易原则，迅速平息了团队成员之间的矛盾，把阿里巴巴带回到正常的发展轨道。

2000 年，成功拿到 500 万元高盛风投后，阿里巴巴从湖畔花园拥挤的居民楼搬到了华星大厦宽敞明亮的办公楼里。随着公司规范化建设的开始，阿里巴巴需要划分部门以及确定部门负责人。在“十八罗汉”中，第一批当部门负责人的是孙彤宇、张瑛、彭蕾。那么原来的“十八罗汉”就变成了“4 个官”和“14 个兵”两拨人了。从北京外经贸部创业时候开始，创业团队就习惯了只有马云一个领导人，其他都是普通的团队成员，在湖畔花园的创业时期也是如此。但是，到了华星时代，习惯的一切都变了。不久后的一天晚上，14 个兵来到一家名流咖啡馆聚餐。大家刚开始说好不谈工作，但聊着聊着就谈到工作，所有的不解、疑惑、怨气都一股脑儿发泄出来了，一直聊到半夜。楼文胜建议：“说了这么多，屁股一拍就走，于事无补，不如写出来送给马云。”大家纷纷响应，于是，楼文胜执笔，大伙儿补充，写了满满一张纸，由楼文胜回家整理成一封长信后发给了马云。第二天傍晚，马云收到信后立刻召集所有的团队成员聚在一起：“今天大家不用回去了。既然你们有那么多怨恨，那么多委屈，当事人都在，就都说出来，一个个骂过来，想哭就哭，所有都摊在桌面上，不谈完就别走！”那天的会从晚上 9 点多一直开到凌晨 5 点多。在会上，很多人情绪激动，很多人痛哭失声。这些与马云共患难的战友们在哭过、喊过、闹过后，一切疑虑、误解、疙瘩都消散开去。事后，吴咏铭说：“我们能写出来告诉马云，说明我们是一支很好的团队。”

阿里巴巴发展到今天，已经成为世界上最大的电子商务网站，连续五次被美国权威财经杂志《福布斯》评为全球最佳 B2B 站点之一。在此期间，除了马云的妻子张瑛外，“十八罗汉”团队没有一个成员离开阿里巴巴公司。这个团队被誉为“天下最难挖的团队”。团队能有如此强的凝聚力和战斗力，与团队的核心人物、领导者马云是分不开的。“十八罗汉”之一的阿里巴巴副总裁戴珊这样评价他：“无论什么时候看到他，你在他眼中看到的都是自信，是‘我一定能赢’的信心。你跟他在一起就充满了活力。”“十八罗汉”之一的金建杭说：“马云对团队的领导更多的是在公司的战略层面上。”中央电视台生活栏目主持人樊馨蔓这样评价：“马云是这样和他的手下配合的。他知道要干什么，但不知道怎么干。他的手下知道怎么干，但不知道要干什么。”

分析点评

无疑，阿里巴巴“十八罗汉”创业团队是一支优秀的创业团队。

首先，他们有伟大的创业愿景和共同的目标，即建立一个全世界中小企业的电子商务网站。这个目标他们一直在坚持，不管是在北京外经贸部时代，还是在初创时期的湖畔花园时代，抑或在互联网寒冬的时候，他们都不曾放弃过，最终取得了成功。

其次，这支团队有极强的凝聚力。他们都是马云的朋友、学生，都很年轻，有冲劲，都有着互联网的梦想，都是为马云的魅力、激情所吸引加入这个创业团队中的。“平凡人干着不平凡的事”，容易拧成一股绳。当成员之间发生矛盾的时候，他们有良好的矛盾解决机制，这进一步增强了团队的凝聚力。

最后，团队的领导者马云具有极强的领导能力。他有清晰的创业目标，有创业的激情，能够为创业舍弃其他的一切，能够激励团队不断沿着既定的目标前进。他虽然不懂互联网技术，却能够把握公司的发展方向。

案例 4　万科的企业目标和使命

中国企业从不缺“漂亮仗”，也不缺“高成长”，但保持十年以上的连续增长，则仿佛马拉松长跑，需要坚强的意志、长远的筹划、平和的心态和理性的节奏，这是那些善于以一仗定乾坤的企业望尘莫及的。作为万科的灵魂人物，王石带领着万科打了一场场漂亮战役，并保持了连续二十多年的成长。

1992 年之前，万科在走一条“小而全”的多元化经营路线，在所涉及的行业中都有不俗表现。但由于资金分散，无法在某个行业形成规模优势，不但企业持续发展能力受到限制，抗风险能力也明显不足。1992 年年底，公司管理层选择房地产经营为主营方向，缩减非房地产业务，经历五年的减法调整，集中万科的资源在房地产集团化方向发展。万科在经历改革后提出了“建筑无限生活”的企业使命和“成为房地产行业的领跑者”的战略目标。

万科的核心价值观是：第一，客户是我们永远的合作伙伴；第二，人才是万科的资本；第三，阳光照亮的体制；第四，持续增长。王石在制定企业使命时从价值观入手，把核心价值观完美融入企业使命，在万科成立之初，王石就这样要求企业。这些价值观早已深入人心，使万科虽置身纷乱的商战中，依旧能沿着既定的目标前进，没有迷茫与迂回挫折。

清晰的企业使命与目标，为万科的发展提供了有力的支持。万科的成功之处，在于将企业使命与目标深入渗透到了企业文化与品牌建设之中，从而巩固了投资者、员工、客户乃至社会对其的信心与信任感。万科对企业使命的践行，为万科这个品牌烙印了人文意义上的深刻内涵，这种品牌建设思路与众多全球品牌的构建策略不谋而合。万科品牌在深入沟通建设与生活的联系，完成了品牌核心价值观的构建和品牌个性的张扬之后，在企业文化的支撑下，将品牌内涵进一步拓宽——关注不同阶层人的居住权利，并逐步融汇了平等、博爱的价值观念，从而逐渐带有明显的中国特色。

在企业使命的推动下，万科近几年在思考如何做更多的事情，做“企业公民”，考虑如何更好地担当起保护环境的责任、更好地为社会发展作贡献、更好地发挥万科的优势。王石认为企业比个人更有尽社会责任的基础条件，所以应该更多地承担社会责任。

分析点评

从战略理论的角度出发，一个企业要想获得持续快速的发展，就必须要有清晰的战略思想。而对于新创企业来说，核心的使命观念和长远的发展目标是将一个团队凝聚起来的关键，只有团队成员目标一致，心在一处，才能实现企业的从无到有，从起步到成熟。与此同时，企业目标也是实现团队分工的依据，没有明确的目标，就很难从整体上把握团队建构过程中主要成员的构成方式。也就是说，团队成员的选拔是根据目标来定的，有什么样的目标就会有什么样的与之相适应的团队。

案例5　复星集团“五虎将”

在《福布斯》公布的2005年中国富豪榜中，有74位浙商上榜，而在这74位浙商中，有4位来自复星集团早期创业的团队。38岁的复星集团董事长郭广昌位列第7位，37岁的副董事长梁信军位列第25位，36岁的汪群斌和范伟同列第115位（5人创业团队中，35岁的谈剑未进入富豪榜）。

当年创办广信科技（源于郭广昌和梁信军的名字，1993年更名为复星科技）时，郭广昌是复旦大学团委干部，梁信军是校团委调研部部长，汪群斌是生命学院团总支书记，范伟是学校誊印社的经理，谈剑还在读书。如今，在复星多元化的产业链条中，郭广昌成了整个企业集团的灵魂；梁信军是副董事长兼副总裁，成为复星投资和信息产业的领军人物；汪群斌是复星实业总经理，专攻生物医药；范伟掌管房地产；谈剑负责体育及文化产业。

在梁信军眼中，郭广昌是个极有魄力的领导者。21年前，郭广昌带着一帮刚走出校门的年轻人靠38000元开始创业，如今已经坐拥200多亿元资产，复星集团也成为中国民营企业前三名，并在医药、房地产、钢铁、商业四个领域都有出色表现。虽然涉及的行业不少，但郭广昌有其原则：能买的不租，能租的不建。他选择扩张对象的底线是：非要行业龙头不可。2005年，复星董事会的人数已由最初的5人增加到7人，新增的是财务、法律、人力资源等方面的专家。“做重大决策我们从来不举手表决，遇到矛盾时通过充分沟通以达成共识，没有形成共识的就放弃，以做到科学决策。”梁信军说。

在2004年5月复星投资的宁波建龙项目被曝光后，作为领军人物的郭广昌更是在风口浪尖上展现了一个领军人物的魄力。舆论一度猜测宁波建龙可能成为“铁本第二”，同时坊间对复星集团的资金链也一度产生疑问。面对这次危机，郭广昌果断地采取了两条应对措施：聘请国际著名的安永会计师事务所对复星集团（包括非上市部分）进行了全面的财务审计，把有关的报告提供给利益关系人，对战略进行了调整，提出适度的多元化；为了坚决贯彻经营的专业化，同时请权威的国务院发展研究中心对复星集团的竞争力作评估。后来，郭广昌把这一场风波看成是对复星的“体检”，检查民营企业的心态是否健康、体质是否健康。事实证明，复星集团经受住了宏观调控的考验。宁波建龙也没有成为“铁本第二”。

当年推举郭广昌做领头人时，梁信军这样表述他的理由：郭广昌情商高，能很好地整合与协调团队。另外，在战略思考上，每次当一件事达到一个水准，我们觉得可以歇一口气的时候，他都能提出一个新的像大山一样的目标。他善思辨新奇的想法从来不断。2004年，在王均瑶去世后，浙江东阳人郭广昌接任上海浙江商会会长。“在我和郭广昌身上表现出来的更多是浙商的共性。”梁信军说。

梁信军坦言，浙商以“四千精神”（走遍千山万水，道尽千言万语，想尽千方百计，吃尽千辛万苦）著称，台州商人有浙商的共性，也有差异，比如低调，比如喜欢单打独斗（很多在外地的台州商人，当年都是背着修鞋机、挑着货郎担白手起家的），但在复星集团，他们把企业文化与团队精神放在一个战略高度。

梁信军的口才好、反应快、精力充沛、善于沟通交流，这些特点几乎是复星创业团队公认的，所以他做了集团的党委书记和新闻发言人。梁信军称，自己其实也是性情中人，坦言今天很多人都看到了复星成功的一面，“其实是‘一将功成万骨枯’。”梁信军慨叹，“复星走过的13年中，民营企业面临的难题，我们都经历过，只是在大的成功面前，外界都习惯于把小的失败淡化。”

当年“五虎将”里的另外3个，如今都在复星多元化产业里独当一面，“当年分工时就考虑到汪群斌、范伟和谈剑可能更适合做产业，做具体事情。”梁信军说，“如果没有汪群斌、范伟和谈剑他们兢兢业业地去操劳，再好的战略也等于零。”在复星的五人团队中，英俊的范伟略显沉默，也极少在媒体露面，不过他麾下的复地集团在房地产业界倒是让人刮目相看。“他做的比说的要多。”梁信军评价道。

在五人之中，梁信军、汪群斌、范伟均为复旦遗传学专业毕业。这样的一个团队注定会与医药行业结下不解之缘。汪群斌最早和研究部门的技术人员成功开发了复星第一个核酸试剂——乙肝DNA核酸试剂盒，为复星进军医药行业打下了坚实基础，后来他提出的“生物医药新经济”概念也引起了业界的广泛关注。1995年，PCR乙型肝炎诊断试剂的成功为复星的“五剑客”赚到了第一个1亿元。

而五人中唯一的女性谈剑的特殊优势则在政府公关等事务上，同时她还是上海星之健身俱乐部总经理。从2000年复地房产在开发楼盘时，为了制造卖点，在小区内建设了一个足球场的无心插柳开始至今，“星之”已有了12家门店，谈剑的身影出现在很多住宅小区的健身会所中。这样的选址，既避开了市中心商务楼昂贵的租金压力，也让健身与普通市民走得更近，这样一举多得的策略是谈剑成功的秘籍之一。

对此，梁信军称，他们五个人就像五根手指，哪根也少不得。五根手指攥紧，就是一只拳头。复星强调的是团队管理，梁信军认为，创业团队要经得起成功、失败的考验，仅靠友谊是不够的。除了他们几个人在学校就建立起来的良好关系之外，浙商的精神也在他们身上有所体现，由这种共同的文化演绎而成的企业文化，是五人同心的最大基础。

分析点评

从以上案例可以看出，复星集团的初始创业团队之所以能取得如此辉煌的成绩，有以下两个重要原因。

一是团队成员有共同的价值观，在这种价值观基础上形成了企业文化。复星五位创始人除了在学校时建立起来的良好个人友情外，都崇尚“走遍千山万水，道尽千言万语，想尽千方百计，吃尽千辛万苦”的浙商精神，这种价值观形成的企业文化将他们的团队紧紧凝聚在一起，从而取得企业成功。

二是具有优秀的核心领导者、明确合理的分工和决策机制。核心领导者郭广昌具有领军人物的魅力，善于战略思考和引领企业，善于整合和协调团队；其他成员各有所长，各司其职，发挥了各自的优势。当遇到重大决策时，团队各成员能进行充分沟通，以达到科学决策的目的。

案例6 希望集团“分家”之路

1983年，刘永言、刘永行、陈育新、刘永好四兄弟凑了1000元开始创业。在1995年，他们已坐拥数亿资产，被《福布斯》评为中国民营企业家首富。

1994年，他们成立了中国第一家民营企业集团——希望集团。此后，希望集团曾先后荣获中国饲料工业百强第一名、中国500家最大私营企业第一名和中国民营科技企业技工贸总收入第一名。

1992年和1995年，刘氏四兄弟先后两次划分产权。他们为什么要进行“分家”？众多家族企业因产权问题而分崩离析，他们为何能“好聚好散”？四兄弟分立后，他们又沿着什么路径续写各自的传奇？

1983年3月，陈育新（即刘永美，从小过继给陈家，故更名为陈育新）在四川新津县古家村办起了“育新良种厂”。启动资金是他和其他三兄弟一起凑起来的，一共1000元。当时，四兄弟都拥有令人羡慕的“铁饭碗”：老大刘永言毕业于成都电子科技大学，就职于国营大厂的电子计算机室；老二刘永行有师范专科文凭，在县教育局供职；老三陈育新毕业于四川农学院，在县农业局当技术员；老四刘永好毕业于四川省广播电视大学，在成都当中专教师。虽然生活稳定，但四兄弟苦于才华和抱负无法施展。他们商量好了，为了稳妥一些，陈育新先出来干，另外三人再陆续辞职。

1983年，刘氏兄弟通过卖鸡苗挣得了第一笔钱，一共720元，每人分得180元。随后，刘氏兄弟通过科学养殖和吃苦耐劳的精神，逐渐成为“鹌鹑大王”，从此打开了财富之门。当初投入的1000元像滚雪球一样，第一年变成了3000元，第二年变成1万元，到第七年即1989年就变成了100万元。1986年，刘氏兄弟转做猪饲料。他们把聪明才智和勤劳精神发挥得淋漓尽致，研发出了具有国际水准的饲料，凭借先进的技术和成本优势，饲料厂的销售额呈跳跃式上升。1994年，他们创办的希望集团登上了中国饲料行业百强企业之首。

俗话说：“打虎亲兄弟，上阵父子兵。”从创业的第一天起，刘氏兄弟就配合默契。刘永好回忆道：“又负责财务，又负责销售，又负责生产，又负责运输，又负责加工，反正就是我们四个人。”随着企业规模的扩大，四兄弟根据性格和特长进行了分工：刘永言负责技术设备；刘永行和陈育新负责技术管理和生产管理；刘永好则负责对外，处理和政府部门、供货商、分销商等的关系。

创业阶段，刘氏兄弟很少有不可调和的矛盾，偶尔有几次矛盾，也会由他们的母亲最终决断；母亲去世后，老大刘永言说话比较有分量，兄弟们的性格都是尊重真理，有事就坐下来谈，谁有理听谁的。刘家有四个媳妇和一个女儿，创业之初，四兄弟便开了一个“大男子主义和霸权主义味道十足”的会，一致通过了“让各自媳妇回家看孩子，今后不得参政议政”的决策，因此，刘氏兄弟避免了家族的内部争斗。“家和万事兴”，这为以后的成功奠定了基础。

在创业阶段，四兄弟都不计较名和利。除了刘永行把卖鸡苗赚的第一笔钱用于治病，四兄弟再也没有分过赚来的钱，而是把资金用于扩大生产，四人只在良种厂领取一些微薄的生活费。

直到今天，四兄弟没有一个人能说清楚，当初凑1000元时各自出了多少，大家都表示“凑钱时没想到怎么分钱”。在那个商业知识极为贫乏的年代，刘氏兄弟根本没有听说过“产权”这个词。后来，考虑到创业初期，老三陈育新和老二刘永行付出最多，因此，四兄弟曾口头约定“老三与老二占大股”，但产权上仍然处于模糊状态。

1991 年成立希望集团时，为了体现兄弟间的权利均衡，他们做出了“精心安排”：老大刘永言担任集团董事局主席，老二刘永行担任集团董事长，老三陈育新担任集团总经理，老四刘永好担任集团总裁，都是“一把手”。亿万家产并不属于个人，而是四人“共有”。共同的理想、血浓于水的亲情让个人利益显得微不足道。

1991 年，希望集团已成为西南地区最大的饲料企业，拥有上亿资金。在具备对外扩张的实力后，刘氏兄弟在发展方向上产生了分歧。刘永言认为应该按照各自的价值观和特长进行发展——他是个“电子迷”，在那时已经是一个电子行业的专家，准备投身于高科技产业；刘永行和刘永好认为应该复制饲料厂的成功模式，到各地办分公司，拓展市场；陈育新则认为应该稳固现有的饲料业务。

在发展方向上，谁也说服不了谁。于是，四兄弟做出了“分开发展”的决定：老大刘永言向高科技领域进军；老三陈育新负责现有产业运转，并开拓房地产；老四刘永好跟随二哥刘永行到各地发展分公司，建饲料厂。陈育新和刘永行商量，财富是大家共同创造的，就不分谁多谁少了，放弃他俩“占大股”的最初约定，平均划分资产，兄弟四人各占 25% 的股份。由于老三陈育新和老二刘永行的谦让，划分资产进行得非常顺利。紧接着，陈育新主动提出不担任希望集团法定代表人，由擅长外交的刘永好出任。随后，刘永好当选为全国工商联的副主席。从此，刘永好成为希望集团的“形象代言人”，活跃于各种社交场合，其公关天赋得以充分展现。

1992 年，刘永行和刘永好开始携手在各地发展分公司。两兄弟分工明确，配合默契。刘永行“主内”，负责对目标企业作评价；刘永好“主外”，负责接下来的谈判。在禀赋上两人也极为互补：刘永行擅长内部经营管理，刘永好则擅长对外周旋、开拓。1994 年年底，希望集团在各地的分公司已发展到 26 家。这样的发展速度已经很快了，但对照刘永行在董事会上提出的跨世纪规划（必须在 2000 年以前建成 100 个饲料厂）还是嫌慢。

通过三年合作，刘永行和刘永好互相学习，互相影响，均已具备了独立运营企业的能力。经过慎重考虑，刘永行又一次提出了“分家”。刘永行认为：“时至 1995 年，我们已经建立了 26 个分厂，市场提供给我们高速发展的机会不会太多了，至多四五年。我和四弟一起重复操作工作很多，发展思路、点子也不尽相同。与其浪费头脑思维，不如人各一块，分头布点，抢夺发展佳机。”于是，1995 年 3 月，希望集团在“绝密状态”下召开了董事会。经董事会通过，以 1995 年 4 月 13 日为界，根据“资产基本平分”的原则，将各地的 26 家分公司一分为二，以长江为界划分为东北与西南两个区域，刘永好选择西南区域，刘永行得到东北区域。

自此，四兄弟的分家完成，分家没有使得企业分崩离析，各兄弟根据自己的个性和价值取向发展企业，在各自领域取得了成功，使得希望集团获得了裂变式的发展，在中国民营企业史上成为一段传奇故事。

分析点评

俗话说“血浓于水”，亲情使得家族创业团队内部更容易建立信任关系并凝聚起来，能够在初创时期同甘共苦，取得创业的成功。但是，亲兄弟需明算账，在创业团队后期的管理中，以亲情组建的创业团队需在血缘关系和企业利益之间寻找平衡，建立合情合理的决策机制利益分配机制，以保证企业的快速发展。当企业发展到一定规模的时候，创业团队的成员之间由于个性和价值观的不同，或许将面临“分家”的选择。如何分家，使得传统的家族企业变成具有现代企业管理制度的企业，是每一个家族创业团队的难题。希望集团的刘氏兄弟，两次分家，都是好聚好散，都让企业进入了快速发展阶段，在这方面堪称典范，值得我们学习和借鉴。

案例7　红龙机器人的创业团队组建

2011年，7个年轻人因为共同的创业梦想走到了一起。他们中间有两名博士后、两位博士以及三名硕士。他们都毕业于北京航空航天大学机械工程及自动化学院，大多有海外留学或者工作经历。2011年3月，北京德创红龙机器人科技有限公司成立了。这群充满着激情的年轻人带着“基于离线编程仿真技术的工业机器人集成应用”的创业项目获得了多个创业计划大赛的大奖，也叩响了他们青春梦想的大门。

拥有多项发明专利的罗红宇目前担任公司的总经理，负责公司日常管理、研发、产品定位、市场推广等大小事务。创业让34岁的他比同龄人更多了几分坚毅和睿智，“我们平均每天要工作14~16小时”，他眉宇间透露出些微疲惫，但只要谈到关于“创业和梦想”的话题，他就立马精神焕发，神采奕奕。

目前，由罗红宇带领的红龙机器人团队已成功开发加工机器人仿真和后置处理的软件RobotCAX、三维数控弯管机仿真系统、数控双轮强力旋压机数控系统、国防某型零部件柔性工装数控系统、面向航空航天制造的自动化钻铆设备等众多项目，得到了多个品牌客户的认同与信任，并建立了长期的合作关系。他们的快速起步得益于优秀的研发团队，现在红龙机器人科技有限公司的研发团队核心成员均拥有博士学历，并且具有海内外知名大学机械自动化等相关专业背景，这成为他们创业之路上强有力的支柱。

如何整合这些人力资源，来组建一支优秀的创业团队呢？如何能形成1+1>2的合力呢？罗红宇说，“首先一定要拥有共同的价值观，要有共同创业的激情。”在他们7人的创业团队中，除了他之外，都是“80后”，在没有创业之前，大家的生活也存在一些交集，虽然有各自的领域专长和兴趣爱好，但是共同的梦想把他们凝聚在了一起，“创业确实是件痛苦的事儿，但是大家都是北航人，都想做点事情，彼此也非常信任，所以也不觉得累，相反这种彼此的心理支持让我们觉得非常有动力。”

对高学历创业团队来说，具有相同的价值观非常重要。现实中很多高学历的创业团队选择的都是自己的大学同学或彼此熟悉的人来一起创业。如俞敏洪在决定将新东方公司做大做强之前，就不远万里奔赴美国，将王强、徐小平请回来。阿里巴巴的“十八罗汉”也大多是马云原来的学生和下属，自创业至今，他们为阿里巴巴成为一家顶级的中国电子商务公司立下了汗马功劳。因此，选择相对熟悉、拥有共同价值观的创业伙伴，比那些相互陌生的创业团队能更有效地进行沟通和互动。在能力和经验方面，他们的专业技能领域非常相似，在做决策的时候更容易达成一致。

其次一定要有核心领军人物。罗红宇作为红龙机器人团队中最年长的人，在专业领域也拥有非常丰富的经历。他长期从事机械工程及自动化领域研究工作，对非标设备研制、产品开发和系统集成具有丰富的经验，和美国通用集团公司、国内各大飞机设计研究所及飞机制造厂、国内各大钢厂以及数家民营企业开展了广泛而深入的研究，主持研制开发了数十套测试设备、生产设备和软件系统。另外他本人性格沉着冷静，魄力十足，且组织协调能力突出，因此由他来带领整个创业团队最合适不过。

一般来说，高学历人才在组建创业团队时，往往以出资最多或最早识别创业机会的人作为团队领军人物。这种方式过于简单，通常忽略了核心人物的个人素质和综合能力。事实上，核心领军人物应该是一个拥有个人魅力的角色，不仅需要有丰富的社会经历，而且具备凝聚力；不仅要有影响力，还要有亲和力。他要懂得发挥集体和团队的力量，要了解如何调动团队成员的积极性。马云就是一个很好的例子，有人说：“十八罗汉除马云外大部分不为人知晓，正是这样的团队执行力才会很强，因为他们会埋头做事。”这也说明了马云作为核心领军人物的特殊魅力。

另外需要注意的一点是，高学历人才组建创业团队时要注意挑选优势互补的成员，团队成员的“差异化”将会形成一股合力。具有成熟的社会和职业关系网的成员会为创业注入一剂良药；具备核心专业技术专长的人才会推动新创企业不断向前发展；具备创业经验的成员也会让创业团队少走很多弯路，为日后的蓬勃壮大奠定基础。在红龙机器人创业团队中，不仅有长期从事于加工工艺过程仿真技术，对材料特性、加工工艺、有限元技术和工艺仿真技术有着深入研究的博士、硕士们，还有精通销售、市场推广、财务管理、法律咨询等方面的专业人才。从人力资源管理的角度来看，这样一个优势互补、专业能力完美搭配的“异质性”创业团队是保持团队稳定发展的关键。

分析点评

红龙机器人的创业团队是一个典型的高学历人才的创业团队，强力的知识背景加上专业的技术能力，是他们创业成功的基础。另外，作为一个团队，要想让新创新创企业在激烈的商业竞争中生存下来，需要做到如下几点：一是要具备统一的价值追求，共同的创业理想。二是要有一个有远见的、有魅力的领导人，优秀的领导者是凝聚集体、保持团队活力的关键。三是团队人才形成优势互补，如红龙团队，不仅有专业的技术人才，还有精通市场的销售人员、擅长管理的管理者等。

案例 8　高振宇：从地摊开始创业

创业之路充满荆棘和坎坷，高泽宇在 3 年创业路上也经历了大起大落。

2006 年 10 月 23 日，正在西安开发市场的高泽宇得到部分团队成员背叛的消息，立即回到乌鲁木齐。回到库房，眼前的景象让他目瞪口呆：库房里大量的运动鞋被 4 名团员私分，现场人去楼空，一片狼藉，留下了 40 余万元的债务由高泽宇承担。他意识到，用感情维系来管理团队已经不再管用了。

面对如天文数字般的债务，高泽宇甚至有过轻生的念头。但一番痛苦抉择后，他决定重新振作起来，重组团队。经历过失败的他深谙财聚人散、财散人聚的道理，他要让每个人都树立主人翁意识。但由于缺乏管理经验，2008 年 5 月，第二次团队危机也悄然爆发。5 个和高泽宇从摆地摊时一同走来的创业伙伴此时对创业失去兴趣，开始拉帮结派。面对日益紧张的团队关系，事业继续拓展无望，高泽宇下决心解散团队。

那天会上，除了不想创业的 5 个人，其余人获悉后都失声痛哭。他们堵住大门、高喊继续创业的样子让高泽宇热泪盈眶。回想创业以来的点点滴滴，他决定和剩下的十余个成员继续为共同的创业梦奋斗。

从摆地摊开始，高泽宇的身边始终围绕着一批有创业激情的大学生创业者，这让许多人感到好奇。从 2006 年就一直跟随高泽宇创业的赵志强说，完全是高泽宇的个人魅力使然。他难忘第一次旁听高泽宇与团队成员开会时的场景：从晚上 10 点至第二天凌晨 5 点，高泽宇激昂地与团队成员畅谈未来发展、梳理目前存在的难题。这种忘我的创业激情震撼了他，他预感高泽宇日后定会成功，下定决心要跟他共同创业。

2008 年 5 月以来，上下拧成一股绳的大学生团队进入了快速发展期，公司设有市场部、销售部、宣传部等，部门间权责明晰、责任明确，团队中以能力为先，谁能力强就负责主要事务。团队以高泽宇为主要负责人，主要管理者 8 名，团队成员 20 余名，另有大学生员工百余名，成员平均年龄不到 24 岁。

如今，他们的运动品牌专卖店已经开了几十家家，业务面也越拓越宽，还开发了装修业务。

分析点评

选择创业，就是选择一种生活方式，选择一种人生旅途。创业，特别是创大业，需要一个强大的创业团队，而不能仅依靠某个人的打拼。创业团队的组建和管理，需要考量很多因素，创业团队的打造往往需要一个很长的过程。只有在创业实践过程中不断磨合与历练，才能最终形成一支有战斗力和凝聚力的团队。

互动空间

合作能力测试

是 否（1）我喜欢在别人的领导下完成工作。

是 否（2）我不喜欢参加小组讨论。

是 否（3）与陌生人一起讨论时，我会放不开。

是 否（4）我喜欢与人一起分担一项工作。

是 否（5）我与周围人的关系很和谐。

是 否（6）我觉得自己要比别人缺少伙伴。

是 否（7）很少有人可以让我感到可以真正信赖。

是 否（8）我时常感到寂寞。

是 否（9）我相信大合作大成就，小合作小成就。

是 否（10）我感到自己不属于任何圈子中的一员。

是 否（11）我与任何人都很难亲密起来。

是 否（12）我的兴趣和想法与周围人不一样。

是 否（13）我常感到被人冷落。

是 否（14）没人很了解我。

是 否（15）在小组讨论时我感到紧张不安。

是 否（16）我善于把工作分解开让合适的人一起做。

是 否（17）我感到与别人隔离开了。

是 否（18）我感到羞怯。

是 否（19）我要好的朋友很少。

是 否（20）我只喜欢与同我谈得来的人接近。

合作能力测试结果分析：

每题均有两个测试结果，即“是”和“否”。答“是”计 1 分，答“否”计 0 分。得分在 12 分以上表示合作能力亟待提高；8 ~ 11 分表示一般；5 ~ 7 分表示合作能力较好；4 分以下表示合作能力非常好。

对希望提高合作能力者的建议：

（1）借鉴合作成功者的经验，总结合作失败的教训，为己所用。

（2）培养发现别人的优点并能不吝赞赏，发挥其长处的能力。

（3）与合作者求同存异。

他山之石

高绩效创业团队的特征

在优胜劣汰的现实社会里，优秀的创业团队也面临着激烈的竞争，竞争就必然导致弱肉强食，只有优秀的团队才能够从中胜出并发展壮大。那么高绩效的创业团队应该具备哪些特征呢？主要有七个特征：共同的创业理念、可行的创业目标、执着的价值追求、互补的技能、良好的沟通、高度的凝聚力、合理的利益分配。如果某个特征缺乏或者薄弱，则会影响团队的效率。

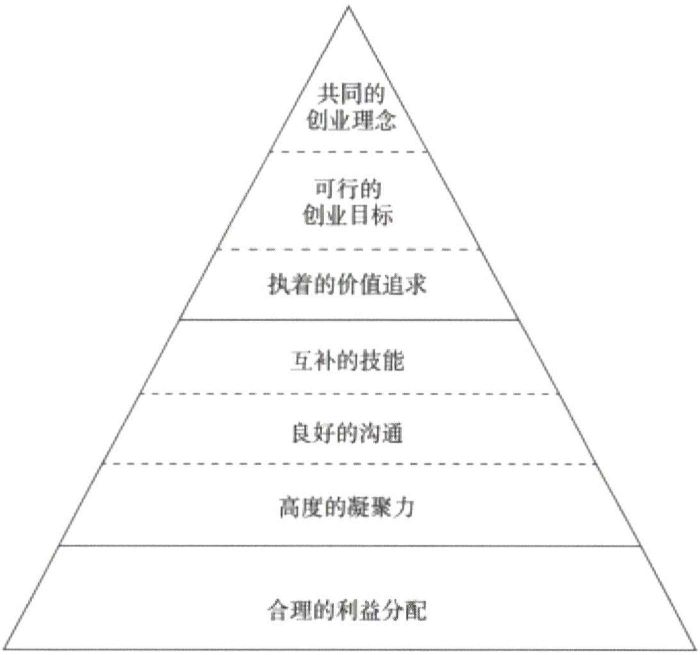

Chapter 4 紧抓创业良机

创业箴言

多数人的毛病是，当机会冲奔而来时，兀自闭着眼睛，而很少去追寻机会，甚至被机会绊倒，也不去审视它。

——卡耐基

最坏的创业是没有选择的机会，最有希望的创业是有较多机会可供选择的创业，但若不能识别和选择机会，创业者又必会陷入最坏的境地。

——马克·扎克伯格

核心知识

知识点 1 抓住创业机会

1. 创业机会的含义

创业机会，从逻辑上来看，是创业和机会的组合。机会可理解为从事某项活动的有效途径或恰当时机；创业则是认识和创造新事物，采取行动把机会转变为可行的、有价值创造的事业或企业的过程。因此，创业机会是指有吸引力的、较为持久的和适时的一种商务活动的空间，并最终表现在能够为消费者或客户创造价值或增加价值的产品或服务之中。创业机会亦称为商业机会或市场机会。

2. 识别创业机会

（1）现有市场机会和潜在市场机会。市场机会中那些明显未被满足的市场需求称为现有市场机会，那些隐藏在现有需求背后的、未被满足的市场需求称为潜在市场机会。现有市场机会表现明显，往往发现者多，进入者也多，竞争势必激烈。潜在市场机会则不易被发现，识别难度大，往往蕴藏着极大的商机。例如，金融机构提供的服务与产品大多是针对专业投资大户，而占有市场大量资金的普通投资者未受到应有的重视，这种矛盾显示出为一般大众投资提供服务的产品市场极具潜力。

（2）行业市场机会和边缘市场机会。行业市场机会是指出现在某一个行业内的市场机会，而在不同行业之间的交叉结合部分出现的市场机会被称为边缘市场机会。一般而言，人们对行业市场机会比较重视，因为发现、寻找和识别的难度系数较小，但往往竞争激烈，成功的概率也低。而在行业与行业之间出现“夹缝”的真空地带，往往无人涉足或难以发现，需要有丰富的想象力和大胆的开拓精神，一旦开发，成功的概率也较高。比如，人们对于饮食需求认知的改变，创造了美食、健康食品等新兴行业。

（3）目前市场机会和未来市场机会。那些在目前环境变化中出现的市场机会称为目前市场机会，而通过市场研究和预测分析它将在未来某一时期内实现的市场机会称为未来市场机会。如果创业者能够提前预测到某种市场机会会出现，就可以在这种市场机会到来前早做准备，从而获得领先优势。

（4）全面市场机会和局部市场机会。全面市场机会是指在大范围市场出现的未满足的需求，如国际市场或全国市场出现的市场机会，着重于拓展市场的宽度和广度。而局部市场机会则是在一个局部范围或细分市场出现的未满足的需求。如果创业都能够在大市场中寻找和发掘局部或细分市场机会，见缝插针，拾遗补阙，就可以集中优势资源投入目标市场，以利于增强主动性、减少盲目性，增加成功的可能。

3. 把握创业机会

创业者不仅要善于发现机会，更需要正确把握并果敢行动，将机会变成现实的成果。

（1）着眼于问题把握机会。机会并不意味着无须代价就能获得，许多成功的企业都是从解决问题起步的。所谓问题，就是现实与理想的差距。比如，顾客需求在没有得到满足之前就是问题，而设法满足客户这一需求，就是抓住了市场机会。美国“牛仔大王”李维·施特劳斯的故事多年来为人们津津乐道。19世纪50年代，李维·施特劳斯像许多年轻人一样，带着发财梦前往美国西部淘金，途中一条大河拦住了去路，他设法租船，做起了摆渡生意，结果赚了不少钱。在矿场，李维·施特劳斯发现由于采矿出汗多，饮用水紧张，于是，别人采矿他卖水，又赚了不少钱。李维·施特劳斯还发现，由于跪地采矿，许多淘金者裤子的膝盖部分容易磨破，而矿区有许多被人丢掉的帆布帐篷，他就把这些旧帐篷收集起来洗干净，做成裤子销售，“牛仔裤”就这样诞生了。李维·施特劳斯将问题当作机会，最终实现了他的财富梦想。

（2）利用变化把握机会。变化中常常蕴藏着无限商机，许多创业机会产生于不断变化的市场环境。环境变化将带来产业结构的调整、消费结构的升级、思想观念的转变、政府政策的变化、居民收入水平的提高，等等。人们透过这些变化，就会发现新的商机。私人汽车拥有量的不断增加，将产生汽车销售、修理、配件、清洁、装潢、二手车交易和陪驾等诸多创业机会。任何变化都能激发新的创业机会，需要创业者凭着自己敏锐的嗅觉去发现。许多很好的商业机会并不是突然出现的，而是对“先知先觉者”的一种回报。

（3）跟踪技术创新把握机会。世界产业发展的历史告诉我们，几乎每一个新兴产业的形成和发展，都是技术创新的结果。产业的变更或产品的替代，既满足了顾客需求，同时也带来了前所未有的创业机会。例如，电脑诞生后，软件开发、电脑维修、图文制作、信息服务和网上开店等创业机会随之而来。任何产品的市场都有其生命周期，产品会不断趋于饱和达到成熟直至走向衰退，最终被新产品所替代。创业者如果能够跟踪产业发展和产品替代的步伐，通过技术创新就能够不断寻找到新的发展机会。

（4）在市场夹缝中把握机会。创业机会存在于为顾客创造价值的产品或服务中，而顾客的需求是有差异的。创业者要善于找出顾客的特殊需要，抓住顾客的个性需要并认真研究其需求特征，这样就可能发现和把握商机。时下，创业者热衷于开发所谓的高科技领域等热门课题，但创业机会并不只属于“高科技领域”，在金融、保健、饮食这些所谓的“低科技领域”同样有机会。随着打火机的普及，火柴慢慢退出了人们的视线，而创业者沈子凯却在这个逐渐被人淡忘的老物件里找到了新商机，他创造的“纯真年代”艺术火柴红遍大江南北。还有为数不少的创业者追求向行业内的最佳企业看齐，试图通过模仿快速取得成功，结果使得产品和服务没有差异，众多企业为争夺现有的客户和资源展开激烈竞争，使企业陷入困境。所以，创业者要克服从众心理和传统习惯思维的束缚，寻找市场空白点或市场缝隙，寻找行业或市场在矛盾发展中形成的空白地带，从而把握机会。

（5）捕捉政策变化把握机会。中国市场受政策影响很大，新政策出台往往引发新商机，如果创业者善于研究和利用政策，就能抓住商机。2006 年国家出台了新的汽车产业政策，鼓励个人、集体和外资投资建设停车场。停车场日益增多的同时，对停车场建设中的智能门禁考勤系统、停车场智能系统、通道管理系统等的需求也随之增多，专门供应停车场所需的软硬件设备就成为一个重要商机。事实上，从政策中寻找商机并不仅仅表现在政策条文所规定的表面，随着社会分工的不断细化和专业化，政策变化所提供的商机还可以延伸，创业者可以从产业链在上下游的延伸中寻找商机。

（6）弥补对手缺陷把握机会。很多创业机会是缘于竞争对手的失误而“意外”获得的，如果能及时抓住竞争对手策略中的漏洞而大做文章，或者能比竞争对手更快、更可靠、更便宜地提供产品或服务，也许就找到了机会。为此，创业者应追踪、分析和评价竞争对手的产品和服务，找出现有产品存在的缺陷，有针对性地提出改进方法、形成创意，并开发出具有潜力的新产品或新功能，就能够出其不意，成功创业。

知识点 2 规避机会风险

1. 机会风险的含义

有价值的创业机会也是有风险的，因为多数机会都蕴含着创业的不确定性，这就使得千斟万酌而确认的创业机会也存在某种程度的机会风险。

所谓创业的机会风险，一是指潜在的机会风险因素，即创业者利用某些机会而创业，有可能会遇到的某些风险因素；二是指某些风险因素未来实际发生了，创业者会遇到很多很难克服的困难，从而导致创业活动很难持续下去，甚至会导致创业的终止。其中，一些机会风险是可以预测的，一些机会风险是不可预测的；一些是有可能防范的，一些则需要创业者努力规避之。

2. 机会风险的分类

创业机会风险可以分成两类，即系统风险和非系统风险。系统风险即创业环境的不确定性带来的风险，如商品市场需求及竞争的不确定性、生产要素市场供给的不确定性、国家法律及政府政策规制的不确定性等带来的风险，以及创意可实施性的不确定性、创业团队能力的不确定性带来的风险等。

系统风险是创业者自身难以掌控的，创业者只能加强监测和预警，进而努力规避之。非系统风险是创业者通过自身的努力，有可能防范甚至可以化解的，故应努力防范并化解这些风险的发生。但不论是哪类风险，在创业机会识别阶段，创业者都应该尽可能预测到相应的风险，进而理性把握相关风险。

所谓理性把握相关风险，即分析、判断相关风险的具体来源、发生概率、程度大小，对可能的风险因素进行评估；预算借机冒险创业的“风险收益”，设计并选择综合风险较小，且自己有能力承受相关风险的行动方案，并提前准备相应的风险应对预案。

典型案例

案例 1 “孔明灯”的商机

2014 年毕业于某学院的大学生苏鹏飞，一毕业就毫不犹豫地踏上了开往义乌的火车。当时他身上除了一些必备物品外，仅剩 50 元钱。为了填饱肚子，也为了锻炼自己的工作能力，他先去了一家公司做了一名外贸销售员。一个月后，苏鹏飞拿着 1400 元工资，毅然决然地辞职了。

苏鹏飞坚持走他的创业之路，丝毫不动摇。他拿着交完房租剩下的仅有的 800 元就开始了创业。当然，他的创业之路并不是一帆风顺的。辞职一个多月了，始终没有找到合适的项目，他这才约朋友去公园散散心，没想到却意外看到了孔明灯。第二天一大早，苏鹏飞就跑到义乌小商品批发市场购买孔明灯。令他没有想到的是，在义乌这个号称全球最大的商品批发市场中却只有几家商户在销售孔明灯，这个发现让苏鹏飞欣喜不已。后来他又对孔明灯做了进一步的调查，了解到了孔明灯市场竞争小，潜力巨大，有着丰富的文化内涵，并且收益也比较快。说干就干，从小商品市场回来的第二天起，苏鹏飞就开始认认真真地设计起他的孔明灯网站来。只要网上有人下订单，自己就先去市场批发回来，然后再转手卖出去。苏鹏飞的想法，得到了女朋友的支持，两人从小商品市场买了 100 多个孔明灯。果然不出所料，在依靠网上的平台、义乌的市场资源和女友的支持和帮助下，苏鹏飞在第一个月就赚了几千元钱。从此以后，他更加努力地寻找客户，短短半年就积攒了 6 万元的存款。

后来有一天，苏鹏飞突然接到了一个 20 万元的温州某外贸公司的大订单。欣喜若狂的苏鹏飞赶忙寄出样品，没想到却寄错了样品。好不容易安抚好对方，再寄样品，却又一次出错了。在寄出的十个样品中竟然有几个是烂的，当所有人都认为这笔订单成了泡影的时候，苏鹏飞却并没有轻易放弃。他打电话道歉，写电子邮件解释，一遍又一遍地请求客户再给他一次机会。就在众人都让苏鹏飞放弃的时候，出乎所有人的意料，苏鹏飞竟然接到了温州某外贸公司的电话，说要去他的工厂考察。这下苏鹏飞慌了，因为他根本没有工厂，甚至连接待客户的办公室都没有。在放下电话后，苏鹏飞决定打肿脸充胖子。跑了三天，他终于借到了一间办公室，虽然比较简陋但也还应付得过去，后来他又如法炮制借了间工厂，随后又把所有该注意的事项安排都想好了。随着温州客户来临日期的接近，苏鹏飞的心里却是日渐沉重。二十几天后客户来了，但是苏鹏飞没有急着跟客户谈生意，反而把自己借办公室，借工厂的经过一五一十地招了。客户听了并没有生气，反而当场就签了 20 万的合同。因为他们看中了苏鹏飞的为人，也可以说是他的真诚打动了客户。

后来，苏鹏飞开始打算自己建一个工厂。在研究了孔明灯的材料、制作工艺之后，苏鹏飞就让哥哥去学孔明灯的制作技术。众多条件具备后，短短的一个月，从建厂到生产，苏鹏飞就保质保量地完成了订单所需要的全部孔明灯，一下子就赚了近十万元，这更加坚定了他的创业决心。后来，他的女朋友和好朋友王道军先后辞去工作，加入了苏鹏飞的公司，苏鹏飞负责销售和生产，女朋友负责外贸，王道军负责采购。三个人合作默契，短短半年时间，销售额就达到了 300 多万元。

2015 年，苏鹏飞又先后推出了荷花灯、水灯等工艺灯具，产品远销欧洲许多国家，这也为他迅速积累了数百万资产。后来他把他卖孔明灯赚来的 100 万元钱，给了两个大学还没毕业的毛头小伙，投资成立了一家十字绣工厂，于是他又比别人更先一步进入了这个市场，事实证明，他的选择是对的，短短半年，他的工厂已经收回了大半的成本。

分析点评

苏鹏飞的创业经历给我带来了很深的体会。也许有人说，苏鹏飞的成功很大一部分是靠着他的运气，但是他不仅有着很多和其他成功创业者的共同之处，同时也有着别人不具备的战略眼光，优点和品质。

首先，他有着坚定的创业决心，一直在很坚定地走着自己的创业道路。当其他同学在为就业忙碌时，他到了义乌去寻找自己的创业项目。当他在义乌找到了一份足以谋生的工作时，却在干了一个月后毅然辞职去创业，这些都表明他有着坚定的创业决心。他有着一种勇敢奋进，敢于拼搏，不甘平庸的心理品质和年轻人应有的激情和活力。这些都是一个成功创业者的最基本的条件和基础。

其次，在项目的选择上，他选择了孔明灯这个传统的项目。这并不是他心血来潮，而是做了前期的社会调查和搜集了许多相关方面的资料，在充分了解了孔明灯的市场供应和市场需求之后，做出的一个深思熟虑的决定。这充分说明大学生创业在选择创业项目时，并不是根据自己的一时兴趣和冲动而做出选择，而是要经过多方面的考察和研究，在了解相关的市场信息之后才能做出决定。选择一个正确的项目，一个符合自己的专业知识和一个有着市场前景的项目是成功创业的前提和基础。

第三，苏鹏飞自身有着很多创业成功者所应具备的优点和品质，有着超乎常人的良好心态。例如他面对困难时不放弃，坚持到底，寻找那个属于自己的机会。苏鹏飞还有一个重要的优点是做人诚实，不弄虚作假，懂得真诚待人。当得知客户要来考察时，虽然一切都已准备妥当，已保证万无一失，但他却在客户到来的时候和客户交代了一切，即使他知道以前的努力可能会付之东流。但也正是因为他的这种诚实与做人的真诚打动了客户，从而争取到了这笔订单。也可以说，正是他的这种不放弃，坚持到底的精神，诚实和做人的真诚给自己的创业之路带来了一个质的飞跃，一个成功的跨越。

最后，独特的战略眼光。具有长远性和前瞻性的远见也是一个成功创业者的必要条件，苏鹏飞就恰恰具有了这一点。先是从孔明灯开始，他看到了孔明灯国内市场的欠缺以及具有广泛的国际市场，抓住时机促成了成功，然后看到了十字绣的市场，大胆果断投资，也取得了不错的效益。

苏鹏飞创业的成功不是偶然，而是多方面因素共同构成的必然结果。创业的决心，优秀的个人品质，良好的心态，强大的团队，再加上一点小小的运气最终促成了他的成功创业。在市场经济大潮中，机会与风险并存。只要从事创业活动，就必然会有某种风险相伴。立志创业，必须敢闯敢干，具有敢于行动、敢冒风险、敢于拼搏、敢于承担行为后果的心理品质，有胆有识，才能变理想为现实。另外，创业过程是一个长期坚持努力奋斗的过程，立竿见影、迅速见效的情况是极少的。创业者需要有百折不挠、坚持不懈的毅力和意志，遇事沉着冷静，思虑周全，能够根据市场的需要和变化，确定正确而令人奋进的目标，朝着既定的目标一步步走下去，纵有千难万险，迂回挫折，也不轻易改变初衷，半途而废。创业者如三心二意，知难而退，或虎头蛇尾，见异思迁，终将一事无成。

案例2　把握身边的创业机遇

高中毕业后干起家电维修的小胡和小姜，每天都以修收录机、电视机为生，但前者是一个经营上的“不安分者”，后者则是一个循规蹈矩的“老实人”。不久前，小胡又突发奇想，寻找到新的商机：他发现当地的农民用上了自来水后，将来就有可能使用洗衣机，有洗衣机便会有维修洗衣机的业务。于是，他买回本地市场上常见品牌的洗衣机供周围的人使用，目的之一是让人们尝尝洗衣机的甜头，目的之二是学习洗衣机的结构，保养和维修。果不其然，一年后，一台台洗衣机进入农村，维修业务几乎全被小胡包揽了，而小姜只能眼睁睁看着自己失去一次扩大维修范围的机会。

分析点评

案例中的小胡通过农村用上自来水这个时机，发现了洗衣机在农村普及带来的维修市场，把握住机遇，扩展了业务，“垄断”了市场。而同行小姜就没有从自来水的使用上发现商机，丢失了机会。

命运是可以改变的，只要你懂得把握机会，而所谓机会，是需要用心去发觉的。对那些有心人来说，苦难和逆境中到处都是机会；对那些不懂得把握的人来说，就算人生如何顺利，却无论如何也找不到丝毫机会，更不要说改变命运了，他们只会在命运的洪流中随波逐流，终其一生都将碌碌无为。

案例 3　大学毕业去卖菜

毕业等于失业，这是在大学中间比较流行的一句话。大学生创业项目选择做什么呢？毕业一年多来，郭高林从一个一无所有的大学毕业生，到大胆创办自己的蔬菜连锁超市，再到现在拥有 4 家连锁店，每天 1 万多元的营业额，这是他当时想都不敢想的，也让他更加坚定了创业的信念。

让郭高林欣慰的是，他的创业，不仅带动了自己的女朋友和妹妹就业，而且也帮助同学王彦峰、肖冰、武亮亮等就业并有了用武之地。如今，4 家连锁店共有员工 20 多人。

“80 后”的郭高林，是河南省教育学院 2007 级管理学院人力资源管理专业的毕业生。

郭高林说，他的创业之路是从大三练摊卖衣服开始的。在郑州牧专外面的那条路上，流动人口多，一到晚上就热闹非凡，路两边满是卖小吃、卖衣服、卖杂货的地摊。郭高林和女朋友姜茵也在那里摆地摊卖起了服装。姜茵做老板和销售，郭高林的任务是进货。

“练摊”虽然只是小打小闹，但在这个过程中，郭高林学会了基本的经营技巧。

郭高林爱琢磨。有一次，他发现自己身边卖菜的，虽说生意不错，但因为零星分散，又没有品牌，蔬菜的质量、价格、信誉总不能让一些顾客放心。“我就琢磨，肉类可以有品牌店，蔬菜为什么不能打响自己的品牌？”他萌发了开蔬菜超市的心思，“以品牌蔬菜为主，兼营五谷杂粮、冷鲜肉等，附带一些副食”。

在面临毕业的那段日子里，在众多同学焦头烂额地忙于找工作的时候，郭高林并没有慌乱，因为他已决心创办自己的蔬菜超市。2007 年 6 月底，郭高林回学校领取毕业证时，将想法告诉了好友，结果顿时在年级里炸开了锅。大学毕业生卖菜？很多人认为他根本吃不了这个苦。

开业第一天，他们甚至都不会用收款机，还丢过东西。做蔬菜生意在时间上很特殊，别人吃饭的时候他们最忙，过了高峰期才能轮流吃饭。进入冬季，屋里既没暖气又没空调，因为要净菜、剁肉，还未入冬，几个人的手都不同程度地冻伤了。

但是他们从来没有想过放弃。“这些都是很正常的事情，干事都需要有一个过程，坚持是有难度，但万事开头难，我们要用一颗平常心去做事。”郭高林说。

郭高林和大伙儿一起起早贪黑，不怕吃苦受累，认真做市场调查，虚心向同行和前辈“取经”。

在几个年轻人的不懈努力下，“咱地里”的生意越来越好。走进“咱地里”蔬菜超市，货架上的蔬菜码得整整齐齐，品种齐全，黑板上的价格标得清清楚楚，价格低廉。

除了蔬菜，店里还有副食品、杂货和冷鲜肉，吸引了不少顾客。大学生热情的态度，也使很多顾客成为回头客。

就这样，“咱地里”蔬菜自助超市逐渐形成了自己的特色。“我们还是有优势的，跟小商贩比，我们的优势是菜价便宜、种类多、干净、不缺斤短两；与大超市比，我们的优势是价位低、离家近。”蔬菜超市在几个大学生的精心操持下逐渐走上正轨，并加盟了双汇集团，经营双汇冷鲜肉。

那段时间，超市每天的营业额是1000元左右，但除去成本和开支，他们的盈利非常有限。“创业初期，我们就没打算赚钱，首先是学习和积累经验，培养客户群，赚钱是以后的事。”郭高林说。

随着生意逐渐走上正轨，郭高林决心扩大规模。2007年12月，郭高林在郑东新区成立了第一家分店。这家店面附近，是一个有1000户人口的住宅小区，一间只有80平方米的毛坯房成了郭高林事业的又一个起点。

规模扩大了，对新环境的适应、员工素质、管理模式、产品质量等问题也接踵而来。“新店开业后，销售状况并不理想，新店的寂静，理想与现实的落差，影响着我们的情绪，毕竟我们都是年轻人。但是，真诚的倾诉和相互安慰、鼓励，让我们的心贴得更紧，我们咬着牙走过来了。”郭高林说。

在迎接挑战的过程中，他们研究制定了一系列管理模式和管理制度，包括收银制度、招聘培训制度、采购制度、仓管制度。这些正好是他们在大学所学的知识。这些知识，成为“咱地里”发展的基础。

分析点评

郭高林作为大学生创业者，没有好高骛远，而是认真考察、了解市场，寻找适合自己的商机。他认真做市场调查，虚心向同行和前辈“取经”，结合自己所学的专业，研究制定了一系列管理模式和管理制度，包括收银制度、招聘培训制度、采购制度、仓管制度，使自己的企业克服了起步阶段的重重困难，走上良性发展的轨道。

在创业过程中，选择不做什么有着非常大的压力，因为在这过程中受到的诱惑太多了，每一个新的概念都可以做得很大。在商业上的策略不是决定做什么，而是决定不做什么。不少大学生创业者并没有对其产品或项目认真做过做市场调查，而是进行理想化的推断，凭感觉认为某一项目是盈利的。其实，只有调查才有发言权，才知道市场需要的项目究竟是怎样的。这些，必须经过严密的市场调查，而不仅仅是创业热情才能得到答案。

案例 4 把握“偶然”，谋定而动

人们在谈论成功人士的时候，很容易被他们身上笼罩的一道道“光环”所迷惑，而事实上，每一个人的成功都是从不起眼的小事开始的。2010 年，19 岁的赵宇考上某大学时，在班里他还是个默默无闻的角色。

一次学校组织文艺汇演，他们班也出了一个节目。临近演出的前几天，担任主角的男同学突然有事不能参加。班主任就把赵宇拉了过来凑数。由于他们班当时只有 3 个男生，没有办法，赵宇只有硬着头皮答应下来。

做一件事情，要么放弃，要么就做到最好。这是赵宇一贯的做事风格。他们班当时出的那个节目是个反映军民关系的小品，赵宇在这个小品中扮演的是—名军人。为了借一项军帽，赵宇跑到省军区去找熟人，不料他要找的人不在，他反而被值勤的门卫当成“可疑分子”堵在门房里关了几个小时。后来，他通过同学的关系，才辗转从另外一所大学里借了一顶军帽。

演出那天，赵宇倒还镇定自若，而和他一起配戏的同学却在演到一半的时候忘了台词，眼看就要冷场，赵宇灵机一动，临场编了几句台词，同学也顺着他的意思往下说，不知不觉中他们把原来的剧本全改了，没有想到，“临场发挥”竟然取得了意想不到的效果，他们的演出大受欢迎，获得了热烈的掌声，在那次会演中获得了一等奖。

上大二的时候，在学校已经崭露头角的赵宇再也不安于穿梭在教室和宿舍之间的单调的读书生活。他开始着手找兼职，为以后的择业和事业发展做有益的铺垫。

赵宇的表姐小慧成立了一个模特队，在城市的各大夜总合和歌舞厅巡回做时装表演。得知赵宇喜欢参加一些社会活动，表姐就让他帮忙打理后台，也就是负责整理服装、到场的模特签到等，这些琐碎的小事他总是能认真地做好。后来因为表姐事务繁忙，干脆把模特队的演出交给了赵宇打理，这一下，又让赵宇的创造才华得到了淋漓尽致的发挥。他把模特出场的服装按照不同的色系、不同的花纹分类，重新整合后推出，他甚至还把背景音乐换上了不同曲风的音乐。他的“异想天开”取得了空前的成功，他的模特队演出成了几家大夜总会的经典节目。

那段时间，赵宇每天的睡眠只有三四个小时，早上 6 点学校还要上早操。而他的辛苦也得到了回报，当时他的父亲一个月的工资是 1500 元钱，赵宇在模特队的收入是每月 1600 元。靠着自己的收入，赵宇成了学校里第一个买手机和摩托车的学生。

赵宇的邻居家有一个和他从小玩到大的好朋友，赵宇没事的时候老爱找他玩儿。由于他的朋友摄影技术很不错，所以一般公司有什么会议、活动，包括公司里有人结婚，公司领导都会安排他去。赵宇有时就跟朋友做些打灯、收拾装备箱的小事情。逐渐地，他在朋友疲惫的时候也会上去拍一阵，几个月以后，他也能拍出像模像样的作品来了。

赵宇的朋友因为在公司里还有不少工作要做，再者拍录像基本上都是义务帮忙，没有什么好处，时间一长，遇到摄像的活都让赵宇出去替他跑。有一次要给一对新人拍婚庆录像，来宾基本上都到齐了，而这个时候，原来拟定的婚庆主持人却有事不能赶到现场。这可怎么办呢？主办方急得团团转，却一筹莫展。不知是谁出了个主意："拍录像的小伙子经常参加婚礼，让他来主持应该没问题。"于是新郎的家人就找到了赵宇，要他帮忙主持婚礼。赵宇忙说自己只会摄像，不会做主持，恐怕自己不能胜任。但是时间紧急，来不及再去找一位更合适的人了，最后他只好勉强应承下来。

婚礼开始后，赵宇拿出他在学校表演节目的劲头，在礼仪主持里加进了相声小品里的俏皮话："酒店大门开，一对新人走进来，福禄喜寿大团圆，宾朋满堂乐开怀。"赵宇自编的一段顺口溜顿时博得了掌声。他还怂恿新郎新娘给来宾表演小节目，新人略带羞涩的表演逗得大家哈哈大笑，他的幽默段子也赢得了满堂喝彩，整个场面十分热烈。

此后，很多人都知道了这个既会摄像又会主持婚礼的小伙子，找他的人更多了。遇到节假日的时候，赵宇一天跑好几场。他在学校里更是名声大振，一位副校长的女儿结婚，就是让赵宇做的司仪。

找赵宇主持婚礼的人络绎不绝，他决定开一家婚庆服务公司。说干就干，他上网查阅了相关的资料，熟悉了中国传统的婚庆习俗和各种仪式，知道了婚庆不只是简单的摄像和婚礼主持。当时人们结婚的仪式都很单调，他从这里发现了巨大的商机。

赵宇拿出自己的积蓄，又向父母要了一些钱，在学校附近开了一家十几平方米的小店，并把自己家里的电视机、电脑、沙发和茶几统统搬到店里。不上课的时候，他就跑到自己的店里招揽生意。赵宇的婚庆公司加上他出色的服务，很快就打开了局面，客人多的时候，店里站都站不下。

2014 年 7 月，赵宇大学毕业了，他被分到中学做语文老师。这个时候，赵宇渐渐发现，原来推出的服务项目已经不能满足人们的需要了，现在生活水平提高了，人们对婚礼的要求也提高了。于是赵宇抽空去北京、上海等地考察，学习外地婚庆公司的经验。回来以后，他又将公司的业务追加到 41 项，包括婚礼的租车、场景布置、预订酒席、婚纱摄影等，婚礼从开始到结束他们公司都可以"一手包办"。

赵宇在学校里是语文教师，又担任班主任，他常常刚给学生上完课，就要去赶一场婚礼。由于时间紧，赵宇常常提前穿一身主持婚礼的西服去给学生上课，他的学生一看老师西装革履穿戴一新，就知道他今天又有"任务"了。不过，他将两者做得都很不错。他带的学生都很喜欢这个风趣幽默、说话和风细雨的语文老师。

"我做事的态度是要把每件事情都做好，即使最细微的部分，也要彻底做好。一样事情做不到十全十美，我绝对不放松。"电影大师邵逸夫的这段话，引起了赵宇深深的共鸣。他认为一个人只有投入全部的身心去做一件事情，才可能做得非常好。赵宇的婚庆公司经过几年的努力已经有了很大的发展，他自己也买了车买了房，至少也算得上是中产阶级了。但是，把婚庆公司做大做好，做成这个行业的品牌，才是赵宇最大的梦想。

2015 年 7 月，赵宇辞去教师一职，开始专心经营他的婚庆公司。因为公司里有经验的司仪非常少，一忙起来公司的人马一起出动也不能满足客户的需要。为此，赵宇招聘了十几个年轻英俊的小伙子，对他们进行了专门培训，大大提高了公司的工作效率。针对新人结婚租车难的问题，赵宇借到巨资，买下奔驰、林肯、红旗等高档轿车组成了自己的车队。他还和酒厂合作，推出了一种地方特色的喜酒，名为“爱情婚宴专用喜酒”，酒瓶上有新人的照片，还有新郎和新娘的姓名和他们举行婚礼的日期，这样别致的礼物当然是一份很不错的新婚纪念品。

为了将自己的公司打造成婚庆行业的品牌，赵宇挖空心思，想出了一个又一个新点子。结合现代人追求浪漫的心理，他把婚礼从室内搬到户外，开创了草坪婚礼、广场婚礼、烛光婚礼、教堂婚礼、军旅婚礼等别出心裁的婚礼模式。时至今日，赵宇的婚庆公司经过几年的发展，从一个十几平方米的小店发展到总店两千平方米的规模，公司推出的婚庆服务项目也发展到了婚礼主持、摄像、婚纱摄影、鲜花外卖、预订酒席等几十个品种。

谈到他的成功，赵宇说，自己的成功靠的是平时积累和“偶然的机会”。第一个偶然是大学时代的登台演出，使他认识到自己还有潜力可挖；第二个偶然是去模特队做领队，使他丰富了社会经验，提高了管理能力；第三个偶然是客串司仪，如果不敢尝试自己没有做过的事情，那么就不会有赵宇今日的事业。他以自身的经历告诉如今正准备求职创业的大学生们，不要把成功想象得遥不可及，也不能好高骛远、一心只想挣大钱，只要平时有一双善于发现的眼睛，只要有一个执着坚定的信念，只要在遇到挑战的时候能突破自己心理上的樊笼，那么，成功的路就不会遥远。

分析点评

苏格拉底说：“最有希望的成功者，并不是才华最出众的，而是那些最善于利用每一时机去发掘开拓的人。”无疑，赵宇就是个善于利用机遇的人。机遇是什么？诠释赵宇的成功可知，机遇是一种态度和习惯——凡事都努力做到最好的认真劲儿；机遇是做人的宽厚——帮助别人其实也就是帮助你自己；机遇是厚积薄发——对于说不清楚的明天，执着的跋涉就是最好的迎接方式，这样，在机遇来临时，才不会擦身而过，其实灵感和机遇随处都是，但只垂青于有准备的人……做事态度不认真、习惯不好的人，机遇是煮熟的鸭子也会飞走的。

成功人士之所以能抓住机遇，其实并没有什么特别的原因，无非是因为他练就了“火眼金睛”，善于从普通的生活中发现人们的潜在需要，比普通人更注意观察一些细节问题，善于联想、勤于思考，并由此抓住不放，马上行动，终成大业。

一个适当的信息可能决定一份事业的成败存亡，所以我们应该形成对信息的高度重视与敏感。那么该如何练就“火眼金睛”，接收、甄别所需信息并及时做出决策呢？

首先，有明确的目标，对自己所需信息的类别了然于胸。每天，映入我们眼帘的信息极其丰富，但却很少留下印象，更难说有什么发现和收获了。这是因为，我们的目标不够明确。苹果从几十万年前就已经从树上落到地下，但古往今来却只有牛顿一个人接收到了这个信息，发现了万有引力。这是为什么？因为牛顿当时就一直夜以继日地苦思冥想相关问题，所以看到这一现象，马上展开了联系。目的越明确，印象越深，收获也往往越大。

其次，培养敏锐的洞察力。对在观察和实验中偶然发现的出乎人们意料的新现象、新事物保持敏锐的观察力，是捕捉机遇的重要条件。

第一，要边看边想。观察不仅是用眼睛看，而且还要用头脑看。用眼睛看与用头脑看是有本质区别的。观察是有目的的，是要寻找，要发现，要认识；而看的目的性不太明确，主要的动机还只是有所感觉，并不追求一种理性的认识。正是这种差别，使得观察的印象特别深刻，而看的印象则比较淡漠。在看的过程中要边看边想，不断地分析、综合、比较、判断。只有这样，才能把握观察对象的特点，并不断发展与提高自己的观察能力。据说，李嘉诚的观察能力就极强，在茶馆给人端茶送水的时候，他非常留心顾客的言谈举止，一进门就基本可以判断出他喜欢什么茶，这是一种难得的判断力。这种判断力源于他在凝神观察的过程中，始终伴随着积极的思考，对观察对象进行敏锐彻底的分析、比较与判断。

第二，观察要有意识地通过不同的角度、不同的方式进行，这样才能避免片面和假象，获得比较真实、全面的素材。

第三，观察时要着重把握观察对象的特点，也就是要努力发现此事物不同于其他事物的细微之处。

第四，要把相距甚远的事物联系在一起思索。美国发明家威斯汀豪想发明制造一种能够同时作用于整列火车的刹车装置，他搜肠刮肚都未能想出。后来他在一本杂志上意外获悉，挖掘隧道时驱动风钻所需的压缩空气能用橡胶软管从800米以外的空气压缩机送来，他从中得到启发，发明了气动刹车装置。

第五，处处留心生活，在别人不留心的地方做文章。在人的一生中，总会碰到各种各样的偶然性的机遇，如果对周围的事情不感兴趣，没有细心的观察、持久的思索，那么即使机遇降临了，也无从知晓。所以要留意观察周围的事物，哪怕是不起眼的小事情，也要仔细观察，深入思考。司空见惯的事情，一般人会有疏忽，大专家、学者也会有疏忽。

最后，接收了信息，还要运用所学的知识、经验进行正确分析、准确预测，并及时果断地决策。

案例5　无准备的创业梦行不通

北京某大学2014届毕业生小胡曾参加了河北市政府举行的全市落实创业政策恳谈会。会上，他一说出自己想建立一个大学生求职网站的想法，就得到了市长的赞赏和支持。在市长的鼓励下，这个充满了创业激情的小伙子叙述完善了先前酝酿许久的创业计划书、构架起未来网站的基本框架。但一个绕不开的问题是，由于自己并不会写电脑程序，缺乏网络知识，网站的建立必须由专业的技术人员来完成，这名技术核心人物在哪里？苦苦找寻数月无果，小胡只好暂时收起创业梦想，先找份工作，给别人打工。

“对创业条件分析不足，并且缺乏相应的技术知识的积累，是我这次创业失败的最大原因。”小胡这样总结自己失败的起步。

原来小胡创业的动机是这样产生的。大学最后一学期，迎接小胡的是一场接一场的招聘会、一次又一次的失望而回。“我们不停地奔波于各种招聘会，在海量的招聘信息里想要找到一个适合自己的企业却很难。”在与企业的接触中，小胡了解到企业也存在类似的烦恼。因为缺乏对学生的了解，企业仅通过一次招聘会或一次简单的面试签订用人协议，事后却发现招聘来的员工并不适合这份工作，为此浪费了大量的人力物力。于是，他萌发出这样的一个想法——办一个不同寻常的求职网站。

小胡介绍说，在网站中，他将为企业和大学生搭建起一个长期稳定的接触平台，只要大学生和企业登录注册，双方就可以通过这个平台相互了解，企业甚至可以跟踪大学生在校期间的各方面表现，决定毕业时是否录用。

接下来的几个月，小胡开始了广泛的市场调研。他登门20多家企业，与人力资源管理部门负责人沟通了这一想法，网站的特色服务内容得到了70%的人的肯定。至于网站的长远规划，小胡表示他已制定了相应的计划。

尽管制定了自己的创业计划、确立了盈利模式、进行了市场调研，也得到了家人的资金支持，但小胡却忽视了创业最为关键的因素之一——组建一个得力的团队。小胡刚开始以为这不是问题，懂计算机程序的人多了，肯定能吸引到懂得编程的人。直到制定创业计划的后期，小胡才发现懂得这方面技术并有丰富经验的人太少了。

后来，小胡不得不暂时放下自己的创业计划，开始忙于找工作。“等有了几年的工作经验，完成了一定的技术知识储备，我还会继续完成我的创业梦想。”

分析点评

俗话说不打无准备之战，创业者要想成功，必须扎扎实实做好充分准备和不断的知识积累。无论做什么事情，都是需要人来完成的，有了创业计划和机遇之后，就要不断提高知识水平。

创业是一种劳动方式，是一种需要创业者组织和运用服务、技术、器物进行思考、推理、推断的行为。创业过程中，创业者的知识素质对成功创业起着举足轻重的作用。创业者要进行创造性思维，要做出正确的决策，必须掌握广博知识，具有一专多能的知识结构。具体来说，创业者应该具有以下几个方面的知识，充分了解并用足、用活政策，依法行事，用法律维护自己的合法权益；了解科学的经营管理知识和方法，提高管理水平；掌握与本行业本企业相关的科学技术知识，依靠科技进步增强竞争能力；具备市场经济方面的知识，如市场营销、国际贸易、国际金融，先进技术，等等。

案例 6　陷入“泥潭”的小杨

小杨是沈阳某高校大四学生，学的是物流专业。去年，他了解到针对大学生群体的城际包车业务前景不错，便决定与几个想创业的同学启动“假期大学生客运包车”行动，并选择了沈阳到大连这条线。今年清明节刚过，小杨和同伴就在沈阳十几所高校做宣传，有 500 多名大学生乘客表示愿意乘坐他们组织的包车去大连。为此，他到大连委托一位张姓朋友办理租车事务，还请当地高校的法律老师帮助审查包车协议。今年 4 月 20 日，小杨与在大连从事客运的于某签协议租下 7 辆客车，按照约定，7 辆车要在 4 月 30 日 12 时从大连发车，而 400 名预付部分车费（35 元）的大学生乘客于当日 16 时 30 在苏家屯高速入口和三台子高速入口处分别集合候车。4 月 30 日 16 时许，大学生乘客们陆续到齐了。然而，半小时后，到约定时间了，大家并没看到车的影子。这一等就是 4 个小时。据了解，大连发车晚了，有的车还被扣。等待期间，一些着急的学生要求退还预付票款。还有一些情绪激动的学生与小杨他们发生撕扯；还有学生觉得受骗了，拨打了 110 报警。有一些准备到大连玩的学生已订下特价酒店并网上支付了房费。他们向小杨提出索赔 200 元至数百元不等。而“五一”过后，还有学生专门到小杨所在的学校讨说法，这让正处在撰写毕业论文关键时期的小杨难以招架。小杨说，他们确实给很多乘客制造了麻烦，但他和同学们也是受害者，为这事赔进去近两万元钱。

小杨认为，大连方面的于某违背了协议中“按时接学生”的规定，应负主要责任。小杨曾到大连协调解决此事，希望拿回部分款项，但于某不但不给，还说“压根没跟小杨签过协议”。原来那份协议书上面并没有小杨的名字，在甲方包车方一栏里写的是“张某”。也就是说，这份协议是小杨在大连的那位张姓朋友跟人家签的。虽然小杨事先找人请教法律方面的问题，但却选择了一种“最不法律”的做法，而且，大连包车公司的车辆有没有保险？有没有从事客运的资质……这些事情，小杨均未事前了解。小杨表示，已经没有钱和时间来通过法律途径解决这件事。而且，由于协议并不是自己签的，张某能否配合自己把大连车主于某告上法庭还是未知数。

分析点评

交通部门工作人员表示，如果学校或学生在假期统一组织包车，客运票价没超出市场价，租赁的又是有营运证的合格车辆，这种行为是可以的。运营管理部门只负责查处车辆是否有营运证，至于学生个人组织的租车行为是否合理，要由其他部门进行界定。该工作人员还表示，城际包车车辆需要持有线路书，否则会受到“异地营运”的处罚。

辽宁城铭律师事务所主任秦大军律师认为，小杨创业经历暴露出的问题发人深省。客运行业有严格的准入制度和行业管理制度，大学生又缺乏专业知识和行业经验，常会深陷“泥潭”。大学生还缺乏应对突发状况和规避风险的能力。更重要的是，签订协议的不是小杨本人，维权很难。先懂行后创业，这对一心创业的大学生们来说，是很重要的。

大学生小杨此次“假期大学生客运包车”创业行动的失败，是由于他对租车异地营运的相关知识储备不足。首先，他对汽车租赁行业需要掌握的政策没有充分的了解和认识，对租赁公司及车辆的相关资质没有考量，对异地营运的相关规定没有了解；其次，小杨的法律知识较为匮乏，对协议合同的签订相关法律知识没有充分的认识，包括对如何拿法律的武器来维权也没有充分的了解。

大学生小杨“假期大学生客运包车 ”创业失败的案例给我们的启示是：第一，创业不是简单的想做什么事就做什么事，创业前一定要系统掌握即将从事行业所辐射和涵盖的专业性知识，充分了解行业内相关规则；第二，要树立较强的法律意识，要充分掌握即将从事行业所涉及的相关法律法规，按法律法规的要求依法办事；第三，要学习基本的法律常识，学会利用法律的武器来维护自己的权益。

案例 7 “标新立异”的杂货店

大学生小刘毕业后一直想自己做老板，看到邻居在小区里开了一个食品杂货店收益一直不错，颇为心动。于是，小刘租了小区内一个库房做店面，筹集了一万多元钱作为启动资金，进了一些货品，开了一家食品杂货店。但是经营了两个月后，小刘的食品杂货店就撑不住了，不得已选择了关张。为什么同样是食品杂货店，邻居可以干得红红火火，小刘的店就经营惨淡呢？原来，小刘为了突出自己食品杂货店的特色，没有像邻居一样进茶、米、油、盐等大众用品，而是将经营范围锁定在沙司、奶酪、芝士等一些西餐调味食品上。但是小区里的居民对她的货品需求少，加之她的店面位于小区边缘，而且营业时间不固定，由着她的性子开，很多邻居都不愿意绕道过去，所以生意不红火。没过多久，小刘已经入不敷出，连房租都交不起，只好关门，最终创业以失败告终。

分析点评

大学生们虽然掌握了一定的书本知识，但终究缺乏必要的实践能力和经营管理经验，缺乏市场意识及商业管理经验，又多急于求成。此外，由于大学生对市场营销等缺乏足够的认识，很难一下子胜任企业经理人的角色。所以，大学生成功创业的案例相对较少。案例中的小刘在创业之初求新求异的心理，是很多大学生都有的，这是优点但也是致命的缺点。经营需要有自己的特色，但是经营要符合市场环境的需要。小刘的食品店之所以会关门，首要原因是她没有搞好市场调研，这个食品店如果在一个涉外社区内也许会经营得很好，但是她选择的是一个普通居民区。普通社区里对茶、米、油、盐的需求远远要大于沙司、奶酪、芝士等西式调味品，再加之铺面选址较偏，小刘只是一心想要做老板，却不付出应有的精力和时间，营业时间不固定，这也直接导致了她创业的失败。

在现代市场经济高速发展的时期，要想创业成功，创业者必须要有创新意识和创新能力，但要结合市场环境的需求来创新，不能一味追求标新立异而忽视了消费者本身的需要。小刘的故事告诉我们，成功的创业者应该具备较高的能力素质，如创新能力、分析决策能力、预见能力、应变能力、组织协调能力、社交能力等，才能在市场的大海中游刃有余。另外，创业者还应该有明确的理想和志向，有良好的意志品质，“艰难困苦，玉汝于成”，对大学生来说，创业并非坦途，要想获得成功就必须有坚韧不拔的意志品格，“吃得菜根，百事可做”，大学生创业者要学会吃苦，要培养自己的忍耐力、冒险精神和旺盛的斗志，而不是凭着自己“三分钟的热度”，想创业成功又不想付出努力。作为创业者，想要出人头地，想获得社会地位，想得到别人的尊重，一定是成就欲望强烈、目标明确的实践者，而不是不愿付出劳动和精力的空想者。

案例 8　盲目创业终酿失败

2005 年 12 月 27 日，当时是南京邮电大学大二学生的陈峰伟，在南京市名人酒店面对全市各大媒体召开新闻发布会，宣布自主创办电器销售企业，并向外界公布了他宏伟的商业计划：年销售额 4000 万；3 年超过南京本地电器销售龙头“苏宁”；5 年上市，年销售额达到 8 亿元。他说，他要做“苏宁”的掘墓人。然而，从休学宣布打造“商业帝国”，到店铺开门又关门，不过是短短半年多的时间。2006 年 7 月 6 日，陈峰伟被南京市后宰门派出所的民警拘捕。陈峰伟在拘留所里仍然认为：自己如果不因诈骗被拘，一定能把企业做好。事实上，在他被拘之前，他创办的公司就已入不敷出，靠向大学生借钱度日。据内部人讲，公司账上也就几百元钱，而他欠外面的钱可能以几十万元乃至百万元计。

分析点评

创业是一种劳动方式，是一种需要创业者组织、运用服务、技术、器物作业的思考、推理、判断的行为。创业必须要贡献出必要的时间、付出努力、承担相应的财务的、精神的、社会的风险，并获得金钱的回报、个人的满足和独立自主。在市场经济大潮中，机会与风险并存；只要从事创业活动，就必然会有某种风险伴随，且事业的范围和规模越大，取得的成就越大，伴随的风险就越大。创业初期，创业者要善于克制，防止冲动，不能因为一时的冲动而引发缺乏理智的行为。案例中的陈峰伟在没有形成完备的创业计划前提下，就夸下海口要创年销售额 4000 万，显然是不理智、不成熟的。他声称自己要做“苏宁”的掘墓人，但从宣布计划到店铺开门又关门却只用了短短半年时间，并身负重债，以诈骗被拘。缺乏一个周密的资金运作计划是他创业失败的重要因素之一。另外，作为一个大二的学生，在缺乏一定的经营管理经验、商业经验、人脉关系、团队力量和丰厚资金的基础上，就制定了上千万元的销售计划，显然是天方夜谭。

创业是一项极具风险性的事业。大学生创业者不可能完全避免风险，但通过一些合适的方式来有效降低创业风险却是行得通的。“合法经营、劳动致富”是每一个自谋生路人员应该确立的基本观念。无论做什么，都应遵纪守法，不能靠投机取巧，坑骗顾客致富，因此，通过合理的手续诚信经营是创业成功的必要条件之一。

在创业初期，很多创业者在财务上没有遵循审慎原则，大多比较冒险，因为他们对业务前景过于乐观，没有预留足够的准备资金。当生意不顺利时，他们在财务上往往面临资金周转不灵的问题。在项目刚启动时，一定要做好3个月以上或预测盈利期之前的资金准备。但启动项目后遇到不可避免的变化，则需实施调整资金运作计划。如果能懂得一些必要的财务知识，计划好收入和支出，始终使资金处于流动中而不出现断链现象，那么就能为项目的未来发展打好基础。

很多创业者也缺乏依法经营和自律观念。毋庸讳言，在国内一些人所谓的“合法经营”实际上是在钻法律空子或者走政策边缘，但如把这种思维带到创业初期，则必然会导致失败。周密的资金运作计划是保证有粮吃的重要步骤。

在市场经济条件下，任何企业的任何经济行为无疑都存在着各种各样的风险，因此聪明而又稳健的企业家无不十分重视企业的风险管理。对于一个即将走入社会的大学生来讲，其在创业活动中更容易面临风险的发生。

在创业的道路上必然会碰到法律问题。大学生在开始创业前，需要了解我国的基本法律环境。我国尚处于社会主义市场经济的初级阶段，在许多领域仍有很多计划经济的痕迹，政府对经济的管制还比较多，许多经营项目需经审批，行政检查比较多，税外费用也时有发生。随着政府经济管理水平和企业自律能力的提高，上述问题将逐步得到解决。

我国是成文法国家，执法和司法均以法律、法规、规章以及规范性文件为依据，判例不是法律，没有普遍约束力，但越来越具有参考意义，特别是最高人民法院公布的案例。

设立企业从事经营活动，必须到工商行政管理部门办理登记手续，领取营业执照，如果从事特定行业的经营活动，还须事先取得相关主管部门的批准文件。我国企业立法已经不再延续按企业所有制立法的旧模式，而是按企业组织形式分别立法，根据《民法通则》《公司法》《合伙企业法》《个人独资企业法》等法律的规定，企业的组织形式可以是股份有限公司、有限责任公司、合伙企业、个人独资企业，其中以有限责任公司最为常见。大学生创业还需要了解《企业登记管理条例》《公司登记管理条例》等工商管理法规、规章制度等。设立特定行业的企业，还有必要了解有关开发区、高科技园区、软件园区（基地）等方面的法规、规章、有关地方规定，这样有助于选择创业地点，以享受税收等优惠政策。

我国实行法定注册资本制，如果不是以货币资金出资，而是以实物、知识产权等无形资产或股权、债权等出资，则还需要了解有关出资、资产评估等法规规定。企业设立后，需要进行税务登记，需要会计人员处理财务，这其中涉及税法和财务制度。创业者需要了解企业需要缴纳的税种，如营业税、增值税、所得税等，还需要了解哪些支出可以进成本，开办费、固定资产怎么摊销，等等；需要聘用员工，这其中涉及劳动法和社会保险问题，需要了解劳动合同、试用期、服务期、商业秘密、竞业禁止、工伤、养老金、住房公积金、医疗保险、失业保险等诸多规定；还需要处理知识产权问题，既不能侵犯别人的知识产权，又要建立自己的知识产权保护体系，需要了解著作权、商标、域名、商号、专利、技术秘密等各自的保护方法；在业务中还要了解《合同法》《担保法》《票据法》等基本民商事法律以及行业管理的法律法规。

互动空间

提出你的创业想法

请利用下面的物体，尽可能地提出更多的创业想法，填入表格中。

物体	创业想法	补充说明
旧图书		
破旧电脑		
矿泉水瓶		
汽车轮胎		
一次性纸杯		

在上述创业想法中，对你而言，最可能成功的想法是？为什么？

他山之石

蒂蒙斯创业机会评价框架

蒂蒙斯总结概括了一个评价创业机会的框架（表 4-1），其中涉及 8 大类 53 项指标[①]。尽管现实中创业者的创业机会未必能与这个评价框架完全吻合，但这个框架几乎涵盖了需要考虑的全部内容，是包含评价指标比较完全的一个体系，创业者可以依据蒂蒙斯的这个评价框架进行创业机会的理性辨识。

① 姜彦福，白洁．创业机会识别过程中经济因素的评价 [J]. 技术经济，2005（5）：1-5.

表 4-1　蒂蒙斯机会评价框架

大类	指标
行业与市场	1. 市场容易识别，可以带来持续收入
	2. 顾客可以接受产品或服务，愿意为此付费
	3. 产品的附加价值高
	4. 产品对市场的影响力高
	5. 将要开发的产品生命长久
	6. 项目所在的行业是新兴行业，竞争不完善。
	7. 市场规模大，销售潜力达到 1000 万到 10 亿美元。
	8. 市场成长率在 30%~50% 甚至更高
	9. 现有厂商的生产能力几乎完全饱和
	10. 在五年内能占据市场的领导地位，达到 20% 以上
	11. 拥有低成本的供货商，具有成本优势
经济因素	1. 达到盈亏平衡点所需要的时间在 1.5~2 年以下
	2. 盈亏平衡点不会逐渐提高
	3. 投资回报率在 25% 以上
	4. 项目对资金的要求不是很大，能够获得融资
	5. 销售额的年增长率高于 15%
	6. 有良好的现金流量，能占到销售额的 20%~30% 甚至更高
	7. 能获得持久的毛利，毛利率要达到 40% 以上
	8. 能获得持久的税后利润，税后利润率要超过 10%
	9. 资产集中程度低
	10. 运营资金不多，需求量是逐渐增加的
	11. 研究开发工作对资金的要求不高
收获条件	1. 项目带来的附加价值具有较高的战略意义
	2. 存在现有的或可预料的退出方式
	3. 资本市场环境有利，可以实现资本的流动
竞争优势	1. 固定成本和可变成本低
	2. 对成本、价格和销售的控制较高
	3. 已经获得或可以获得对专利所有权的保护
	4. 竞争对手尚未觉醒，竞争较弱
	5. 拥有专利或具有某种独占性
	6. 拥有发展良好的网络关系，容易获得合同
	7. 拥有杰出的关键人员和管理团队

续

管理团队	1. 创业者团队是一个优秀管理者的组合
	2. 行业和技术经验达到了本行业内的最高水平
	3. 管理团队的正直廉洁程度能达到最高水准
	4. 管理团队知道自己缺乏哪方面的知识
致命缺陷	不存在任何致命缺陷
创业家的个人标准	1. 个人目标与创业活动相符合
	2. 创业家可以做到在有限的风险下实现成功
	3. 创业家能接受薪水减少等损失
	4. 创业家渴望进行创业这种生活方式，而不只是为了赚大钱
	5. 创业家可以承受适当的风险
	6. 创业家在压力下状态依然表现良好
理想与现实的战略性差异	1. 理想与现实情况相吻合
	2. 管理团队已经是最好的
	3. 在客户服务管理方面有很好的服务理念
	4. 所创办的事业顺应时代潮流
	5. 所采取的技术具有突破性，不存在许多替代品或竞争对手
	6. 具备灵活的适应能力，能快速地进行取舍
	7. 始终在寻找新的机会
	8. 定价与市场领先者几乎持平
	9. 能够获得销售渠道，或已经拥有现成的网络
	10. 能够允许失败

利用蒂蒙斯创业机会评价指标体系，我们能从多个维度对创业机会实施评价，深入把握机会内包含的潜在价值。创业者在评价机会潜质上也有了可以量化的标准，借助系统化的分析框架，降低凭借主观判断抉择错误的可能性。创业者可以运用这一指标体系组织创业机会的可行性分析，为创业成功加重砝码。

Chapter 5 创新商业模式

创业箴言

今天的商场上已经没有什么秘密了，秘密不是你的核心竞争力，团队和商业模式才是你的核心竞争力。最优秀的商业模式往往是最简单的商业模式、最容易与其他企业形成差别但易于实施的商业模式。

——马云

核心知识

知识点 1　商业模式的含义

商业模式是一种包含了一系列创业要素及其内在关系的概念性系统，用以阐明创业者的创业逻辑。它描述了企业能为消费者提供的价值，以及企业的内部结构、合作伙伴网络和关系资本等，用以实现创造、推销和交付等价值，并产生可持续盈利收入的要素。具体来说，商业模式内涵包括以下要素。

第一，价值主张。企业通过其产品和服务所能向消费者提供的价值，价值主张确认了企业对消费者的实用意义。

第二，消费者目标群体。企业所瞄准的消费者群体，这些群体具有某些共性，从而使企业能够（针对这些共性）创造价值。

第三，分销渠道。企业用来接触消费者的各种途径，涉及企业的市场和分销策略。

第四，消费者关系。企业同其消费者群体之间所建立的联系。

第五，价值配置。企业资源和活动的配置。

第六，核心能力。企业执行其商业模式所需的能力和资格。

第七，合作伙伴网络。企业同其他企业之间为有效地提供价值并实现其商业化而形成的合作关系网络，这也描述了企业的商业联盟范围。

第八，成本结构。企业所使用的工具和方法的货币描述。

第九，收入模型。企业通过各种收入流来创造财富的途径。

知识点 2 商业模式的类型

1. 多边平台商业模式

这是一种具有普遍性的商业模式，传统的农贸市场就是典型的多边平台式商业模式。某个机构提供一个固定场所，为到这个场所交易的多个购买者和销售者提供相应的服务，以此获得利润。这个平台上至少有平台机构、销售者和购买者三方参与。在很长的时间里，这种模式并没有引起人们的过多关注，随着信息技术的发展，这种平台有了新的表现形式——基于互联网的交易平台，并得到了迅猛发展。多边平台式商业模式日益成为这个时代重要的商业模式。微软 Windows 操作系统、百度、微信、淘宝、京东商城、大众点评、亚马逊、当当网等都是利用现代信息技术发展成功的多边平台经典案例。

2. 长尾商业模式

传统商业观念认为，企业只能面向大众用户大批量提供少数几种产品，通过规模效应降低成本和价格，以大批量的销售获得利润。随着信息技术的发展，物流和供应链技术与管理水平的大幅提升，现在为利基市场即“长尾市场”提供种类多而数量少的产品，也能够取得与追求规模化销售、为大众市场服务的企业一样的盈利水平，甚至更高。一大批经营或涉足经营利基产品的网络企业迅猛发展起来。乐高玩具、亚马逊、孔夫子旧书网、淘宝、百度、当当网、唯品会、今夜酒店特价等都是其中的佼佼者，甚至“余额宝”也是一个非常好的长尾模式。

在中国，存在于各地的隐形冠军、利基市场、定制企业、小众市场、独特体验等企业活动，都非常适合长尾理论。长尾市场会为互联网时代的企业家、创业者带来无限的创业机会。

3. 免费商业模式

所谓免费式商业模式，就是在某个市场上，至少有一个庞大的客户群可以持续享受到免费产品或服务，通过交叉补贴（即以其他细分客户付费的方式给免费客户提供补贴）支撑企业运营并实现盈利的商业模式。

交叉补贴有很多方式：用付费产品补贴免费产品，如用昂贵的爆米花来补贴不怎么赚钱的电影票，或者反过来以免费或廉价的爆米花吸引观众来看电影；用日后付费补贴当前免费，如移动通信公司免费赠送手机，但用户必须使用两年以上该公司的通信服务；付费人群给不付费人群补贴，如用户可以在百度免费得到想要的信息，广告商来替你支付相关费用。通过交叉补贴，免费商业模式又可以分为以下四类。

（1）免费模式一：直接交叉补贴。产品一付费，产品二免费，如图 5-1 所示。也就是说，吸引用户掏腰包购买其他东西的那件商品免费，而当他得到这件免费或低价的产品时，很可能或必须购买其他产品。例如，一个老年人在超市排长队购买 1.5 元一斤的鸡蛋时，她很可能会顺便买点其他产品。

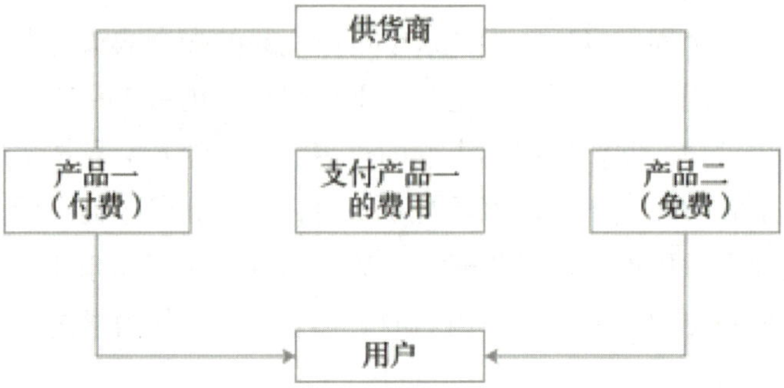

图 5-1　免费模式一

（2）免费模式二：第三方市场。如图 5-2 所示，在这种免费模式中，第三方付费来参与前两方之间的免费商品交换。类似百度这样的平台上有很多这样的内容、产品和服务来吸引大批用户；同时，平台通过广告获得收入。

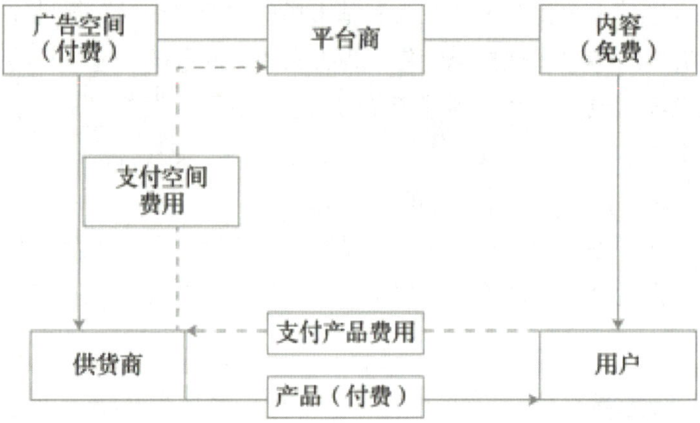

图 5-2　免费模式二

（3）免费模式三：免费加收费模式。这种模式通常也称为免费增收模式，是在网络经济中最为常见的一种商业模式，如图 5-3 所示。经营者提供的服务内容形式多样，分为从免费到昂贵收费等不同等级，通常大量基础用户享受没有任何附加条件的免费服务和产品，一小部分用户会购买增值服务和产品，这部分付费用户支付的费用用来补贴免费用户。这种模式之所以能够运转，是因为给额外免费用户提供服务的边际成本几乎为零，部分免费用户可能会转变为付费用户。

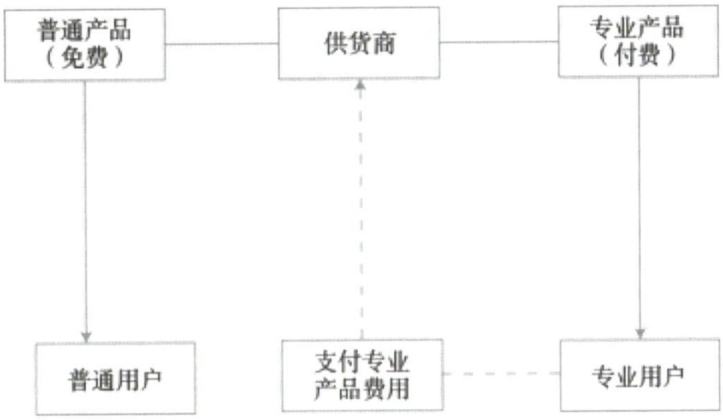

图 5-3 免费模式三

（4）免费模式四：非货币市场。这是人们选择免费赠送的、没有寄希望以任何形式获得金钱报酬的一种免费模式，如图 5-4 所示。百度百科、博客等都属于这种模式，内容提供者并不需要获得货币收入，只是喜欢赢得声誉、被关注和得到认可的感觉，以及不容易被察觉的其他考虑，如表达观点、分享快乐、帮助他人、得到满足感，或者纯粹出于个人兴趣等。

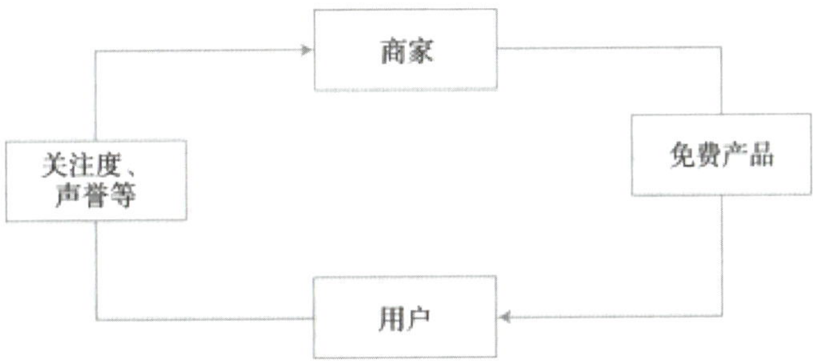

图 5-4 免费模式四

4. 非绑定商业模式

非绑定式商业模式的概念认为，企业是受到经济因素、竞争因素和文化因素三种因素驱动而形成的不同业务组成，这些业务包括产品创新型业务、客户关系型业务和基础设施型业务。三种业务类型发展的驱动因素各不相同：产品创新型业务的职责是开发新的和有吸引力的产品和业务；客户关系型业务的职责是搜寻和获取客户并与客户建立良好关系；基础设施型业务的职责是构建和管理平台，以支持大量重复性工作。非绑定式理论认为，这三种业务类型受不同因素驱动，同一组织中这些业务类型彼此之间会发生冲突，或导致不利的权衡妥协，认为一个企业的业务应该聚焦于其中某一项，因而主张在一个企业内分离三种业务。

该理论对综合型业务公司和为大企业服务的中小型企业的商业模式设计具有很好的参考意义。例如，传统的移动通信企业一般都同时经营三种业务：产品业务包括语音、数据和内容；基础设施管理业务包括设备管理、网络维护与运营；客户关系业务包括客户获取、客户维护等。国外已有通信企业将网络维护运营外包给电信设备制造商；国内通信企业经常与第三方在创新技术、新服务和媒体内容等方面合作，都取得了不错的效果。

典型案例

案例 1　大众点评——共享生活服务信息

大众点评的核心价值主张是为消费者提供客观、准确的本地化消费信息指南，包括餐饮、休闲、娱乐等生活服务方面的信息评论和分享。大众点评是消费者在该网站发布、自主管理和交易各类生活服务相关信息的网络平台。大众点评搭建了商家、消费者、广告商、移动运营商等多方参与的交易和信息共享平台。

大众点评不断加强多方合作，陆续推出便捷用户的各种服务方式。依托庞大、翔实且即时更新的消费指南信息，大众点评不仅吸引了如新华网、千龙网、21CN 等网站以及光线传媒等电视媒体与其展开内容合作，还与中国移动、中国联通、中国电信、空中网、诺基亚、掌上通等合作，推出基于短信（SMS）、WAP 等无线技术平台的信息服务，为中国近 5 亿名手机用户提供随时、随地、随身的餐馆等商户信息。在广泛的会员基础上，大众点评推出国内首家餐饮积分体系，并与中国国际航空公司、上海大众汽车俱乐部等开展合作，以贵宾卡的形式为会员提供消费、积分、礼品兑换和积分抵扣消费额等服务。此外，大众点评还在 GPS 领域与新科电子、MIO 展开合作，所有汽车用户利用车载 GPS 导航系统或手机地图就可以精确定位美食目的地。

截止到 2017 年第二季度，大众点评移动客户端累计独立用户数超过 5.9 亿，APP 月活跃用户数超过 2.5 亿，点评数量超过 2.5 亿条，收录商户数量超过 3000 万家，覆盖全国 2500 多个城市及美国、日本、法国等近百个热门旅游国家和地区，并在全国 160 多座城市设立分支机构。依托良好的商业模式，大众点评多次被清科投资、China Venture 评为中国最具投资价值的企业之一。

分析点评

大众点评网站是当今多边平台商业模式的典范，它将多个有明显区别但又相互依赖的客户群体集合在一起，通过促进各方客户群体共同互动来为参与各方创造价值。它扮演的是连接各方客户的中介角色，其成功的关键是同时吸引和服务所有客户群体并以此来创造价值。它连接了商家、消费者、广告商、金融机构等多方参与者，能够同时满足这些参与者交易的需要、资金安全的需要、信息分析的需要，因而获得了巨大的成功。

案例2　人类已经无法阻挡海底捞了

一家火锅店，会赠送很多好吃的零食、水果；等位的时候，会提供客人喜欢玩的跳棋、象棋、扑克等，或者免费提供擦鞋、美甲等服务；洗手间有专人为你开水龙头、挤洗手液、擦手；遇到带小孩的客人，可以帮忙照看宝宝，还会赠送宝宝礼物；遇到独自一人来吃饭的食客，会在对座放上玩具熊作陪。没错，这就是海底捞。在一段时间“海底捞体”火遍网络，“人类已经无法阻挡海底捞了”的流行语使这个品牌成为大众焦点。

海底捞成立于1994年，是一家以经营川味火锅为主、融汇各地火锅特色为一体的大型跨省直营餐饮品牌火锅店，全称是四川海底捞餐饮股份有限公司，创始人张勇。2018年5月17日，海底捞国际控股在港交所递交上市申请，9月26日，海底捞正式登陆香港资本市场。2018年10月，张勇、舒萍夫妇以550亿元人民币财富位居2018年胡润百富榜第34位。

海底捞老板张勇将海底捞整体布局分为三大区域：厨房区、就餐区、等位区。与大多数火锅店比较，海底捞的厨房和就餐区并无新颖之处，其装修中等，味道也是中规中矩，最亮眼的是其等位区。海底捞等位区空间宽敞，一般是店面的1/5，其服务丝毫不亚于就餐区，等位区气氛融洽、欢乐。大多餐饮企业提供等位区是为客人提供一个临时休息场所，客人只是等着就餐；而海底捞不同，等位区实际上是一个揽客区，它提供各式各样的免费小食、饮料，还能玩玩小游戏，顾客自然愿意前来。海底捞提供超出正常服务范围的、无微不至的服务，让顾客真正感到宾至如归。海底捞主打的优质服务是因，生意火爆是果，正是这样的因果关系，成就了惊艳的海底捞商业模式。

对海底捞商业模式最有心得的，莫过于张勇本人。北京一家分店经理在向张勇谈到赠品西瓜采购价格时，随口说道：“最近西瓜涨价，两毛一斤的西瓜没有三毛的甜。”张勇马上说：“两毛都花了，还差一毛就能让顾客满意，为什么不买三毛的呢？”张勇深知服务顾客的重要性，在对待海底捞商业模式的核心问题上，态度鲜明，毫不含糊。

当然，优质的服务和各种免费的食品只是吸引顾客，获得利润才是企业经营的目标。2009 年，海底捞的净利率是 18%，在餐饮业处于顶尖水平；2010 年，即使在原材料价格大幅度上涨的情况下，海底捞净利率依旧维持在 16% 的高水平。如此高的利润水平，说明海底捞的菜品定价实行的是厚利政策。据相关测算，海底捞的毛利率应该在 80% 以上，不少消费者在结账时也会暗自感慨一句：“一个人竟然超过了 100 元！”

因为拥有大批高获利的菜品，海底捞才能在大方赠送的同时，获取丰厚的利润。厚利经营是海底捞模式的精髓，也是海底捞不断发展的物质基础。这，才是海底捞的真功夫。

分析点评

任何企业的成功，优秀的商业模式都是基础，模式错了，意味着方向错了，无论后期怎样努力，都无法弥补错误的商业模式导致的先天不足。海底捞的成功之处，不是令人惊叹的资源管理模式，也不是耳目一新的“变态”服务，而是其采用的能带来滚滚利润的商业模式。没有这种优秀的商业模式做支撑，海底捞无法成为今天的海底捞。

当然，某一成功的商业模式并不是放之四海而皆准的，必须要充分考虑企业所在的行业、接触的顾客、所处的位置及面临的竞争对手等。新创企业，尤其新创餐饮企业，如果照抄海底捞商业模式，学会的恐怕只能是一个表象。条条大路通罗马，有进取心的企业如果要学习海底捞，也应拨开海底捞模式的表象，深刻研究其内在，根据企业自身的具体情况，打造适合自己的商业模式。

案例 3　小红书：打造生活方式社区

在小红书的官网上，有一段关于小红书的自我介绍：小红书是一个年轻生活方式分享平台，由毛文超和瞿芳创立于 2013 年。截止 2019 年 1 月，小红书用户数超过 2 亿，其中 90 后和 95 后是最活跃的用户群体。在小红书，用户通过短视频、图文等形式记录生活的点滴。社区每天产生数十亿次的笔记曝光，内容覆盖时尚、护肤、彩妆、美食、旅行、影视、读书、健身等各个生活方式领域。2013 年上线的时候，小红书最初的定位是跨境购物分享平台，随着一步步发展与探索，小红书正在从产品和公司层面进一步强化自己作为“生活方式社区”的新身份定位。2018 年，小红书的用户量级达到一亿。5 月，小红书公布一轮由阿里领投的、超过 3 亿美元的 D 轮融资。这轮融资后，小红书估值超过30亿美元。

通过小红书对自身的定位，可以解析其商业模式。

1. 目标客户是年轻群体

作为跨境电商的领军者，小红书服务的客户大多是90后的个性化消费者，他们是新兴的消费主力，追求个性化的生活方式，因此他们对消费的要求较高，也更习惯移动购物方式。这类用户具有如下特征：生活精致、关注品质、追求个性、消费力强，他们习惯在社交圈展现自我，乐于与他人分享。

2. 收入来源于社区电商

2014年，小红书电商频道正式上线，它释放了用户的购买需求，转化率、复购率均高于其他电商平台，充分体现了用户高黏性的特点。起初，小红的主要目标客户是女性，笔记攻略涉及的内容均是化妆品，当用户积累到1亿，日活跃数达到800万时，社区中的内容已经突破了化妆品使用心得、空瓶日记等维度，开始向时尚穿搭、旅游攻略、酒店、餐厅、健身，甚至电影等话题内容蔓延和积累。

3. 价值追求是提高用户生活品质

小红书官网对自身使命的描述是：让世界的美好生活触手可及。2013年刚上线时，中国跨境电商的规模尚不及现在的三分之一，小红书最初解决的是出境购物信息不对称的问题。小红书的内容社区也是以这个逻辑为出发打造的，其当时的口号就是帮助年轻人找到他们想要的东西。小红书通过社区内容的生产打破跨境商品信息不对称的壁垒，使得好东西的口碑在社区内口耳相传，颠覆了消费者对传统购物体验的认知，上线的电商又打破了地域的限制，使用户能够对感兴趣的商品触手可及，从而提高了用户的生活品质。

分析点评

与其他类型的电商相比，小红书一方面通过用户笔记、攻略的形式形成大数据，让潜在消费者获得更全面、真实的商品信息，从而能更好地选用商品；另一方面，小红书采用的是“闪购”的销售模式，商品上线2小时基本能卖完，这大大减小了库存压力，降低了运营成本。分享+购买的社区模式，使小红书在年轻人群中形成良好的口碑，2018年，《人民日报》将之评为“中国品牌”，一些媒体认为，小红书模式就是中国的“Amazon+Instagram”模式。

在电商行业，小红书的商业模式要素表现出自己的独特一面，各要素间相互支持、共同作用，形成良性循环。对新创企业而言，仅仅是选择有利可图的行业是不明智的，优秀的商业模式是企业发展起来的保障，然而面对当前快速变革的环境，商业模式也需要不断创新与发展，只有这样，才能获得持续的竞争力。

案例4　小米商业模式解读

对传统硬件商而言，一台设备卖出，营销就结束了。而对小米来说，营销才刚刚开始。传统硬件商只在卖出的设备上获得价格差，对于这类企业而言，最重要的是控制成本，以量取胜。小米则不是如此，它用手机构建了一个体系，让背后的用户加入小米社群，通过后续的服务与衍生产品盈利。

小米的商业模式，就是互联网思维的精髓，那么，小米是如何通过手机来展现互联网思维的呢？其商业模式，具有哪些步骤和特点？

1. 建立社区，形成粉丝团

建立社区的第一步就是根据产品特点，锁定一个小圈子，吸引铁杆粉丝，逐步积累粉丝。小米的口号就是"为发烧而生"，小米手机则把用户定位于发烧友极客的圈子。在吸引粉丝的过程中，创始人会从自己的亲友、同事等熟人圈子开始，逐步扩展，最后把雪球滚大。建立社区跟滚雪球一个道理，初始圈子的质量和创始人的影响力，决定着粉丝团未来的质量和数量。雷军能把小米手机做得如此成功，很大程度上源于他在互联网圈内多年积累的人脉和影响力，以及小米手机针对粉丝团的定位。在锁定了粉丝团的人群以后，下一步就是寻找目标人群喜欢聚集的平台。手机发烧友喜欢在论坛上讨论问题，所以小米手机建立了自己的论坛，吸引发烧友级极客。当然论坛还有一个缺陷就是太封闭，人群扩展起来太难，所以小米手机在发展之初又把微博作为扩展粉丝团的重要阵地。在粉丝团扩展阶段，意见领袖起着信任代理人的作用，所以小米手机利用意见领袖去为自己的品牌代言，在新浪微博上获得更多的关注。

2. 针对铁杆粉丝，进行小规模内测

在积累了一定规模的粉丝以后，第二个阶段就是根据铁杆粉丝的需求设计相关产品，并进行小规模产品内测。这一步对于小米手机而言，就是预售工程机，让铁杆粉丝参与内测。第一批用户在使用工程机的过程中，会把意见反馈给小米的客服，小米客服再把意见反馈给设计部门，用户的意见直接可以影响产品的设计和性能，让产品快速完善。据小米公司的总裁黎万强透露，小米手机三分之一的改进意见来自于用户。

除了意见反馈以外，第一批工程机用户还担负着口碑传播的作用。因为工程机投放市场数量有限，有一定的稀缺性，抢到的用户免不了要在微博或微信朋友圈上晒一下，每一次分享都相当于为产品做了一次广告。这样，第一批铁杆用户就好比小米手机洒下的一粒粒火种，星星之火可以燎原。

3. 进行大规模量产和预售

这个阶段一般有三件重要的事要做：产品发布会、新产品社会化营销与线下渠道发售。

现在，产品发布会已经成为小米手机营销过程中最为关键的一环。在盛大的发布会这天，作为小米董事长的雷军要亲自上阵讲解产品，而且会邀请高通等配件厂

商助阵，现场还有成百上千名米粉参与，众多媒体记者和意见领袖围观。这样做的目的只有一个，就是把产品发布会的信息传递出去，成为社交网络话题讨论的焦点。

在产品发布会以后，小米手机紧接着就会举行新产品的社会化营销。在进行社会化营销的时候，小米手机一般都会选择最炙手可热的平台进行传播和推广。在新浪微博最为火爆的时候，小米利用新浪微博进行大规模的抽奖活动。在微信最为炙手可热的时候，小米选择微信作为发布平台。在推出红米手机的时候，小米手机还选择QQ空间作为合作平台进行产品发布，这正是因为QQ空间在三四线城市有着广大的用户人群，跟红米的用户重合度很高。在社会化营销的过程中，为了让用户切身地感到稀缺性，小米公司即使在产品大量供给的情况下，还是依旧采用“闪购”“F码”等方式制造一种稀缺的错觉，激发网友对产品进行下一步传播和逐级分享，这无疑是一种很高明的营销方式。

小米手机的线下渠道跟其他传统手机厂商是一样的，只要正常铺货就行了。

4. 联结

按照互联网思维的逻辑，小米手机在售出了大规模的产品以后，营销没有结束，而是刚刚开始，这时候需要用一个体系，把售出的产品联结起来，让这些产品及背后的用户变成一个社群或者体系。这也就是小米模式跟传统制造业不同的地方。对于小米而言，硬件可以不挣钱，甚至可以免费，但通过硬件产生联结作用，完全可以以后续的服务和衍生产品赚钱。相比传统的制造业，小米模式建立的是一个生态体系，商业模式是基于生态体系基础设施服务的，而不是单纯的卖设备。这就好比小米公司是一个电力公司，它主要的收入来源并不是卖电表，而是收电费。

小米手机是如何把这些设备联结起来的呢？当然是通过软件，对于小米手机而言，就是它的MIUI系统。通过MIUI系统，小米手机不仅把成千上万的米粉联结在一起，还基于MIUI建立了自己的商业模式。小米公司除了小米手机这个基础硬件以外，在小米商店里还有很多配套硬件和软件供选择，这些都成为小米公司新的收入来源。更重要的是，小米公司通过MIUI把成千上万的米粉联结在一起，每个米粉就可以知道其他米粉在说什么，在做什么，在用什么，整个米粉群体就变成一个互相链接、规模超大的社群。而这个社群的吃喝拉撒和衣食住行，都可以变成小米公司的新的收入来源和商业模式，投资机构对小米公司之所以估值这么高，也正是看到这个社群背后的商业价值。更重要的是，这个社群的规模还在不断扩大。

5. 扩展

基于MIUI的软件思维，最大的优势就在于它的扩展性，因为对于软件的扩展而言，成本接近于零，不过是服务器上的一些字节。而正是由于它的可扩展性，才能够让米粉这个生态圈快速生长起来。生态圈的扩展，对于个体用户而言，可表现为软件系统的升级和更新、服务内容的扩展和个性化需求的满足。比如小米手机开发一款老年手机主题，就可以替代一部老年手机；壁纸、背景、主题等原来千篇一律的东西，现在都可以有更多的选择。除此之外，还可以去软件商店，选择更多适合自己的具有个性化的软件和产品。

当然，基于软件扩展思维和米粉社群，小米手机在产业外围同样也可以进行扩展，扩展性表现为小米软件商店、小米支付、小米路由器等整个基础设施的日益完善。如今，小米除了做手机以外，还做了小米电视、小米路由器、小米笔记本、小米平衡车、小米净化器、小米电饭煲等各种产品，其不仅在做电子产品，而且在做与个人生活相关的各种产品。对于小米这类互联网公司而言，基于互联网思维的每一个扩展，就好比是开启一个新型商业模式的接口，都可能变成新的商业收入来源和商业模式。

分析点评

小米商业模式最突出的一个要素就是其客户，小米的忠实用户通常被称为“米粉”，他们活跃在社区群体，乐于为小米产品提供测试评价和改进意见，视小米CEO雷军为偶像，认为小米是一个有担当、值得崇拜的企业，甚至有的人十分狂热。其社群粉丝推动了小米的建立与发展，也使当前小米的战略转型更加顺畅。小米是一家拥有顽强生命力和颇具攻击性的公司，其商业模式有三个出发点：以用户和消费者为中心，让创新的翅膀形成滔天巨浪；以创业者精神驱动敏捷决策，以简单驱动复杂；时刻保持与公众的沟通，融入人群。

案例5　中国的Airbnb——小猪短租

Airbnb成立于2008年8月，是一家联系旅游人士和家有空房出租的房主的服务型网站，它可以为用户提供各式各样的住宿信息。用户可通过网络或APP发布、搜索房屋租赁信息，并完成在线预订程序。2011年，Airbnb服务难以置信地增长了800%，用户遍布190个国家近34000个城市，发布的房屋租赁信息达到5万条，被《时代周刊》称为“住房中的eBay”。与此同时，中国涌现出一大批效仿者，例如小猪短租、住百家、途家、蚂蚁短租、爱日租等。

小猪短租的创始人陈驰把创业目光放在短租项目上，并不是亲身体验或者灵光乍现，只是有同事向他介绍了Airbnb的模式，而当时他也正在OTA（Online Travel Agent，即在线旅行社）行业做酒店预订业务。陈驰听完同事的介绍之后，觉得这个项目在国内还没有开展，如果能抢占市场会带来很大的商机。最终，小猪短租于2012年8月上线，运营不到半年就获得晨兴创投的千万美元融资。

陈驰对小猪短租的商业模式毫不讳言：借鉴美国的Airbnb模式，提供平台为房东和用户做线上撮合性交易。这种线上预订交易根据房源不同又分为两种：一种是自有房东将自己的多余房间分享出租；另一种是职业租客在平台上经营出租。对于短租平台的精髓，陈驰总结为“分享经济、协同消费”。

分析点评

小猪短租是一种全盘复制类型的商业模式，它借鉴了国外经营状况良好的Airbnb商业模式，并根据自身状况做了适当修正。采用这种复制商业模式的方法创办自己的企业，需要注意以下三点：一是复制不是生搬硬套，需要根据企业自身所处领域、细分市场和产品特性等进行调整；二是要注重对商业模式细节的分析，不能只是复制其形式，更要学习其流程和细节；三是为避免和所复制对象进行正面竞争，要错开时间和区域，以减轻竞争压力。

案例6　逆向拍卖模式使Priceline创造奇迹

2010年年底，美国《首席执行官》杂志评出了2010年度“财富创造者”。排在名单榜首的，并非人们早已耳熟能详的乔布斯和亚马逊CEO贝佐斯，而是来自Priceline网站的杰弗里·博伊德，他也是科技行业CEO里唯一排在乔布斯前面的人。作为一家只有300人的小公司，Priceline在美国的名气还不如传统酒店订购在线网站，但它的利润率却比竞争对手高3~4倍，故轻松超过苹果公司。

它是怎么创造奇迹的呢？根据美国人杰伊·沃克发现的时间和价格之间的秘密关系：一些商品的实用价值具有时效性，如越临近飞机起飞，机票价值越少，价格越低；在超市打烊时段能买到打折商品；旅游淡季出行便宜；等等。杰弗里·博伊德利用这一关系，设计了一种特殊商业模式——逆向拍卖，Priceline就此诞生了。

登录Priceline，蓝色的首页清晰简单。如用户点击“寻找便宜酒店”一栏，只需在匹配框中输入城市、酒店地点、入住和退房时间、房间数量、酒店等级等条件，系统将自动为用户提供相匹配的酒店名单。接下来用户只需输入一个愿意支付的房价，系统就会在数据库中进行匹配。不到一分钟，Priceline会告知用户提交的价格是否被接受，并将酒店名称、地址反馈给用户。

一旦提交的价格被某酒店接受，系统会从用户登记的信用卡中直接扣取酒店房费和一定比例的佣金，交易完成。Priceline创造的逆向拍卖模式，其撒手锏就是价格。在线旅游公司标价100美元的四星级酒店，在Priceline预定只需50美元左右。

Priceline 销售最火爆的四星级和五星级酒店房间中，资深用户甚至能以直接预定价格的一半甚至更低的价格达成交易，且价格秘密，除了交易双方和网站，其他用户无法获知。网站不会透露该酒店的名称，即便是用户，也只能在成功竞拍后看到酒店名称和价格信息。

凭借产品的时效性，Priceline 将过剩的机票、酒店房间、反季旅游票甚至出租车等与市场需求相结合，使顾客从中享受优惠。

分析点评

对酒店而言，房间闲置到凌晨就会损失利益，酒店越高档，价值损失就越大，与其让房间闲置失去价值，不如打折销售实现部分价值。Priceline 正是通过深挖这一点形成独特的商业模式，从而获得超前成功。

案例 7 赚“懒人”的钱

小白领发现另类商机

27 岁的郝欣欣是山东烟台人，大学毕业后，在上海浦东一家 IT 公司找到了一份程序员的工作。2003 年 6 月，郝欣欣过生日，男友为她筹备了一个生日聚会，亲朋好友请来了七八位。郝欣欣是个极爱干净的人，要求所有人换了拖鞋才能进屋，她家的 4 双款式奇特的拖鞋引起了大家的兴趣。“这拖鞋跟我们平时穿的不一样啊。”“这是‘懒汉拖鞋’，底部有一层丝状化纤材料，防滑、耐磨，可以在走路的同时吸附地板上的灰尘。”“太有意思了，我要试试！”“我也要试试！”几个女同事立刻争抢起来。

“好舒服啊，感觉就像踩在地毯上一样。”“不过，洗起来也很麻烦吧？”

“一点儿都不麻烦，放在水里泡一下就行。”

“你可真会偷懒！”

郝欣欣得意地说：“这算什么！我们家那位是标准的‘新时代懒人’，家里的‘懒汉用品’多着呢。”

郝欣欣随即向大家展示了各式“收藏”——怎么躺怎么舒服的懒骨头沙发，连锅都能扔进去一块洗的新型洗碗机，只要把菜放进去就能炒菜的自动炒菜锅，可以自动升降的晾衣架，躺在床上也能畅游网络世界的床上电脑架……五花八门，功能各异，看得大家眼花缭乱，目瞪口呆。

“这么多奇奇怪怪的东西，你们都是从哪儿淘来的啊？”

“我们家那位是‘职业买手’，常年周游各地搜罗时尚新品，这些都是他的‘懒人用品’。”

说到偷懒，大家来了兴致。“我们每天除了上班，还要做饭、洗衣服、打扫房间，根本没时间娱乐。如果多一些这种‘懒人用品’帮我们分担家务，那该多好啊！”“反正你男朋友有货源，不如开家‘懒人用品’专卖店吧，一定很赚钱！”

“懒人用品”红遍上海

说干就干，2003年10月，郝欣欣辞了职，和男友拿出6万元积蓄，开始了他们的“懒人创业计划”。郝欣欣负责到上海各大批发市场搜罗一次性用品：毛巾、牙刷、香皂、汤匙、碗碟、内衣裤、拖鞋……男友也利用为商场选货的机会，到全国各地帮她搜罗一些迎合“新懒人”口味的时尚用品，如懒人花盆、自动洗菜篮、把脚放上去就能将鞋擦得亮亮的电动擦鞋器……

产品到位了，店面又成了问题。上海是国际化大都市，寸土寸金，要想在繁华地段开店，没有几十万元，想都不要想。“我们可以把店开在浦东那些写字楼里，那里聚集着数万名白领，他们工作忙碌，经常加班、出差，最需要这些‘懒人用品’了。”男友一句话点醒了郝欣欣。

郝欣欣很快在浦东选中了一间40多平方米的闲置店铺。她仿照超市的格局，在店内布置了两个开放式货架，将产品一一陈列其上。她还在店门口设置了一个演示台，为顾客演示这些“懒人用品”的奇妙之处。

开业没几天，小店的营业额就达2300元。考虑到许多白领工作繁忙，时间有限，郝欣欣还制作了精致的介绍“懒人用品”的小册子，分发到附近的写字楼里。她还在此基础上推出了送货上门及邮购业务，又使营业额大大增加。

很快，郝欣欣和她的“懒人用品”专卖店在上海滩走红，越来越多的人慕名而来。郝欣欣每卖出一件商品，就记录下来，然后对畅销的商品大量进货。4个月后，郝欣欣收回了所有投资。半年后，小店的月盈利突破了两万元。

2005年初，郝欣欣的手里有了20万元。为了扩大经营，她在上海又开了两家分店，生意同样红红火火。谁知，好景不长。两个月后，上海冒出了五六家“克隆”店，还将价格压得很低，使郝欣欣的生意大受影响。眼看着曾经人声鼎沸的店渐渐沉寂下来，两家分店几乎到了“关门大吉”的地步，郝欣欣心急如焚。

将懒惰进行到底

开专卖店，产品是关键。只要产品种类齐全，品质一流，价格优惠，一定能夺回市场。郝欣欣开始频繁出现在各种小商品交易会上，从成千上万件参展商品中，挑出适合“懒人”使用的新产品。此外，她还让男友为她搜罗国外的“懒人用品”。

经过一番搜寻，店里的商品丰富起来，多达200多种，涉及衣、食、住、行各个方面。有了这些新产品，郝欣欣的店的经营优势再次显现出来。2005年末到2006年初，郝欣欣又相继开了3家分店，个人资产高达130多万元。

郝欣欣并没有停止前进的步伐。她常常想，一个上海市就有如此惊人的消费能力，如果把“懒人用品”专卖店开遍全国，市场潜力简直无法估量。只是，以她个人的力量很难迅速实现，但如果不能尽快着手，又怕被别人抢了先机。

正当她为此愁眉不展时，北京亿兆佳业科技有限公司向她伸出了“橄榄枝”，与她共同建立了“大懒猫”懒人用品专卖全国加盟连锁总部。现在，郝欣欣和男友已经迁居北京，打算在“大懒猫”全国连锁加盟店发展到100家时举行婚礼。

分析点评

在本案例中，郝欣欣的创业经历带给我们的启示主要有以下两点。

一是产品和市场定位。一个好的商业模式应该明确企业自身的产品和市场定位，因为产品和市场的选择直接影响企业赚钱的方式。郝欣欣把专卖店开在了浦东的写字楼里，因为那里聚集着数万名白领，他们平时工作忙碌，“懒人用品”很好地满足了他们的需求。考虑到许多白领工作忙，时间有限，郝欣欣还制作了精致的介绍“懒人用品”的小册子，分发到附近的写字楼里。她还在此基础上推出了送货上门及邮购业务，促使营业额大大增加。

二是差异化竞争策略。新企业与竞争对手在产品或市场上形成差异十分重要。采用差异化策略的企业以提供独特而差别化的产品与质量、服务等方面为竞争基础，而这是取得顾客认可的很好的方式。郝欣欣在创业初期，刚开的“懒人用品”专卖店生意非常好，到了后来，随着“克隆”店的增多，其生意大受影响。为了创造更稳定的收入，她决定丰富产品种类，拓宽产品范围，到世界各地去搜集最新、最好用的产品，竞争优势一下子就显现出来了，生意也做得越来越好。当她觉得个人能力有限时，与北京亿兆佳业科技有限公司共同建立了“大懒猫”懒人用品专卖全国加盟连锁总部，她的企业抢得了市场先机，市场潜力无法估量。

案例8　小管家颠覆传统家政业

创业出师不利

1999年，张松江从北京联合大学毕业，到择业时他才发现，自己怀里的一张大专毕业证书几乎没有任何用处。他与3个朋友商量，决定一起创业。他在报纸上看到一个美国品牌保洁公司招加盟商的广告，4个人就跑到那家公司去看——那写字楼里面简直可以用金碧辉煌来形容。在对方“专业”的讲解后，他们相信了“保洁市场利润空间无与伦比”。

于是，4个人立即凑了3.9万元加盟金，交给了那家公司，随即对方给他们进行了为期两天的保洁清洗培训。他们本来以为，像什么饭馆的招牌清洗、灯箱清洗、建筑物外墙清洗、大型油烟机清洗、中央空调清洗……商机无处不在。然而，等他们跑去谈生意时，却到处吃闭门羹，根本没人用他们。两个月过去了，他们没有找到一个客户。

最初筹集的钱花光了，大家只好每人再筹集了5000元。直到第四个月，终于等到了一位“大”客户。这位“大”客户是他们租住的那栋写字楼的经理。那位经理要求他们把这栋写字楼的地毯洗一遍。那些地毯的总面积超过3000平方米。为此，张松江报价为每平方米3元，也就是说，活干完了应该可以拿到9000元钱的报酬。张松江领着员工大干了一场，可等他们干完了，那位经理只给了1500元钱，随后丢下一句：“就这么多，没钱了。”

碰壁次数多了，张松江渐渐明白了保洁行业到底是怎么一回事。原来做培训的时候，那家“美国品牌”公司告诉他们，做保洁清洗，市场的价格绝不低于每平方米10元钱。但在现实中，市场行情是每平方米1元钱。不仅如此，如果没有人脉关系，就算1元钱的价格，你也休想拿下保洁工程。

一则广告触发灵感

张松江郁闷到了极点，从不对家人诉苦的他，最后还是将创业的烦恼告诉了父亲。望着创业遇到挫折的孩子，父亲平静地说。“没有关系，钱的事不用担心，我给你筹。”父亲的话给了张松江莫大的安慰。当晚，张松江躺在床上，翻来覆去睡不着觉。他打开灯，随手翻开一张报纸。翻着翻着，报纸上一则广告吸引了他。那则广告说，北京的SOHO现代城推出了可移动墙壁的房屋。

可移动的墙壁？所有开发商都把墙壁做成死的，他们却做成活的。这墙活了，他们生意不就活了吗？别人的生意这样，我的呢？要想有利润就得有别人没有的东西，就得把大家都认为是不能改变的固定思维模式打破。思维的闸门一旦打开，张松江再也抑制不住自己。他把户外保洁转向了户内保洁。

虽然户内保洁也有人做，但是现在的户内保洁太没有特点了。像SOHO现代城这样的高档社区，肯定需要一种更高档次的服务。麦当劳、肯德基走遍全球，凭的不就是一个严格的操作规程与标准嘛！对于保洁来说，这个标准应该是对卧室、卫生间、厨房等不同性质的房屋进行分类，然后确定不同的服务标准。

越想越兴奋，他把自己的想法、计划都写在了纸上。从第二天开始的十几天时间里，他进一步完善方案，然后鼓起勇气去找SOHO现代城中海物业公司的经理。那位将近50岁有着丰富经验的物业经理被眼前的年轻人打动了。他说：“每天来这里要求做我们清洗业务的人多了，但是没有一个人能够提出你这样的想法。这里的活，我交给你了。”

这时，父亲也把筹到的10万元钱交到了张松江手里。他把几个朋友一起合伙参股的钱退掉，然后自己注册了新理念保洁服务有限公司，在SOHO现代城的地下室里开始了新的旅程。那段日子是极为艰苦的。地下室的潮湿达到了早晨放一只公文包，晚上拿走的时候都会从上面往下滴水的程度。没有椅子，他们就坐在地上，每天吃的是2.8元一份的盒饭。

好在没过多久，就有一位客户提出要他们去家里做地板打蜡，没有做过地板打蜡的张松江竟然大着胆子答应了。等到了客户家里，面对地板，张松江和自己的员工面面相觑：怎么办？虽然张松江有着种种超前设计，但是对这户内具体的活完全不懂。

张松江一想，这打蜡应该和擦地一个道理，于是就把地板蜡放到擦地机里，挨着屋子擦。在地板湿的时候，地面确实很光亮。可是等地板干了后，张松江傻眼了：原来的地面只是不光亮而已，而现在不仅依旧不光亮，而且还用擦地机擦出了一圈圈白乎乎的擦痕，简直不成样子。无奈之下，张松江当晚找到做过打蜡的朋友，来了个现学现卖。第二天一早，张松江立即带着员工来到客户家，给客户认认真真地把地板重新打好。等客户回来看到光亮的地板时，非常满意，付给了他们 800 元钱。

钱赚到了，但张松江却非常难过。这样的服务离自己的要求差得太远了。别说特色，连最基础的东西都做不好，这怎么能有前途呢？

张松江找到 SOHO 现代城的经理，提出了一个要求，那就是给现代城一些已经装修好但是还没有出租的房间进行免费保洁打蜡。这是任何一位经理都乐于接受的好事情。但是，对于张松江来说，这太重要了。他要通过为这些房间保洁，来磨炼自己员工的技术，研究一套有自己特点的操作规程与操作技巧。

功夫不负有心人，通过与员工对一间间房屋、一个个细节部分的实践、记录与推敲，张松江总结出了自己的一套针对不同房间的工作程序和工作标准，在技术上也取得了飞跃。

以地板打蜡来说，他将擦玻璃的方法移植到了地板上，而且在工具、使用方法上都做了重大改进。因此，他们擦地板比传统打蜡法多花一倍的时间，但是擦出来的效果却让人感觉比传统打蜡服务高出几个档次。

就这样，张松江第一个月就赚到了 3 万元钱，打开了局面。靠着自己的坚毅和勤奋，他一步步接近了自己的目标，实现了飞跃，完成了很多人梦寐以求的事。

分析点评

从本案例张松江的创业经历我们可以看出以下两点。

一是创业者可以通过自己所掌握的技术开始创业，但是事实上很多企业并非只要有技术就可以成功。这其中把技术变成产品，再把产品变成钱的生产和营销环节，还是需要创业者多下一些功夫来做的。本案例的张松江在对方给他们进行了为期两天的保洁清洗培训后，认为像什么饭馆的招牌清洗、灯箱清洗、建筑物外墙清洗等会商机无限。然而，等他们跑去谈生意时，却到处吃闭门羹，根本没人用他们。但他们没有气馁，而是把保洁工作的想法由户外转向了户内，甚至想到了给“现代城”一些已经装修好但是还没有出租的房间进行免费保洁打蜡，以得到磨炼技术的实践机会。最后，功夫不负有心人，张松江用他们的坚毅和勤奋，为创业打开了新局面。

二是好的营销策略离不开准确的产品定位。在市场上，初创企业要与已有企业进行“差异化”竞争，就需要在产品定位和设计上充分体现新颖性、显著性、差异性的特点，做好市场定位工作。进行市场定位前的“细分市场”的工作，是创业者不能忽视的。本案例的张松江认为，虽然户内保洁也有人做，但是现在的户内保洁太没有特点了。像 SOHO 现代城这样的高档社区，肯定需要一种更高档次的服务，也就是可以根据不同性质的房屋进行分类，然后确定不同的服务标准。在细分市场后，他拿到了 SOHO 现代城的清洗保洁业务的订单，也因此注册了新理念保洁服务有限公司，在 SOHO 现代城的地下室开始了他新的创业旅程。

互动空间

创造力测试——尤金·劳德赛测试法

美国普林斯顿创造才能研究公司总经理、心理学家尤金•劳德塞，根据几年来对善于思考、富有创造力的男女科学家、工程师和企业经理的个性和品质的研究，设计了下面这套简单的试题，试验者只要 10 分钟的时间，就可知道自己是否具有创造才能。当然，如果你需要慎重考虑一下，适当延长试验时间也不会影响测试效果。

试验时，只要在每一句话后面，用一个字母表示你同意或不同意：

（1）同意的用 A，不同意的用 C，吃不准或不知道的用 B；

（2）回答必须准确、忠实，不要猜测。

实验试题：

1. 我不做盲目的事，也就是我总是有的放矢，用正确的步骤来解决每一个具体问题。( )

2. 我认为，只提出问题而不想获得答案，无疑是浪费时间。( )

3. 无论什么事情，要我产生兴趣，总比别人困难。( )

4. 我认为，合乎逻辑的、循序渐进的方法，是解决问题的最好方法。( )

5. 有时，我在小组里发表的意见，似乎使一些人感到厌烦。( )

6. 我花费大量时间来考虑别人是怎样看待我的。( )

7. 做自认为是正确的事情，比力求博得别人的赞同要重要得多。( )

8. 我不尊重那些做事似乎没有把握的人。( )

9. 我需要的刺激和兴趣比别人多。( )

10. 我知道如何在考验面前，保持自己的内心镇静。( )

11. 我能坚持很长一段时间解决难题。( )

12. 有时我对事情过于热心。( )

13. 在无事可做时，我倒常常想出好主意。( )

14. 在解决问题时，我常常单凭直觉来判断“正确”或“错误”。( )

15. 在解决问题时，我分析问题较快，而综合所收集的资料较慢。( )

16. 有时我打破常规去做我原来并未想到要做的事。( )

17. 我有收藏癖。( )

18. 我幻想促进了许多重要计划的提出。( )

19. 我喜欢客观而又理性的人。( )

20. 如果要我在本职工作之外的两种职业中选择一种，我宁愿当一个实际工作者，而不当探索者。( )

21. 我能与自己的同事或同行们很好地相处。( )

22. 我有较高的审美感。( )

23. 在我的一生中，我一直在追求着名利和地位。( )

24. 我喜欢坚信自己的结论的人。( )

25. 灵感与获得成功无关。( )

26. 争论时，使我感到最高兴的是，原来与我观点不一的人变成了我的朋友。( )

27. 我更大的兴趣在于提出新的建议，而不在于设法说服别人接受这些建议。( )

28. 我乐意独自一人整天“深思熟虑”。( )

29. 我往往避免做那种使我感到低下的工作。( )

30. 在评价资料时，我觉得资料的来源比其内容更为重要。( )

31. 我不满意那些不确定和不可预言的事。( )

32. 我喜欢一门心思苦干的人。( )

33. 一个人的自尊比得到他人敬慕更为重要。( )

34. 我觉得那些力求完美的人是不明智的。( )

35. 我宁愿和大家一起努力工作，而不愿意单独工作。( )

36. 我喜欢那种对别人产生影响的工作。( )

37. 在生活中，我经常碰到不能用“正确”或“错误”来加以判断的问题。( )

38. 对我来说，“各得其所”“各在其位”是很重要的。( )

39. 那些使用古怪和不常用的词语的作家，纯粹是为了炫耀自己。( )

40. 许多人之所以感到苦恼，是因为他们把事情看得太认真了。( )

41. 即使遭到不幸、挫折和反对，我仍然能对工作保持原来的精神状态和热情。( )

42. 想入非非的人是不切实际的。( )

43. 我对“我不知道的事”比“我知道的事”印象更深刻。( )

44. 我对“这可能是什么”比“这是什么”更感兴趣。( )

45. 我经常为自己在无意之中说话伤人而闷闷不乐。( )
46. 纵使没有报答，我也乐意为新颖的想法花费大量时间。( )
47. 我认为，“出主意没什么了不起”这种说法是中肯的。( )
48. 我不喜欢提出那种显得无知的问题。( )
49. 一旦任务在肩，即使受到挫折，我也要坚决完成。( )
50. 从下面描述人物性格的形容词中，挑选出10个你认为最能说明你性格的词：

精神饱满的	有说服力的	实事求是的	虚心的
观察力敏锐的	谨慎的	束手束脚的	足智多谋的
自高自大的	有主见的	有献身精神的	有独创性的
性急的	高效的	乐意助人的	坚强的
老练的	有克制力的	热情的	时髦的
自信的	不屈不挠的	有远见的	机灵的
好奇的	有组织力的	铁石心肠的	思路清晰的
脾气温顺的	可预言的	拘泥形式的	不拘礼节的
有理解力的	有朝气的	严于律己的	精干的
讲实惠的	嗅觉灵敏的	无畏的	严格的
一丝不苟的	谦逊的	复杂的	漫不经心的
柔顺的	创新的	实干的	泰然自若的
渴求知识的	好交际的	善良的	孤独的
不满足的	易动感情的		

测试完毕，请按照公布的答案统计分数！

计分方法：

	A	B	C
1.	0	1	2
2.	0	1	2
3.	4	1	0
4.	-2	0	3
5.	2	1	0
6.	-1	0	3
7.	3	0	-1
8.	0	1	2
9.	3	0	-1
10.	1	0	3
11.	4	1	0
12.	3	0	-1
13.	2	1	0
14.	4	0	-2
15.	-1	0	2

16.	2	1	0
17.	0	1	2
18.	3	0	−1
19.	0	1	2
20.	0	1	2
21.	0	1	2
22.	3	0	−1
23.	0	1	2
24.	−1	0	2
25.	0	1	3
26.	−1	0	2
27.	2	1	0
28.	2	0	−1
29.	0	1	2
30.	−2	0	3
31.	0	1	2
32.	0	1	2
33.	3	0	−1
34.	−1	0	2
35.	0	1	2
36.	1	2	3
37.	2	1	0
38.	0	1	2
39.	−1	0	2
40.	2	1	0
41.	3	1	0
42.	−1	0	2
43.	2	1	0
44.	2	1	0
45.	−1	0	2
46.	3	2	0
47.	0	1	2
48.	0	1	3
49.	3	1	0

50. 下列每个形容词得 2 分：精神饱满的、观察力敏锐的、不屈不挠的、柔顺的、足智多谋的、有主见的、有献身精神的、有独创性的、感觉灵敏的、无畏的、创新的、好奇的、有朝气的、热情的、严于律己的

下列形容词每个得 1 分：自信的、有远见的、不拘礼节的、不满足的、一丝不苟的、虚心的、机灵的、坚强的

其余的得 0 分。

结果解释：

将分数累计起来，分数在：110~140 分，创造性非凡；85~109 分，创造性很强；

56~84 分，创造性强；30~55 分，创造性一般；15~29 分，创造性弱；-21~14 分，无创造性。

他山之石

优酷商业模式解构

2006 年 12 月，优酷上线，它学习国外 Youtube 模式，欲打造 C2C 网络视频平台。2007 年 8 月，优酷开始在新闻媒体、市场推广端发力推广“拍客文化”，现已成为互联网拍客聚集的阵营。2014 年，优酷正式宣布多屏日视频播放量（VV）突破 6 亿，截至 2014 年 6 月，中国网络视频用户规模达 4.39 亿。优酷以“快者为王”为产品理念，“快速播放，快速发布，快速搜索”，充分满足用户日益增长的多元化互动需求，成为中国视频网站中的领军势力。都说一个好的商业模式是一个企业成功的关键，优酷的成功自然也离不开其商业模式，如图 5-5 所示。

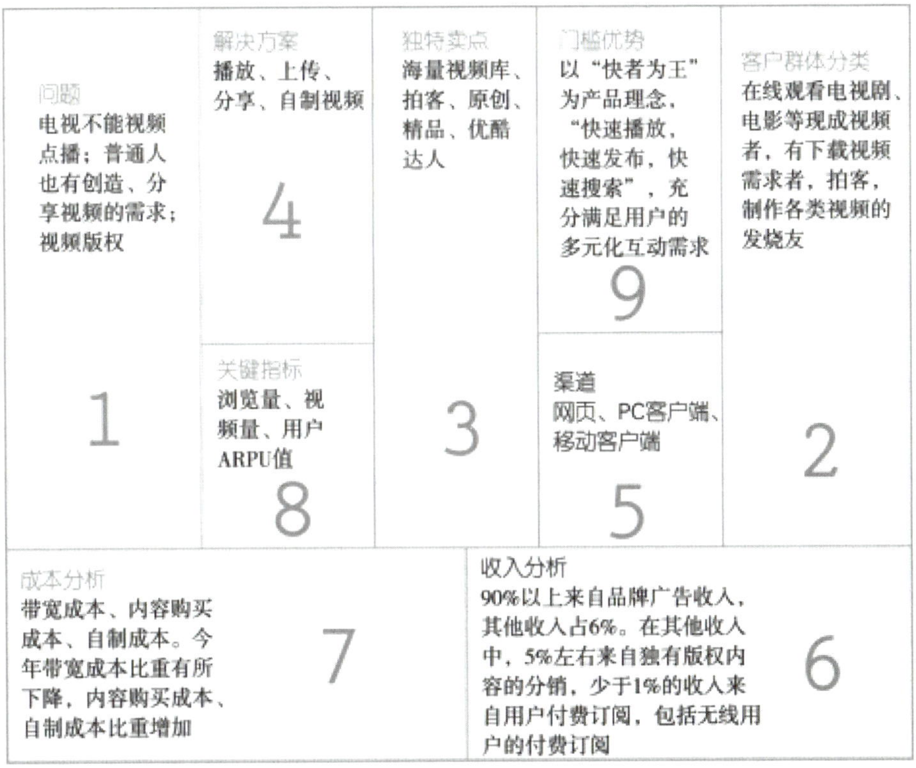

图 5-5　优酷商业模式解构

Chapter 6

整合创业资源

创业箴言

有钱谁都会创业，关键在于没有钱怎么创业。

——中田修

核心知识

知识点 1　创业资源的内涵

资源就是任何一个主体在向社会提供产品或服务的过程中，所拥有或者所能支配的用以实现自己目标的各种要素及要素组合。创业的前提就是创业者必须拥有或者能够支配一定的资源。对于创业者而言，凡是对其创业项目或创新企业发展有所帮助的要素，都可以成为创业资源。

资源与创业者的关系就像是颜料和画笔之于画家一样，没有创业所需的资源，创业机会摆在眼前也没有用。创业机会的存在本质上就是部分创业者能够发现特定资源的价值，而其他人不能做到这一点。就整个创业过程来说，创业机会的提出来自于创业者依靠自身的资源财富对创业机会的价值确认。例如，同样的产品或者盈利模式，一些人会付诸行动去创收，其他人往往会放任机会流失。对于后者，常常是因为缺乏必要的创业资源，因此，从这个角度来说，创业就是把创业机会的识别与创业资源的获取结合起来，创业活动本身就是一种资源的重新整合。

知识点 2　创业资源的分类

根据资源的性质，创业资源大致可分为六类：人力资源、社会资源、财务资源、物质资源、技术资源和组织资源。

（1）人力资源。人力资源是一切资源中最宝贵的资源。人力资源的最基本方面包括体力和智力，创业中的人力资源包括创业者与创业团队的知识、训练、经验，也包括团队及其成员的专业智慧、判断力、视野、愿景，甚至创业者、创业团队的人际关系网络。创业者的价值观念和信念，是新创企业的基石；高素质人才——技术人员、销售人员和管理人员等的获取和开发，是促进企业可持续发展的关键因素。

（2）社会资源。社会资源是指由人际和社会关系网络形成的关系资源。社会资源可以是人力资源的一部分，或者说是特殊的人力资源。社会资源对创业活动非常重要，因为社会资源能使创业者有机会接触到大量的外部资源，有助于透过网络关系降低潜在的风险，加强合作者之间的信任和声誉。开发社会资源是创业者的重要使命。

（3）财务资源。财务资源是指创业者及其所拥有的资本以及在筹集和使用资本的过程中所形成的独有的不易被模仿的财务专用性资产，包括独特的财务管理体制、财务分析与决策工具、健全的财务关系网络以及拥有独特财务技能的财务人员等。创业初期，掌握充分的财务资源是新企业成功创办和经营成功的前提。

（4）物质资源。物质资源是创业和企业经营所需要的有形资源的总合，如场地、设施、机器、办公设备、原材料等，一些自然资源如矿山、森林、草原等有时也会成为新创企业的物质资源。

（5）技术资源。创业中的技术资源主要包括关键技术、制造流程、作业系统、专用生产设备等。

（6）组织资源。组织资源是组织拥有的，或者可以直接控制和运用的各种要素，这些要素既为组织运行和发展所必需，又是通过管理活动的配置整合，起到增值作用，并为组织及其成员带来利益。创业中的组织资源一般是指企业的组织结构、作业流程、工作规范、信息沟通、质量系统、管理制度及正式和非正式的计划活动等。

知识点3　创业融资渠道及策略

1. 自筹资金及策略

（1）自有资金。创业者的自有资金是成功创业的基础，创业者应将自有资金的大部分投入新创的企业中。一方面，创办新企业是捕捉商业机会、实现价值的过程，将尽可能多的自有资金投入其中，可以在新企业中持有较多的股份。创业成功后，将获得较大的创业回报。另一方面，自我融资是一种有效的承诺。如果在投身创业的过程中投入自己的资金，这本身就是一种信号，它告诉其他投资者等外部资金提供者，创业者对自己认定的商业机会十分有信心，对自己的新企业充满信心。这种信号会给其他资金所有者投资新企业一种积极的暗示，增加其对新企业投资的可能性。

（2）向家庭成员和亲朋好友融资。家庭成员和亲朋好友的资金是创业融资的重要来源。家庭是市场经济的主体之一，在创业中起到重要的支持作用。特别是在我国，以家庭为中心形成的社会网络关系，对包括创业融资在内的许多创业活动产生了重要影响。家庭成员和亲朋好友由于与创业者的个人关系而愿意给予投资，这有助于克服非个人投资者面临的一种不确定性：缺乏对创业者的了解。在创业初期，创业者往往缺乏正规融资的抵押资产，缺乏社会筹资的信誉和业绩。因此，非正规的金融借贷——从创业者的家人、亲戚、朋友处获得创业所需的资金是非常有效且常见的融资方法。

（3）民间借贷及策略。民间借贷是指公民之间、公民与法人之间、公民与其他组织之间的借贷。除了从家庭成员及亲朋好友处融资外，还存在大量的其他资金供给主体。民间借贷作为正规金融的一种补充，顺应市场融资的需求，长期以来一直存在，并不断发展壮大。《中华人民共和国商业银行法》规定，只要民间借贷的利率不超过银行同期利率的 4 倍，即属合法。

2. 寻找合伙人投资及策略

除了自筹资金外，创业者还可以寻找志同道合的投资者与自己一起创业，也就是寻找合伙人投资。这是一种建立在利益共享、风险共担基础上的合作创业，合伙人可以是亲朋好友，也可是原先素昧平生者。与向家庭成员及亲朋好友借款、民间借贷不同的是，合伙人的出资是投资，而非借款，是无须偿还的。

要寻找到志同道合的合伙人，使新企业能顺利开业，走上正轨，创业者需要做好以下工作。

一是对合伙人的资格进行审查。合伙企业要对合伙人的经营行为承担责任，因此一定要审查好合伙人的资格，包括合伙人的人品、能力、家庭情况、资产情况、有无对外大额债务等，这是签订合伙协议的最重要的方面，合伙人的身份证明一定要备份。二是合伙企业的账目要清晰。应聘请专业人员按规定建立、健全新企业的财务制度，注意单据入账的审批制度要经全体合伙人通过，合伙人有查阅账目的权利。三是合伙人的出资一定要明确。合伙人出资的方式、金额、期限要明确，创业者要注意落实，动产要转移持有人，不动产要办理变更登记，建立合伙企业账目。四是合伙合同的其他条款要尽量具体。凡涉及合伙事务的管理制度，应尽量落实到书面上，预防将来发生纠纷，无据可查。

3. 创业投资及策略

创业投资，也称风险投资、风险资本，是指向新企业进行股权投资，以期在企业发育成熟或相对成熟后通过股权转让获得资本增值收益的一种投资方式。

新企业要想获得创业投资公司的青睐，一般要具备以下条件：首先，有较高素质的创业者。新企业的创业者必须有献身精神，有决策能力，有信心，有勇气，有思路，有出色的领导水平，并能激励下属为同一目标而努力工作。其次，有既有远见又符合实际的创业计划。这个计划要阐明新企业的价值，明确企业目标和发展趋势、企业产品服务的市场和顾客、企业的优势和劣势，同时指明新企业所需的资金总量及筹资方式。再次，企业生产的产品有较大的市场需求或潜在市场需求。有需求，就会有顾客；有顾客，就会有市场；有市场，就有了企业生存发展的空间。复次，拥有技术人员、生产人员、营销人员等配备均衡的管理队伍，有能高效运转的组织团队。最后，有一定数量的自有资金。

典型案例

案例1　向赵本山学习资源整合

提起赵本山，以及《马大帅》《刘老根》《乡村爱情》等影视的制作单位——本山传媒集团，想必无人不知，无人不晓。借助赵本山个人的影响力，从“刘老根大舞台”到收视率颇高的《明星转起来》《本山训练营》等电视节目，无数个本山传媒的弟子登台亮相，他们给观众带来欢声笑语的同时，也给企业创造了不菲的收入。赵本山在不同时期将这些弟子收编，整编成一支强大的艺术团队，以集团化运作模式进行统筹管理。各类艺人在加入本山传媒后，依托本山传媒这个平台，走进了电视节目，走进了电影剧组，走进了春晚，走进了大众的视野，走向了全国。

本山传媒的资源整合理念基于以下三点。

第一，赵本山凭借个人品牌资源广收门徒，给徒弟们提供平台，师徒共同将一块蛋糕做大，人人受益，共赢未来。

第二，众人拾柴火焰高，一个人前进一百步永远比不上一百个人共同前进一步。有了品牌和优质的核心人力资源，企业才能着眼于长远发展。名利双收之外，淳朴的民间艺术和文化也走向了世界。

第三，资源整合造就了一个民族品牌的诞生，赵本山的资源整合也让潜在的竞争对手（民间艺人）与自己共同发展，共事而无忧。

分析点评

随着知识经济的发展，资源整合越来越成为企业经营中提升核心竞争力的关键，它不仅是系统化的思维方式，还是优化配置的重要决策。如何让资源整合的各方都满意，关键在互补，核心在共赢。

实际上，所有成功的创业者在新创企业成长的各个阶段，都尽可能地使用最少的资源去推动企业的发展。同时，对他们而言，资源的所有权并不是关键，关键是对其他人的资源控制、影响的程度。后者程度高的好处在于，能减少创业者所需的资本量；当企业面临困境时，继续投入还是及时退出的代价较小，提高了灵活性；降低沉没成本、固定成本，并以丰富的利润抵消变动上升的成本，进而大大降低创业者把握商机过程中的风险。

案例 2　精心设计“创业”，有效整合人脉资源

北京六合万通微电子技术有限公司是由留学归国人员团队于 2001 年创立的，这是一家专业从事无线通信大规模集成电路设计及系统开发的高新技术企业。公司的主营业务为无线局域网系列芯片及第三代移动通信 W-CDMA 芯片的设计及相关系统的开发和销售。近年来，公司还相继承担了科技部、信息产业部、国家发改委和北京市工业促进局等国家及地方政府多项科技开发与产业化项目，同时凭借无线通信领域的技术实力和先进的集成电路设计技术，公司还先后与索尼、安捷伦、联想、中国网通等国际知名企宽带无线通信提供核心芯片和系统解决方案。

公司董事长寿国梁用 18 年时间在自己喜欢和擅长的专业领域聚集了大量的人脉资源，并通过六合万通实现其价值。在寿国梁看来，聚集大量人脉资源就意味着找到资本、找到技术和产品、找到经销渠道等各种创业所需资源。拥有如此多的人脉资源以及派生出的各种资源，寿国梁有条件、有能力把自己理解的创业设计得更加精致而全面。也正是因为如此，当绝大多数创业者讲出一大把血泪心酸史时，寿国梁只有淡淡的五个字——“我们很顺利”。

让人惊讶的是，六合万通从一开始创业，就整合了让人羡慕的人脉资源，组成了一个梦幻般的团队。可想而知，由这样一个团队来推进的创业，会产生怎样的效果和影响。寿国梁说：“我们的创业团队都是留日归来的学子，都有共同的创业情结和目标。”还有一个重要的原因就是，公司几位创始人都是当初寿国梁主政日本鹰山公司时招聘来的，在运作公司和技术上，大家各有所长，通过多年的学习及工作磨合，配合十分默契。

分析点评

创业需要资源，就像鱼儿需要水一样。可以说，创业最重要的资源就是人力资源，一方面它是公司运作起来的动力，一方面它体现了创业者构建人际网络和社会网络的能力。人力资源的聚集意味着技术、资本、渠道的获得，创业者在创业初期，如果能形成强大的人力资源网，创业活动自然水到渠成。

案例3 从穷小子到"富一代"

2005年，在高考复读班里待了一年的朱华侨终于被海口经济学院录取了，但一年8500元的学费让他犯了难。父母务农，家里还欠着外债。那个暑假，他思来想去，环顾左右，竟然想出了一招。他敏锐地发现当地很流行办各种培训班，他同学中有一个考上了中央美术学院，是当地反复宣传的典型人物，知名度挺高。他向一个要好的同学借了500元，就去找那位考上中央美院的同学。

怀揣着借来的500元，朱华侨就敢对他同学许诺："我打着你的旗号去招生，你只需每天给我上一节课，结束之后我给你发1500元工资。"同学答应了。另一位同学的父亲看他不容易，借给他一套空房子，他还从补习班找来几位高考落榜的美术考生帮忙。美术培训班特别火爆，不仅小学生，连高三的学生都跑来学。到开学时，他怀揣着赚来的1.6万元来到了海南岛。

火热的军训刚结束，他又一次嗅到了商机。班上有位来自浙江的女生，家里开有化工厂，想收集军训服装给家里企业当制服，请朱华侨帮忙，答应每套按25元给钱。朱华侨请了五六位同学，买来了明信簿、笔记本等一堆小礼品，就在校园宿舍里四处换军训服。"军训服本身质地不太好，加上穿得很脏，看见能以脏衣服换礼品，同学们就都拿了出来。"他一共换了好几百套军训服装，又赚了8000元。这最初的两桶金，给了他无比的信心。

敢想敢干的大学生

在大学里，他特别能"折腾"，摆过地摊，卖过特产，开过小饭店，尝试过很多事情，他在学校里最风光的事情是创办了学校最大的学生社团组织。他给新社团起名叫"未来职业经理人协会"，他们打上领带，西装革履，游走宣传，最后竟收会员600名，社团成立伊始就是学校最大的学生社团组织。

他们开始为企业的销售会议等各种活动出力，风风火火。协会成立一周年庆典更是赚足了面子，来了70多家企业代表捧场，盛况空前，令学校领导刮目相看。

也曾失败陷低谷，旋即抓住商机反败为胜

2006年的春节以及随后的那个半年，是他人生的低潮期。学校附近开了许多小饭馆，他也想自己开一家。当时他把自己挣来的所有钱投进去，转来一个小饭店，请了个师傅就开张了。起初生意很红火，但因为口味单调，饭店很快就门庭冷落。他想把店盘出去，可刚收了人家交的500元订金，对方就因为听说小饭店面临拆迁，不肯再付转让费，也不肯交出店。

投资失败使得他又身无分文了，每天以泡面度日。他的小弟过来帮着洗碗，租住在外，每月几十元的房租他们都交不上，拖欠了一个月房租。“我小弟每天5点起床离屋，深夜1点才敢回去睡觉，就是为了躲避收房租的人。”

2006年下半年，他为返乡的大学生代办大巴票，那时，火车没有直通海南，很多学生要到广州去中转回家。赚了去程，为啥不赚返程，一念之下，他又办起接返乡大学生回海南的业务。他包旅游车，并在广州的宾馆开了十几间房接待学生，白天返乡学生可以在宾馆里洗去旅途的风尘，晚上房间作为工作人员的宿舍。“最多的一天，我送了500多名学生回海南，7天我赚了五六万元。”他说。

到2008年毕业时，包括学费在内他自己花费了十几万，替老爸还了三四万元的债，还揣着五六万元。

忙碌的课余生活也没让他耽误学习，他没挂过科，顺利毕业，成绩中等。大学里他读了很多书，基本以名人传记、兵法和商战类图书为主，从书上学到不少思路和点子。

毕业踏进新产业，成功当上“富一代”

毕业找工作时，他又做出了不一样的选择。当时社交广泛的他不愁找工作。因为经常帮海南一家外企搞策划做活动，该企业想聘请他当市场助理。他婉言谢绝了，他选择到当时一家卖电动车的小店——国英车行——打工。国英车行在海口，当时营业面积不过100多平方米，很不起眼，他在那里买电动车时结识了老板谢振业。“当时老板开了辆破面包车，但我跟老板聊天之后，发现他虽然没钱，但很有干劲，学习能力很强。”他决定跟谢振业干。

他的选择显示出了远见。国英车行的老板谢振业现在已经是海南电动车销售界一位响当当的“大佬”。而朱华侨在追随老板干了三个月后就自己加盟老板代理的品牌开店了。他们抓住了海口电动车发展的爆发时机，电动车卖疯了，两三个月就开一家店，迅速发展壮大起来。

分析点评

在本案例中，朱华侨的创业经历在创业资源获取方面给我们的启示有以下几个方面。

（1）创业者自身是最重要的创业资源。朱华侨一次次的赚钱与创业成功，都是由他个人敏锐的商业嗅觉、团队组织能力和他吃苦耐劳的品质所决定的。他在赚到第一桶金前压根就没本钱，完全靠的是个人的能力。当他有了钱的时候，并不能保证他会更成功，开饭馆失败就是典型的例子，失败的关键仍是他自己的决策失误。而他最终进入电动车代理行业并成功，则是他的决策成功。

（2）创业资源倚重整合外部资源。朱华侨的每一次成功无不倚重整合外部资源。第一次办美术培训班赚学费表现尤盛：他向同学借来500元，用未来的工资承诺换来了考上中央美术学院那位同学的旗号和劳动，他又得到同学父亲借给的他空房子，和几个落榜考生的帮忙，除了他自己，没有一项资源是他自己所拥有的。

（3）创业资源中隐性资源比重更高、更重要。朱华侨的创业成功显示，隐性资源比重更高、更重要。他回收军训服能成功，主要是因为获得了社会资源和信息资源。首先是他的同学提供了一个关键信息——需要回收的军训服，然后他利用学校的社会资源，发动五六名同学去回收军训服。

案例4 穷游全国后开“师姐的店”

做“中介”收获第一桶金

蒋颖清从小家庭经济条件不好，她一直想有一天自己能赚钱，帮家人过上好日子。高中开始，她就阅读创业者的故事。上大一后，蒋颖清就开始找机会赚钱。她看到商家在学校搞促销，想过去应聘促销员，但对方说不需要。当时她就想：商家入校，首先要联系学校，我何不做个中间人呢？于是，她就开始找商家谈，谈好后找学生会沟通。第一次成功后，她获得了500元报酬。于是，她开始把业务拓展到珠海甚至珠三角其他高校。短短半年，她就赚了1万元。

旅游达人和摆摊达人

蒋颖清说，她在大二的时候，曾经把校内一家格子店一半的店面租下，经营服饰等物品，也赚了不少钱。喜欢旅游的她，大二暑假就成为背包族，一个人去了广西。受到网上“穷游”达人的启发，她在旅游时还带了一些挂饰，每到一处就摆地摊，解决了路费。

大三第一个学期，2011年12月末，听说珠海举行中山百里徒步活动，蒋颖清又嗅到了商机，她发动林有和另一位女同学林有赶去出发点摆摊卖旅游头巾，当驴友们出发后，她们又坐车赶去下一个休息站。当时恰逢冬天，太阳很晒，风沙也大，她们的头巾很抢手，小火了一把，一天赚到了1200元。这次摆摊活动也让林有和蒋颖清成为志同道合的朋友。

2012年5月，她们打算去凤凰古城玩，又提前去香洲百货等地摆摊卖长裙，很是畅销。

2000元80天穷游大半个中国

2012年暑假，她们决定玩一次大的。“不出去走走，不知道世界有多大，再不疯狂，就老了。”她们从广东省广州市出发，途经浙江、江苏、陕西、青海、甘肃、新疆、西藏等10余省，最后由云南回到珠海。她们用80天，跨越了大半个中国，看过无数风土人情。

除了从广州到杭州是搭乘火车和住旅馆，其他路程她们都搭乘顺风车和做“沙发客”。出发的时候她们身上仅有2000元钱，在旅行中，她们网购了一些手机挂件，以及各地的纪念品，摆地摊销售。蒋颖清说，她们在抵达下一个目的地前，就预先让淘宝店家将物品寄到目的地，到达后就开始摆摊。80天旅行，她们靠摆地摊赚了3000多元。

回到学校后，她们得知学校新开设的一条商业街正在店铺招租，她们又看到了商机，立即做出了去租一个店铺的决定。但一打听，报名招标已经截止了。不甘心的她们又去找后勤的老师和商学院的领导，把自己的想法和经历都说了出来，老师们在感动之余，破例让她们参加了投标，还与校园记者和媒体联系，对她们的穷游壮举进行了报道，她们出名了。

借10万元开店，青春不怕失败

原先，蒋颖清只是想把店面租下来，划分为不同区域租给其他人，自己负责管理，收取租金和分成。不料，对政策研究不透让她们吃了大亏，学校有相关规定，不能那样做。她们只好自己开店经营。没钱怎么办？蒋颖清把她要开店的设想告诉了很多通过出游认识的同学与朋友，一名男生慷慨解囊，借出了10万元。

蒋颖清也想过向银行贷款，不过听说银行贷款需要毕业证，另外还要等几个月后才能放款，她们等不及了，就用借来的10万元开始筹备开店事宜，蒋颖清和林有负责经营，那名借钱的男生算是大股东。

2013年3月22日，“师姐的店”开业了。走进“师姐的店”，感觉优雅而温馨。店里主要经营美食，包括饭、面条、甜品、饮料等。店内有一个书架，摆着一些杂志，还有她们旅途中的一些照片。

由于店面的位置比较偏僻，人流量少，且宣传力度不足，开店三个月，经营收入勉强能维持基本开支，还谈不上盈利。开店遇到的困难远不止这些。比如，刚开始为了省钱，他们装修和购买来椅用了不到2000元，后来发现质量比较差，不得不重新装修，足足花了1万多元。

“现在都有点后悔自己开店了。”蒋颖清说。没有经验，没有系统培训，所有东西都要自己操作。如果是加盟店，一切都是现成的，甚至可以聘请别人打理。

蒋颖清说，按照现在的经营情况，她们打算在校外开一个分店，校内打算拓展外卖渠道，同时加大宣传力度，不断创新口味。她自己对盈利还是很有信心的。

谈起未来，蒋颖清比较乐观，她觉得多尝试，总会有成功的机会。自己的目标是30岁以前开几家店，给家里带来稳定的资金支持，之后自己再考虑做点其他事情。

分析点评

在本案例中，两位女生的创业经历在创业资源获取的途径与技能方面可以给我们一定的启示。

（1）创业资源获取的途径可分为外部获取和内部开发。该案例中两位女生通过摆摊售卖自己的劳动，积累了资金资源，是内部开发，但金额仍然有限；她们穷游大半个中国，搭顺风车和做“沙发客”，是通过外部获取资源，而且是无偿获取，因为一路上总有热心人，她们达成了她们的愿望。她们开店需要资金，通过穷游结交朋友获取的社会资源在这时发挥了作用，有一位男生愿意借钱给她们和入股，于是她们通过合作获取的方式获得了资金资源。而开店不顺利也体现出如果是加盟合作，或许开店就会容易许多。内部开发所获得的资源总是有限的，而她们通过合作从外部获取了更多的资源。

（2）创业资源获取的技能体现在多用无形资源与多用合作换取资源上。蒋颖清在大学掘得第一桶金，就是敏锐地利用了商家与学校两边的社会资源，一边需要进入学校市场，一边需要商家赞助，她从中牵线搭桥，赚取中介费。她和其他同学能抓住珠海中山百里徒步活动和校园商业街店铺租赁的商机，也是利用了信息资源。而她们能穷游大半个中国，搭顺风车与做“沙发客”，就是基于人与人之间的合作：在你需要的时候，他人在力所能及的范围内帮你一把；下次当你遇到别人需要帮助时，你也如此做。这正是社会合作的良性循环。

案例5　中国网络红娘第一人的创业故事

办征婚网站源于征婚受骗

龚海燕读研期间办起征婚网站源于她个人征婚受骗的经历。因为曾辍学3年，她一直比同班同学大，个人问题成了老大难，只好开始征婚。结果，她先后两次被婚介交友网站欺骗。这两次受骗，让她萌生了创办一个严肃的以婚恋为目的的交友平台的想法。

龚海燕说做就做。当时，她手上还有在北大读书时做家教积攒的近4万元钱。于是，她拿出1000元钱，制作了一个简单网页，就开始游说身边的人发资料给她。最初的一两千客户都是一对一地动员上来的，基本上都是她的朋友、同学。最开始是华中科技大学同济医学院的一个女硕士，接着是上海交通大学的一个男博士，慢慢地1000、10000……网站的人数呈几何级数增长。

世纪佳缘
jiayuan.com

2004年2月15日，在会员的要求下，龚海燕在北京、上海两地同时举办了交友见面会，竟然还赚了1万多元。当年，她注册成立了上海花千树信息科技有限公司。

靠严肃赢得市场

当时的互联网上充满了形形色色的交友网站，但由于门槛太低，这些网站几乎都充斥着一夜情、婚外恋等不健康的交友信息。龚海燕另辟蹊径，实行会员制，将会员定位在大专以上学历，并要求会员提交真实的身份证明资料。

她最初的想法就是帮助身边大龄、高学历的朋友们找到合适的另一半，没想到，到2005年年底，“世纪佳缘”的会员已经达到32万人，连续几个月都是百度交友网站排行榜上的冠军。尽管没有打广告也没有投入任何宣传费用，但“严肃婚恋”的定位和严格的身份鉴定制度还是很快为世纪佳缘赢得了市场。目前，世纪佳缘拥有1350万注册会员，已有260万人在这里找到了另一半，龚海燕也因此得到了“中国网络红娘第一人”的美誉。

随着会员数的暴涨，网站开支剧增，2005年5月，龚海燕收到了“老钱”——新东方副校长钱永强的来信。一次见面后，什么协议也没签，老钱就给网站打进了200万元的资金。2007年4月，世纪佳缘获得新东方创始人徐小平、王强、钱永强三人共4000万元的投资，之后又有其他投资商追风投资，先后累计达2亿元。2011年，公司在美国纳斯达克成功上市，成为首家上市的婚恋网站。

艰难探索盈利模式

随着风险投资资金的进入，公司经营追求回报的压力大增，而由于国内网民习惯免费，因而几乎所有婚恋交友网站都在提供免费服务，寻找合理有效的盈利模式已经成为婚恋网站全行业面临的难题。

由于实行会员免费制，所以世纪佳缘的主要收入来自互联网广告、线下VIP婚姻介绍服务、线上增值产品、线下活动等。前者包括虚拟礼品、VIP会员服务等。接下来，世纪佳缘开始着手进军婚庆市场，将做成婚庆行业的B2C平台。传统的线下婚庆，以及和婚庆相关的公司譬如影楼等，均可在新网站上搭建自己的销售平台，而世纪佳缘将和它们分成，打造婚庆领域的阿里巴巴。

华丽转身，再次出发

2013年年初，龚海燕将亲手经营了十年的网站交给了职业经理人来打理，选择离开。离开后没多久，她再次出发，这一次她根据自身的经历创办了91外教网，做在线口语培训。培训老师都来自美国，在家里教课，学员在家里上课，只要有电脑和网线就可以上课。学员和美国老师视频面对面，实时互动。

她总结第一次创业的经验教训，给第二次创业提出了几点建议。

（1）控制成本，杜绝浪费。有的创业者今天还很苦，明天拿到了风投的钱，一下子不能适应，一不小心浪费了很多。这种浪费，有时候是资金，有时候是人力。“我希望这一次在控制人员方面可以做得更好，而且我要花更多的时间去面试每一个进来的人。”

（2）掌握先机，小步快跑。互联网一定要快，如果你很慢，就不要做了。“我一天都没有歇，就马上又创业了。事实是，如果我歇半年一年，可能在线教育的黄花菜都凉了，我得重新找别的方向了。互联网就是这么残酷，你晚一步，就可能永远完蛋了。”

（3）发现不对，赶紧调整。其实在创业过程中，很多人会发现自己选择的方向或者招的人不对路，这时候一定要尽快调整。

分析点评

龚海燕的创业故事，对我们在创业资源开发与整合上至少有以下启发。

（1）她通过个人的辛勤劳动（做家教）积累了原始财富投入网站创业中去，又通过她个人辛勤的工作将网站办出了特色，进而吸引了社会的关注，滚雪球般聚集了超高的人气，最终人气为她换来了“财”，吸引到了老钱的200万元天使投资和后续更多的投资，体现了“变人为财”。

（2）网站建立伊始，她通过发动身边的社会资源，实现了“化无为有”与“化私为公”，最初的一两千客户都是她一对一地动员上来的。她把无形无序的潜在客户资源变成了世纪佳缘网站上有形有序的会员资源，在授权范围内把会员的私人信息，变成了网站所拥有的公共信息。

（3）世纪佳缘网站体现了“合纵连横”战略。它对客户资源进行整合，每个客户既是使用者又是信息的提供者或说是被消费的对象，客户即商品，网站起了整合客户与商品的作用。世纪佳缘网站之后做的是婚庆领域的阿里巴巴，又是做行业的整合者，提供平台。

案例6　郑海涛的两次创业融资

2000年成立，2010年上市，当前市值近百亿元，北京数码视讯集团产业跨越高科技、金融、影视剧、投资、并购等领域，从一家创业型的本土企业发展成了具有全球性视野的集团公司。秉承“让每个人享受数字生活”的使命，数码视讯以不断创新的思维面向未来，作为从清华科技园走出来的优秀企业，不断谱写出崭新的篇章。作为一家成立于2000年的高新企业，在与国外大公司和华为等国内领先企业的竞争中，郑海涛通过两次重要的融资使公司在3年时间里取得迅猛的发展。2002年的营销收入达到2001年的2000%。同样是创业者，同样是高新企业，郑海涛成功融资的秘诀是什么呢？

郑海涛认为，创业可以分为3种：第一种是为了生存的创业；第二种是有了好的机遇而促使创业者创业；第三种则是事业型创业，创业者为了追求更高的人生事业而创业，他就是属于第三种。1992年获得清华大学计算机控制专业硕士学位后，郑海涛在国内知名的通信设备公司中兴通讯工作了7年。从搞研发到做市场，从普通员工到中层管理人员，郑海涛在中兴的事业可以说是非常成功。但是具有强烈事业心的郑海涛并不满足于安稳的工作。在经过一番市场调查后，2000年他带着自筹的100万元资金，在中关村创办了以生产数字电视设备为主的北京数码视讯科技股份有限公司。

来之不易的第一次融资

2000年，公司成立之初，郑海涛将全部资源投入研发项目中，不料，2001年互联网泡沫破灭，投资形势急转直下，100万元的资金很快就用光了，后续的资金也没有着落。此时，郑海涛只得亲自捧着商业计划书，四处寻找投资商，一连找了20家，都吃了闭门羹。大多数投资商拒绝的理由是，互联网泡沫刚刚破灭，投资互联网企业要十分谨慎，况且数码视讯产品还没有研发出来，投资种子期风险太大，风险投资商宁愿做中后期投资或者短期投资。

2001年4月，公司研制的新产品终于问世，第一批风险投资也终于有了着落，清华创业园、上海运时投资及一些私人投资合计260万元。郑海涛回忆说，这笔资金对公司来说非常重要，拿到这笔投资，公司凭借的是过硬的技术和领先的新产品。

谈到企业初创期的第一笔资金，郑海涛认为选择投资者十分重要。他举了一个例子：2000年春节前，也曾有一个投资机构原意投资，但其条件十分苛刻，要求企业控股50%。在当时资金十分紧张的情况下，郑海涛明知道这是一个不合理的交易，还是同意了合作，唯一的条件是资金必须在两周内到位。结果由于种种原因，投资方的资金没有按时到位，郑海涛终止了与其的合作。郑海涛认为这是公司的幸运事件，如果当时这笔交易成功了，自己的公司就不可能按照原有管理团队的意愿发展，后续公司会如何就很难说了。所以对创业者来说，选择投资者要慎之又慎，哪怕是在资金最紧张的时候。

水到渠成的第二次融资

2001年7月，国家广电总局（现国家新闻出版广电总局）为4家公司颁发了入网证，允许其生产数字电视设备的编码、解码器。这4家公司除了两家国外领先的企业和国内知名的华为公司外，还有一家成立仅一年多的科技企业，即北京数码视讯科技股份有限公司。郑海涛自豪地说，在当时参加测试的所有公司中，数码视讯的测试结果是最好的。也正是因为这个原因，随后的投资者蜂拥而至。

就在这个月，公司又获得了来自清华科技园等投资方的450万元投资。郑海涛说，他看中的不仅是这些公司肯掏钱，更看中这些公司能够为数码视讯在会计、法律、IPO等方面出谋划策，为以后公司上市奠定基础。

拿到第二批投资后，公司走上了快速发展之路。郑海涛认为，一个企业要想快速发展，产品和资金同样重要，产品市场和资本市场都不能放弃，必须两条腿走路，让产品与资本相互促进、相互影响。谈到后续发展，郑海涛认为企业文化建设也不可或缺，数码视讯正是因为保持着独特的企业文化，才能取得今天的成就。郑海涛将公司的企业文化概括为三种精神，即创业精神、团队精神和创新精神。

郑海涛回忆说："创业最艰难的半年中，公司所有的人拿不到工资，连买设备的钱都没有，于是就发动所有关系，到处去借，把家里的VCD、电视机全搬来了，总之是能借的就借，能省的就省，哪怕是只有一分钱也要花在刀刃上。但即使在这种创业条件下，大家仍然在努力，没有一个人中途退出。"他认为，现在公司条件好了，但创业精神不能丢掉，创业精神不仅仅是公司在创业时所需要的，更是公司从小到大、从国内到国际、从新生企业到百年老店所需要的。

分析点评

在创业热潮高涨的今天，许多企业或创业人士感到最困难的恐怕还是资金筹措的问题，特别是高新企业，许多新技术、新产品因为资金不到位而夭折。郑海涛创办公司时面临互联网泡沫的外部环境，自身资金实力也不雄厚，其企业一度面临关闭，然而凭借其在科技行业领先的技术与产品，以及对清华科技园科技孵化器的依托，数码视讯最终走出了融资困境，迅速成长为一家科技行业领先的企业。

案例7　从修脚工到开创连锁品牌

创业梦就在脚下

2005年2月的一天，胡志国偶然在电视上看到了一期访谈节目，访谈的对象是扬州女修脚师陆琴，她的经历一下吸引了胡志国。看完节目，胡志国特意花钱到洗浴中心"消费"了一把，在和修脚师傅的交谈中胡志国茅塞顿开：修脚是个手艺活，劳动强度不大，收入却不低；修脚是个技术活，一般人很难随便进入这个行业；修脚是个冷门行业，很多人对这个"侍候人的行业"敬而远之。经过半个多月的调查和思考，胡志国很快确认，修脚业绝对是一个还没被别人发现的"金矿"。

决心下定，胡志国坐了30多个小时火车，南下扬州找陆琴拜师学艺。在确信眼前的这个小胖子并非一时心血来潮后，陆师傅收下了这个与众不同的大学生徒弟。学徒的日子特别艰苦，但这并没有妨碍胡志国不断地思考：修脚事业难道只能走传统修脚师傅的老路？如何让它走向专业化、正规化？一年之后，胡志国告别师傅，回到哈尔滨"独闯江湖"。

争议中梦想更近

创业这事，说起来容易做起来难。胡志国一没钱，二没房，这两样硬是难住了这个"英雄汉"。但胡志国没有放弃，没钱租不起房，胡志国每天去街上挨家宣传，借地开店。修脚店开张三个月没有一单生意，胡志国给自己打气——"未来会好的"。他白天看店，晚上去洗浴中心兼职修脚。闲下来的时候，他找来一堆医学书籍不断学习。

得知胡志国去当修脚工，胡志国的父母、朋友都表示反对。胡志国的朋友每次见面都苦口婆心地劝他："念了这么多年书，就干这个？"老同学们规劝胡志国："趁早改邪归正，别给咱学校丢脸了！"甚至他的一些顾客听说了他的经历也都很惊讶："大学生修脚，太浪费了吧？"胡志国坦言，那一段时间自己也曾怀疑自己的选择对不对，但很快创业初期的困难被胡志国对梦想的坚持打败。人们渐渐发现，这个胖乎乎的小伙子不仅待人热情、心细，而且有一门好手艺，顾客们的口碑让胡志国的修脚生意越来越好，不少人慕名而来，向他学艺。2006年年初，有了几千块钱积蓄的胡志国向自己的大徒弟借了5000元钱，在南岗区黄河路开办了自己的"健足斋"足病修治机构。

8年来，胡志国在行业里已经小有名气，拥有了甲沟炎、灰指甲、鸡眼跖疣治疗术三大核心技术，并获得了三项专利。如今"健足斋"在全国已经拥有80多家加盟店，胡志国已经完成了当年改变命运、改善生活的梦想。但，他又酝酿着更大的梦想。

为梦想再次出发

当年在山东六合集团实习，实习生要先过铲牛粪这一关，铲牛粪既是体力活又需要技巧，如果铲得不好，粪没铲走倒弄自己一身。很多实习生受不了这个苦，但胡志国却暗下决心："铲粪我也要做铲得最好的。"结果他成了铲粪水平不亚于牛场工人的实习生。如今胡志国把这股犟劲全都投入到了他的修足事业上。胡志国说："不要小看修脚，钻进去学问大着呢，修足在我国有着悠久的传统，但目前人们对修足的认识还不够。今天修足的情况有些像100年前的牙医，当年牙医也是挑着担子在市场上治牙，但如今牙医已经登堂入室。我期望通过我们的努力让人们对修足行业有一个新的认识，推动修足这个传统手艺向'足外科'这一医学分支发展。"

随着"健足斋"的事业不断发展，如今的胡志国不仅要坐诊，还要在企业管理上花费大量时间。他坦言后者更消耗他的精力。他对记者说："我们这个行业是个新兴产业，很多服务手法和经营管理手段都需要自己不断摸索。目前我们已经不再接受加盟申请了，对现有加盟商的慢慢消化和管理是我们的主要任务。"

现在的胡志国很忙，总感觉时间不够。一本关于足部健康的书他已经酝酿了四年，期间写写改改，一直没能出版。黄河路上的"健足斋"正在准备装修，完工后将会更现代、更专业、更气派。胡志国说，过一段时间你再来可能都认不出来了。

胡志国从修脚工干起，在大家的"误解"中发愤，八年成长，从借店修脚"修炼"成"健足斋"的"斋主"，在全国拥有80多家加盟店，成了名副其实的"老板"。把修脚干成产业，干成事业，胡志国书写的不仅是个人的创业故事，更是一个极有示范意义的成长启示。

分析点评

胡志国的创业故事，对我们在创业资源开发与整合上至少有以下启发。

（1）俗话说："三百六十行，行行出状元。"胡志国就是抓住了"修脚"这个别人敬而远之的"侍候人的行业"。在有心人胡志国的眼里，修脚事业并非只能走传统修脚师傅的老路，他以大学生的学识看到了一个传统行业走向专业化、正规化的商机，"变废为宝"挖出了金矿。

（2）资源需要开发与整合。胡志国首先是抓住电视专题片的信息资源，然后立即下定决心南下扬州拜师，从门外汉成为精通此道的专家，实现了"从无到有"。他从无钱、无场地、无客户到靠自己的坚持和专业，逐渐赢得了社会资源——客户的口碑、拜师的徒弟，再将社会资源转化为资金，开了第一家店。他又以小博大，以自己钻研开发的专利技术为核心，实现了从第一家店到80多家加盟店的扩张。

案例8 "80"后李文6000元创业做手绘T恤欲上市

6000元开启创业路

李文，1983年出生，大学就读于江西财经大学财政专业。李文的开场白，像极了一个大学生面试时的自我介绍。他喜欢看书、旅行、交朋友，但对于大学里的数学课程却深恶痛绝，直接的后果就是拿不到毕业证书。对此，李文却从不在意。

"因为喜欢，所以选择。"李文这样回答自己创业的缘由。李文毕业后曾到上海工作过一年多的时间，在上海他看到有人穿"三英战吕布"线条画的T恤衫，觉得非常有意思，想买却买不到，觉得这是个商机。后来服装网上直销商PPG的广告给了李文创业的灵感，他觉得，如果做一个专门定制和销售个性T恤的个性服饰网站，应该很有前途。

李文用他积攒下来的6000块钱开启了创业之路。他找到了两个合作伙伴，分别是初中和高中同学，他们之间感情不错，相互了解。唯一让李文苦闷的是，他的父母对此并不支持，"他们不懂电子商务和网上购物，觉得电脑就是玩游戏，是不务正业。"李文的父母希望他找到一份"铁饭碗"工作。

但是，家里的压力并没有让李文产生放弃的念头。三个人两台电脑在2006年6月1个月内完成了3万元的销售额，净赚1.2万元。"我们信心爆棚，觉得肯定会有投资人抢着给我们投资，于是，我写好了商业计划书，开始了拉投资的过程。"李文心里开始憧憬着美好的未来。

梦想在现实中无依无靠

“当梦想照进现实，你会发现现实倒映出来的梦想是那么缥缈和无依无靠。”在接触了若干潜在投资人之后，李文的信心开始崩塌。不仅投资人不会投资给这个“乳臭未干”的“80后”，而且对这种无资产、无抵押的客户，银行贷款的大门也是紧闭的。

这时，缺乏资金投入的李文又遇到了经营上的问题。由于刚开始只做学生班服市场，经营产品的单一导致销售季节性明显，在6月份能拿到3万元的收入，在7月份却急跌至5000元，到8月份，销售已经十分惨淡，公司的利润很快就消耗殆尽。

屋漏偏逢连夜雨，创业团队的其他两个人也因为家庭压力选择离去，李文成了“光杆司令”。对现实，李文深感无奈，然而对于心中的商业模式，李文并没有失去信心和希望。他坚守南昌：“2007年整整一年，我一边用自己在影视编导上的特长做一个自由职业者养活自己，一边不断寻找资料充实和完善商业模式。”

东山再起后步入“快车道”

“潜伏”了一年多的李文终于在2007年年底东山再起，这一次，他遇到了此生都要感激的人，大学宿舍睡在下铺的兄弟——李文龙。李文龙曾在深圳做外贸模具生意，赚了人生中的“第一桶金”。一个偶然的巧合，李文龙来到李文的住处，看到了留在他电脑桌面上的商业计划书。对于李文的商业模式，李文龙十分感兴趣，他毅然决定放弃在深圳外贸公司潜在的20万元分红，与李文合伙共同“二次创业”

由于缺乏技术上的经验，兄弟俩又拉来了在服饰烫染行业有多年操作经验的谢隆林一起入股，新的创业团队搭建完毕。2008年4月8日，南昌诺斯黛尔实业有限公司正式注册成立，注册资本50万元，前期投入10万元。

新公司成立，李文有了资本，决定大干一场。这一次，李文的产品不仅涵盖了各种手绘及印刷T恤，而且还包括各种独具创意的手绘鞋，对于追求彰显个性的“80后”“90后”来讲，市场前景不容怀疑。

但是，商场如战场，容不得一点头脑发热，经验不足的李文又犯了错误。他为了追求完美，在一些没有必要的地方花费了过多的资金，比如购买服务器、单反相机，构建专业摄影棚以及开通400免费电话等，每一项花费都不菲，这让公司现金流迅速陷入危机的边缘。

李文决定改变公司的运营模式，转向已经相对成熟且具有一定人流量的B2B平台。这一次，李文的诺斯黛尔终于步入了“快车道”。

“我的公司能上市”

李文的公司取得了突破性进步，公司网络流量节节攀升，全国的代理客户翻倍上涨，法国、美国等地的华人华侨也都看好李文的产品，公司的订单通常排到几个月之后。2009年，诺斯黛尔总营收超100万元；2010年3月，江西赣州南康分公司成立。

目前李文正在和风险投资家接触，他希望能够借助风险投资的帮助，实现公司更快速的发展。他认为，“电子商务的发展已经不允许他们依靠自身的积累去缓慢发展”，他必须依靠资本的力量，“站在巨人的肩膀上”，他需要风险投资带来的资本、人脉以及管理经验。李文自信而又坦然地告诉记者：“我的公司能上市。”

分析点评

李文的创业经历，可供我们借鉴如下的融资策略。

（1）多种途径筹集资金。李文在创业种子期，利用自筹资金，从6000元的存款起步，瞄准商机，赚得第一桶金；在企业启动时期，取得了新合伙人的“天使投资”；在企业的成长期，又积极争取风险投资的关注和帮助。

（2）利用不断完善的商业计划书，吸引“天使”的投资和合作。由于处于创业初期，吸引投资困难，遭遇了资金缺乏的瓶颈：一方面，由于是新创企业，且是刚毕业的大学生，企业充满风险和不确定性，投资者对其未来不看好；另一方面，由于没有资产抵押，银行也对其紧闭大门，但李文没有放弃，花了一年的时间不断完善商业模式，他的商业计划书为他带来了新的机遇。可以说，李文龙扮演了李文的天使投资人的角色。李文龙有一定的创业经验、积累了一定的资金，并对李文的商业计划感兴趣，愿意与李文共同创业。他不仅为李文带来了资金，也带来了新的创业团队和经验，公司开始朝着健康的方向发展。创业融资的过程中，大学生处于一定的劣势，但只要善于从小处着手，利用身边的资源，不断积累，便能发现新的机会。

（3）融资策略需要结合企业不同的发展阶段。李文在创业前期并不能顺利吸引到投资，自筹资金和天使投资是创业企业种子期和启动期惯用并可行的融资策略选择。当企业发展到一定阶段，进入成长期乃至扩展期，资金需求量大，便需要引入更多的融资途径，所以李文开始积极吸引风险投资。

互动空间

学写大学生创业贷款申请书

大学生创业贷款申请书是成功申请到大学生创业贷款的重要前提条件。一篇真挚诚恳的大学生创业贷款申请书可以打动相关部门领导，从而成功申请到创业贷款。但是很多想办理创业贷款的大学生苦于不知道怎么写大学生创业贷款申请书。可以参考下面的范本并结合自己的实际情况试写创业贷款申请书。

尊敬的市委、市政府领导：

我叫×××，出身农村，毕业于××学校，××专业。××××年毕业后由于各方面原因，我一直处于失业状态。忆求学之艰辛，顾应聘之痛楚，展前程之迷茫，触吾心悲凉至极。但是，贫苦的农村生活培育了我坚韧、豁达，追求卓越的性格。

党和国家鼓励大学生自主创业的优惠政策，严峻的金融危机和就业形势，让我选择了自主创业。在亲历亲为的社会实践中，我积累了一定的创业经验和创业思想，可是，资金问题现在已经成为制约众多像我一样的创业者创业的瓶颈。我想过向家人、亲戚和朋友筹借，但并没有结果，因为农村确实太穷。而我爸妈供完我上大学已经是负债累累，面对环堵萧墙的家境，他们更是无能为力。

资金的困难导致我创业道路受阻，但我无法放弃用自己的知识和努力来改变自己和大山命运的想法，因为我现在至少还是一个大学生，是一个应该承担社会责任的青年。带着期待的想法，我写下这篇大学生创业贷款申请书，申请党和政府有关部门能考虑贷给我××万元的创业贷款资金，我一定按时按量归还贷款，虔诚期待领导能考虑。

此致

敬礼！

祝领导工作愉快，身体健康！

申请人：×××

201×年×月×日

他山之石

认清非法集资

1. 非法集资的概念与表现形式

依据国务院发布的第247号令，给非法集资做出这样的定义：单位和个人未按照法定的程序经有关部门批准，以发行股票、债券、彩票、投资基金证券或其他债权凭证的方式向社会公众筹集资金，并承诺在一定期限内以货币、实物及其他利益等方式向出资人还本付息给予回报的行为。

非法集资的主要表现形式有：一些单位和个人假冒金融机构，以高于同期银行利率若干倍的高息为诱饵，吸收公众存款，用于投资或非法放贷。他们常常利用互联网搞网上购物、网上求职培训等方法，或借助传销手段进行非法集资活动。另外，大多以配送产品为幌子，诱使客户存款。

2. 非法集资的特点

（1）未经有关部门依法批准，包括没有批准权限的部门批准的集资以及有审批权限的部门超越权限批准的集资。

（2）承诺在一定期限内给出资人还本付息。还本付息的形式除以货币形式为主外，还包括以实物形式或其他形式。

（3）向社会不特定对象即社会公众筹集资金。

（4）以合法形式掩盖其非法集资的性质

Chapter 7 撰写创业计划

创业箴言

一份好的创业计划书可以节省创业者相当多的时间和金钱，减轻他们在商业概念形成之前，而不是在企业创建之后的心中之痛。

——布鲁斯·R.巴林杰

核心知识

知识点1 创业计划书架构与撰写

1.创业计划书基本架构

（1）封面。包括创业计划书编号、公司名称、项目名称、项目单位、地址、电话、传真、电子邮件、联系人、公司主页、日期等。封面设计要有美感和艺术性，一个好的封面能让读者产生良好的第一印象。

（2）目录。列出主要的章节、附录和对应页码，便于读者查找对应内容。

（3）摘要。摘要是对整个创业计划书的高度概括，目的在于使用最简练的语言将计划书的核心、要点、特色表现出来。

（4）正文。创业计划书的主体部分，介绍公司的基本情况、经营管理团队、产品或服务等投资者关心的内容。

（5）附录。最正文涉及相关数据、资料的补充。

2.创业计划书撰写要点

（1）摘要。摘要是创业计划的浓缩版本，其主要作用是让阅读者能在较短时间内评审计划并做出判断。摘要就像推销计划书的广告，力求清楚、简短、有说服力，尤其应当强调公司的能力及局限性，公司的竞争对手、营销和财务策略，公司的管理队伍、产品或服务、对消费者的价值，相关市场、管理技能、融资要求，以及可能的投资回报等，以引起阅读者的兴趣。

（2）企业描述。创业计划的主体部分是从企业描述开始的。企业描述主要介绍企业的历史、企业的使命、企业宣传语、企业的产品或服务、企业的经营现状、企业的法律地位和所有权等内容。撰写创业计划时，应注意以下三方面内容：①重点强调产品的所有特征以及这些特征将如何创造或增加价值；②要有市场调查数据支持计划中的论断，这样的创业计划才有可信度；③新企业的描述应该被细化，这样才能使投资者了解企业的规模和范围，从而激发投资兴趣。

（3）产品或服务。产品介绍通常应包括以下内容：产品的基本情况、产品的市场竞争力、产品的研究和开发过程、发展新产品的计划和成本分析、产品的市场前景预测、产品的品牌和专利。

进行投资项目评估时，投资人最关心的问题之一就是风险企业的产品、技术或服务能否以及在多大程度上解决现实生活中的问题，或者风险企业的产品（服务）能否帮助顾客节约开支、增加收入。因此，产品（服务）介绍是创业计划书必不可少的一项内容。在产品（服务）介绍部分，创业者要对产品（服务）做出详细的说明，说明要准确，也要通俗易懂，让非专业的投资者也能明白。通常，产品介绍都要附上产品原型、照片及其他介绍。

（4）市场与竞争。市场这一部分的计划应包括以下内容：创业应该解决哪些难题和需求？客户在哪里及如何划分客户？潜在市场的总体规模有多大以及将会如何增长？现在的市场环境如何，是有利还是不利？还包括：市场状况、变化趋势及潜力，竞争厂商概览，本企业产品（服务）的市场地位，市场细分和特征，目标顾客和目标市场等。

在创业计划书中，风险企业家应细致分析竞争对手的情况。竞争对手都是谁？他们的产品（服务）是如何运作的？竞争对手的产品（服务）与本企业的产品（服务）相比，有哪些相同点和不同点？竞争对手所采用的营销策略是什么？要明确每个竞争者的销售额、毛利润、收入以及市场份额，然后再讨论本企业相对于每个竞争者所具有的竞争优势，要向投资者展示顾客偏爱本企业的原因。创业计划书要使它的读者相信，本企业不仅是行业中的有力竞争者，而且将来还会是确定行业标准的领先者。在创业计划书中，企业家还应阐明竞争者给本企业带来的风险以及本企业所采取的对策。

（5）营销。营销是企业经营中最富挑战性的环节，影响营销策略的主要因素有：消费者的特点、产品（服务）的特性、企业自身的状况、市场环境方面的因素、营销成本和效益因素。营销策略应包括以下内容：①市场机构和营销渠道的选择；②营销队伍和管理；③促销计划和广告策略；④价格决策。

（6）运营。通常情况下，运营计划应包括以下内容：①产品制造和技术设备现状；②原材料、工艺、人力等安排；③新产品投产计划；④技术提升和设备更新的要求；⑤质量控制和质量改进计划。

（7）团队及组织结构。此部分要重点解答：创办者和早期关键雇员的背景和角色是什么？创业团队的热情和技能及该创业团队如何致力于创业机遇？组建创业团队必须雇用哪些关键人员？每个职能部门预期会需要多少人员？这家公司是否具有顾问人员或董事会成员以促进创业过程？

这部分的内容还应包括：对主要管理人员加以阐明，介绍他们所具有的能力、他们在企业中的职务和责任，以及他们过去的详细经历和背景。

此外，还应对公司结构做简要介绍，具体包括以下方面：公司的组织机构图、各部门的功能与责任、各部门的负责人及主要成员、公司的报酬体系、公司的股东名单（包括认股权、比例和特权）、公司的董事会成员、各位董事的背景资料。

（8）财务预测。虽然最后讨论的是创业的财务计划，然而财务决策却贯穿整个商业计划书中。此部分重点要解答以下问题：满足市场和产品开发计划需要多少资金？预期创业在什么时候会具备重组的现金流？如果创业成功了，将会具有什么样的成长机遇？预期的初始状态和稳定状态将会有多少财务利润？其他公司在利润和发展上的表现与本次创业有什么相似之处？哪些是关键的财务设想？

财务预测部分一般要包括以下内容：①经营计划的条件假设；②预计的资产负债表；③预计的损益表；④现金收支分析；⑤资金的来源和使用。

（9）附录。主要应包括的和考虑的内容有：五年内详细的现金流量表、收益表及资产平衡表（第一年按月算，此后可以按季度或年算）。在进行财务评估时对财务设想进行分析（如客户渗透率、价格及对流动资本的设想等）。在该行业中购买决策是否存在周期性循环？什么构成了创业的最大成本（如工程技术开发、监管审查、生产或销售等）？随着批量生产开始，产品和销售成本将会发生什么变化？客户支持和维护是否考虑在内？

此外，附录亦应罗列出前述内容的相关支撑文件、附图、附表、调查问卷等书面资料，也可列出：①业主或总经理简历；②市场调研数据；③有关的公开信息；④有关专利、商标、版权的复印件；⑤影响本业务的有关法律、法规文件复印件；⑥有关客户、供应商、参考资料的清单。

知识点 2　创业计划中的信息搜集

1. 观察法

观察法分为直接观察法和实际痕迹测量两种。所谓直接观察法，指调查者在调查现场有目的、有计划、有系统地对调查对象的行为、言辞、表情进行观察记录，以获得第一手资料，它最大的特点是总在自然条件下进行，所得材料真实生动，但也会因为所观察的对象的特殊性而使观察结果流于片面。实际痕迹测量是通过某一事件留下的实际痕迹来观察调查，一般用于对用户的流量、广告的效果等的调查。例如，企业在几种报纸、杂志上做广告时，在广告下面附有一张表格，请读者阅后剪下，分别寄回企业有关部门，企业从回收的表格中可以了解在哪种报纸杂志上刊登广告最为有效，为今后选择广告媒介和测定广告效果提供可靠资料。

2. 询问法

询问法是将所要调查的事项以当面、书面或电话的方式向被调查者提出询问，以获得所需要的资料。它是市场调查中最常见的一种方法，可分为问卷调查、面谈调查、电话调查、邮寄调查、留置询问表调查五种。问卷调查是最常见的方法，它具有全面、准确和易于统计分析等特点。面谈调查能直接听取对方意见，富有灵活性，但成本较高，结果容易受调查人员技术水平影响。邮寄调查速度快，成本低，但回收率也低。电话调查速度快，成本最低，但只限于在有电话信息的用户中调查，整体性不高。留置询问表调查可以弥补以上缺点，由调查人员当面把问卷交给被调查人员，说明方法，让其自行填写，再由调查人员定期收回。

3. 实验法

这种方法通常用来调查某种因素对市场营销量的影响。它是在一定条件下进行小规模试验，然后对实际结果做出分析，研究是否值得推广。它的应用范围很广，凡是某一种商品在改变品种、品质、包装、设计、价格、广告、陈列方法等因素时都可以应用这种方法，调查用户的反应。

典型案例

案例 1 做好创业计划再行动

小王从某高职院校毕业后从事了多年的销售工作，业绩很好。过了 30 岁，原来一心想创办自己的企业的他，盘算着自己已经有了一定的积累，心中创业的火苗燃烧得更旺了。于是，他决定为自己打工，实现自己的人生抱负。

说干就干，小王首先梳理了自己各方面的条件，寻找创业方向和项目。小王从事了很多年的销售工作，掌握了一个国内销量比较好的葡萄酒的进货渠道，而且自己也有不少朋友在酒店工作，他可以做中间供货商，为酒店提供酒水。小王心想，有资金、有渠道、有销路、有人脉、有经验，搞这方面的创业，想不赚钱都难啊，而且自己也会多了更多的时间陪家人。

小王和妻子商量，并将自己的计划讲给她听，希望妻子能支持自己创业。小王的妻子听了也很高兴，既为小王的进取心而高兴，也为创业成功之后的美好未来而激动。但她还是有点不太放心，于是让小王去咨询一下专业的创业咨询师。小王心想妻子担心得有点多，自己这个思路已经很完美了，但为了避免妻子唠叨，还是去了。

在和小王交谈之后，咨询师认为小王作为创业者，有销售和管理的经验，实战经验较丰富，也有低价高质的进货渠道和稳定的销售渠道，创业成功的可能性很大。但交谈中咨询师感到小王的情绪十分高涨，对创业的情景估算过于理想，尤其大大高估了酒店的酒水消费能力，对回本的周期估算不现实；此外，小王并不是十分熟悉葡萄酒代理行业的行规，没有考虑到资金的周转情况，导致小王对起步资金的估计存在较大偏差。咨询师帮助小王分析了创业项目存在的种种问题，让小王先写出一份创业计划书，并做好创业风险评估，以确保项目顺利实施。

分析点评

作为一个经验和资历丰富的创业者，是否还需要做创业计划书呢？从小王的案例来看，答案是肯定的。无论是有多年从业经验的“老人”，还是刚刚走出大学校门的“雏鸟”，在创业这件事情上，他们都是新手。创业计划书能帮助创业者重新审视自己的创业项目，通过梳理与撰写创业计划书，为创业团队明确纲领，清晰辨识创业风险，发现并弥补创业资源的不足，从而提高创业成功的概率。

案例 2　张华的创业计划

张华毕业于某名牌大学，经过多年的业余研究，他在室内环境污染治理方面取得了一项重要突破，这项技术如果在实际中得到应用，前景非常广阔。于是张华便辞去原来的工作，准备自己创业。但是，由于多年的积蓄都用在了室内环境污染治理的研究上，在七拼八凑注册了一家公司后，他便没钱购买原材料了。无奈之下，张华想到了风险投资，他希望通过引入风险投资走出困境。

为了引入风险投资，张华经过多方联系，与一些风险投资机构和个人投资者进行了会谈。在这些会谈中，虽然张华反复强调他的技术多么先进，应用前景多么好，并拍着胸脯保证投资他的公司回报绝对低不了，但却总是难以令对方相信。而投资人问到的许多数据，如市场需求量具体有多少，一年可以有多大的销售量，投资后年回报率有多高，他也没有办法提供。此外，张华的公司在招聘技术骨干时，也遇到了同样的难题，因为应聘者也无法了解公司，所以对公司的前景也同样缺乏信心。

这时、曾经在张华注册公司时帮助过他的一位做管理咨询的朋友的一句话点醒了他，“你的那些技术有几个人投资者搞得懂？你连一份像样的创业计划书都没有，怎么让别人相信你？投资者凭什么相信你？”于是，在向相关专家请教咨询后，张华又查阅了大量的资料，然后静下心来，从公司的经营宗旨、战略目标出发，对公司的技术、产品、市场销售、资金需求、财务指标、投资收益、投资者的退出等方面进行了分析和论证。当然，在这个过程中，他还得不时搞一些市场调查，一个月后，他带着创业计划书初稿向几位专家请教，在相关专家的指点下，他又对创业计划书进行了修改和完善。凭着这份修正后的创业计划书，张华不久就与一家风险投资公司达成了投资协议，有了风险投资的支持，员工招聘问题也迎刃而解。

现在，张华的公司经营得红红火火，年销售利润已达到500万元。回想往事，张华感慨地说：“创业计划书的编制与我搞的环境污染治理材料要求差不多，绝不是随便写一篇文章的事。编制计划书的过程，就是我不断理清自己思路的过程。只有企业家自己思路清楚了，才有可能让投资人、员工相信你。”

分析点评

在本案例中，张华作为一个具有非常好的市场前景的实用技术的开发者，其创业优势是十分明显的。但是，在他前期融资过程中，由于缺少可靠的证明材料，甚至没有一份像样的创业计划书，投资者根本无法判断他的项目是否可行，因此也不可能为其投资。

在现实生活中，像张华这样的“工科男”其实很多。他们有过硬的专业本领，有自己的专利技术，有火一样的创业热情。但对如何创办企业，如何吸引风险投资，却缺乏起码的了解，对创业计划书也缺乏应有的重视。

张华后期的创业成功证明，他的创业项目是可行的。他初期融资屡受挫折的原因，就在于他缺少一份像样的创业计划书。对大多数创业者来说，一份具有可行性的创业计划书，是融资最起码的条件。而创业计划书的撰写过程，也是创业者了解市场和对创业项目进行更深入思考的过程。

案例3　只有一页的创业计划书

产品名称

“发酵罐气流能量回收”。

产品关键词

专利产品　国内空白　年节电100亿度 政府强力推广

公司简介

我公司成立于2005年8月，从事节能节电业务，拥有自己的技术与知识产权，包括电机节电器技术，发酵罐排放气流压差发电的多项专利。

项目简介

发酵罐排放气流压差发电与能量回收：发酵罐是药厂与化工企业普遍使用的生产工具，用量非常大，如华北制药、石药、哈药这样的企业，每家企业使用的大型（150吨以上）发酵罐均在200台以上。因生产需要，发酵罐前端需要压气机给罐内压气，压气机功率一般在2000千瓦~10000千瓦，必须24小时运转，每年电费在900万~4000万元，如果要满足发酵罐生产，就需要多台压气机工作。所以，压气机耗电通常是这些企业很大的一项费用支出。经发酵罐排放的气流仍含有大量的压力能浪费在减压阀上。如安装我公司研制的“发酵罐排放气流压差发电与能量回收”装置，可以回收压气机耗费电能的1/3左右。

同行简介

目前该技术国际统称TRT，应用于钢厂的高炉煤气压力能量回收。主要的供货商有日本的川崎重工、三井造船，德国的GHH，国内的陕西鼓风机厂。年销售额达到20亿元以上。

进展简介

本项目关键技术成熟并已经掌握，我公司已经与某制药集团达成购买试装与推广协议，项目完成时，预计可以在该集团完成5000万元以上的销售。

优势简介

1. 我公司已申请该项目的多项专利。

2. 市场中先行一步，属市场空白阶段。

3. 符合国家产业政策。温家宝总理亲自担任节能减排小组组长，要求各地政府落实节能减排指标。该项目属于节能减排项目。

4. 各地方政府有节能奖励：如“三电办”有1/3的投资补贴，制药集团可获得约1600万元政府补贴。

5. 可以申请联合国CDM（清洁生产）资金（每减排1吨二氧化碳可以申请10美元国际资金，连续支付5年）。制药集团可每年节能6000万度，减排二氧化碳6万吨，可获得国际资金支持300万美元。

用户利益

1. 减少电力费用支出。以某制药集团为例，如全部安装该装置，一年可以节约电费 3000 万 ~36000 万元，收回投资周期少于 2 年。

2. 很少维护，无须增加人员，寿命在 30 年以上，可以为用户创造 15 倍以上的价值。

3. 降低原有噪声 20 分贝以上，符合环保要求。

4. 其他政府奖励。

目标用户与市场前景

本项目目前主要针对国内药厂、化工厂。从和某集团达成的初步协议看，集团内需求量约 100 套，而全国存在同样状况的有多家药厂，再加上许多化工企业也采用了相同或类似的生产工艺，这些企业均为我公司的目标市场，总市场预计在 100 亿元以上。

分析点评

促成创业成功的因素很多，也很复杂，其中有些是必要因素，有些是非必要因素。在很多情况下，创业计划书本身不是创业成功的必要因素，它的作用在于促进创业者去形成创业成功的必要因素。假如创业者在没有撰写书面的创业计划之前，就已经具备了创业成功的条件，即使没有创业计划书也能取得创业成功。这样的例子，在现实生活中有很多。

另外，就撰写创业计划书而言，虽然在一般情况下，结构完整、内容翔实、制作精美的创业计划书更容易给投资者以信任感，但在一些特殊情况下，简洁、明了的一页纸的创业计划书，也许更容易吸引投资者眼球，更容易给人留下深刻印象。当然，最终决定能否获得投资的，还是项目、团队以及创业者在前期所做的准备工作。可是，如果在投资者没有足够的时间去看所有的创业计划书时，谁的计划书能够进入其法眼，谁才会有后面的机会。

案例 4　未完成的计划

卡特里娜·布拉翁是一个自信、干练的知识女性。当花了几周时间制订自己的创业计划时，她觉得自己考虑得已经十分周详了，她确信这份计划能够说服她的叔叔——一位菲律宾知名的工业巨头——给她融资。

卡特里娜经营一份周刊，这份周刊主要关注菲律宾职业女性。周刊的阶段目标是为追求职业发展的女性提供信息。创刊号计划在 90 天内发行，其中包括的文章有《为了兴趣和收益管理你的时间》《资金管理：像专家一样行动》等，还有一个为成功女性设置的专栏，名叫“新闻女性”。

杂志还具有其他一些特点，如设置了一个问答板块来回复读者来信和要求（第一部分的问题由一组女性主管提交，她们的问题可以帮助栏目创办起来）；一个股市板块，回顾各行业和各公司，指出投资的收益和风险；一个专栏用于预测一年内的经济发展趋势。

卡特里娜的商业计划包括六个部分：概要、企业描述、生产、管理、里程碑时间表和附录。她的叔叔在回信中委婉地拒绝了她，他写道：“这份计划缺少营销、主要风险和财务这几个部分，是不完整的，我并不看好。如果你能够添加这些信息并在一个月内给我一份新的计划，我非常乐意浏览，并在10个工作日之内给你答复。”

分析点评

对大多数投资人来说，创业计划书是了解创业项目最便捷的方式。当然，对陌生的创业者，除了要看其创业计划书外，投资人通常还要通过其他方式对创业者及其创业项目进行考察。在本案例中，卡特里娜的叔叔之所以拒绝了她就是因为透过创业计划书，看到了她对将要从事的创业项目还缺少必要的准备。

卡特里娜的创业计划书是不完整的，她所缺少的内容，反映了她在了解市场、风险评估、财务分析和市场营销等方面做得还很不够。

案例5　文洁的健康信息服务创业设想

文洁是大连理工大学MBA班的学员，偶然在一个专题研讨会上，他听到了一位专家的观点：“随着中国经济的发展和人们生活水平的提高，人们在医疗卫生领域的支出增长幅度会超过经济增长速度，但是目前我们的医疗卫生支出主要发生在疾病治疗环节，人们对健康还缺乏系统的管理。”文洁是一个对市场非常敏锐的人，他也一直在寻找好的创业机会，因此他决定从健康管理领域寻找创业机会。

为了理清和证实自己的创业想法，文洁找到几个同学进行讨论，大家认为，随着人们生活水平和收入水平的提高，会有越来越多的人关注健康、投资健康和管理健康，而我们国家目前的健康服务体系，还不能满足这个需要，所以这是个很好的创业机会，抓住这个机会，能够创办一家健康信息服务有限公司。

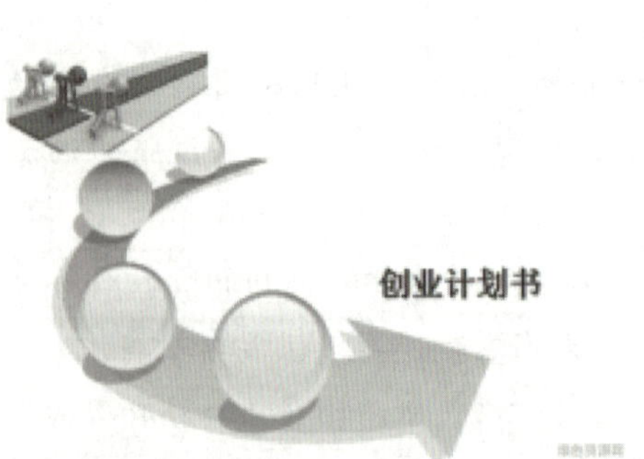

通过进一步的讨论，他们确定公司以个人健康管理和医疗健康信息服务等网络服务为主要业务。健康管理主要包括体检数据分析、个人信息管理、会员在线交流以及健康信息订阅

等内容；医疗信息服务主要包括名医在线坐诊、名院推荐、医疗健康新闻信息更新、个人健康档案等内容。公司确定在大连市高新技术开发区注册，注册资金600万元人民币。

于是，文洁找来几个有共同创业意向的同学，组建了创业团队。这些同学分别来自电子信息专业、临床医学专业、市场营销专业和财务管理专业。在组建了创业团队之后，他们对创业的基本思路进行了讨论，并开展了小规模的市场需求调研，确定了公司创业的战略目标和实现方法。

大家认为公司的业务重点，是为社会各阶层群体提供个人体检数据查询、健康信息管理、医疗电子商务等服务。公司的主要目标群体为儿童群体、白领群体、老年群体，其中与网络接触最频繁、关注家人健康程度最高的白领一族，将是公司的目标客户切入点，同时“温馨的、家庭健康管理的电子手册”是公司业务推介的核心平台。

大家对项目的实施都很有信心，认为这个项目的潜在市场巨大。创业团队还初步制订了公司发展的阶段性计划。

1. 起步阶段（1~2年）

起步阶段以体检信息管理和健康信息咨询为两条主线，通过大力宣传建立公司良好的信誉，树立公司初期的品牌，同时建立自己的数据库，积累无形资产，提升服务质量，稳定拥有一定数量的顾客群；而后树立公司的品牌形象，逐步提高公司信誉度和建立自己的顾客群。公司发展采取纵横交错的战略规划，即重点城市实行“沿海先行”战略，重点行业实行“集团推广”战略，并辅以政策先导、与体检中心合作、针对目标人群情感推介等方法进行宣传营销。

目标：实现网站点击量突破500万人次，公司的健康服务网在社会上具有一定的认同度和知名度。

2. 成长阶段（3~5年）

在起步阶段的两年中，公司已经拥有了足够固定的顾客群。他们的特点是信赖、支持公司的网站，体检意识和健康意识已经提高到了一定层次。这个时候，公司的健康数据已经积累成一种无形的巨大的财富。公司将以半年为周期对健康数据信息进行分析，并以此为主打将分析报告推荐到医院、体检中心、保健品公司等需要医疗信息的相关产业。同时，公司会在网站上长时间无偿地提供医疗信息资源的共享，包括日常健康护理、医学常识介绍、每日天气分析和预报、健康小提示、名院优势资源推荐等板块，长期并及时地为公司的目标人群提供积极的服务，以进一步提高会员和目标群体对公司网站的依赖感和忠诚度。

目标：进一步提升知名度和信誉度及服务质量；推出多个领域的服务，进一步提高点击率；随着点击率、关注总人次的稳步提高，逐渐成为健康管理产业最大的信息提供商。

3. 扩张阶段（6~9年）

扩张阶段，在继续扩大网站知名度、吸引更多人群关注的同时，公司将开展电子商务业务。公司的盈利点在与医疗卫生事业相关的商业领域，如保险业、保健品业、医药行业等。公司将根据实际情况选择合适的公司签订协议，向消费者推荐安全性好、信誉度高的保险、保健品公司，同时也收取一定的广告中介费；公司还接受部分杂志和医疗机构的申请，为其担任网上宣传和资料订阅的中介，向客户推荐质量较高、信誉有保障的医疗信息。

目标：公司将以大连市为中心，辐射状地进行业务拓展，将健康管理的理念推广到全国。利用市场知名度和信誉度，实现领域内容多元化，拓展市场空间，扩大市场使用率，以高科技参与国际竞争，适时地进入国际市场。

公司在追求规模扩展的同时，也注重核心技术的提升，以及内在资源的优化配置；同时注重大量信息资源的整合处理，使有价值的信息资源成为公司中期发展的一个宝贵的盈利点。因此，公司将在适时优化组织结构，调动市场部以扩大用户群体的同时，与更多关注群体健康信息的企业（如保健品公司、保险公司）展开信息领域的转让、合作。公司高层领导还将警惕长期高速增长有可能给公司组织造成的脆弱环节和隐藏的危机，对成长进行有效的管理，促使公司更加灵活、更为安全、更为有效地发展壮大。

当文洁拿着创业团队的项目设想和阶段发展方案去找MBA创业课程的主讲教师薛教授讨论时，薛教授建议他们先进行详细的市场调研并撰写一份创业计划书。在和薛教授讨论后，创业团队开始着手讨论如何制订一份有价值的创业计划书。

分析点评

在本案例中，文洁作为一名MBA班的学员，具有较强的创业意识和敏锐的机会洞察能力。从案例的描述中可以看到，文洁对居民健康消费需求变化的宏观把握是比较到位的，行动意识、行动能力以及组织管理能力也很强。但是，作为一个初创企业的发起人和领导者，他对创业风险和创业困难的估计明显不足，其市场调查的广度和深度也明显不够。其团队成员的专业结构虽然比较合理，但从他们对创业前景的判断和所制定的阶段性计划中可以看出，这是一个缺乏实际经验的知识分子团队，他们对创业的认识，基本上还停留在书本层面。

案例6　创业项目为何只是纸上谈兵

1. 专家看好，市场冷遇

在某年举办的全省挑战杯创业设计大赛中，浙江师范大学计算机专业学生杨傅军等人的“网上公墓”项目夺得大赛一等奖。随后，杨傅军等人启动了创业，但没想到的是，当初调研充分、设计完善、大家一致看好的创业项目，在正式运作几个月后，就陷入了困境，不少团队成员中途放弃离开了。

杨傅军的“网上公墓”项目，主要是通过创建网站为人们提供网上祭祀服务，除了纪念逝去的亲友，还包括情感祭祀服务、宠物祭祀服务和名人祭祀服务等。在创业设计大赛中，这个点子让评委眼前一亮。大家认为，随着生活节奏的加快和社会形态的变化，传统的纪念方式将发生改变，“网上公墓”具有很大的市场开发潜力。

8月，拿着向朋友借的5万元，杨傅军等人创建了网站，租了一个网站服务器。杨傅军说，除去做网站和租服务器的费用，5万元的创业资金所剩无几。因为没钱做广告，他只好到新浪、天涯等各大网站论坛去发帖，并继续为项目寻求资金支持。

2. 创业项目大多停留在纸上

这些年，“创业”是大学校园中的热门词汇，各类创业设计大赛蓬勃开展，参与人数呈现明显上升的趋势。不过，绝大多数创业项目仅仅停留在理论阶段，有些大学生只是抱着参赛的目的设计项目，甚至有的就是为了拿奖，以便为将来就业增加砝码。

杨傅军早一期参加全省挑战杯创业设计大赛的朱涛和其团队，凭借一个餐饮经营创业项目获得了一等奖。但朱涛表示，除了自己和一名成员是真的有志于自主创业外，其他人只是想参与一下，并没有创业的准备或打算，创业项目在比赛后基本就封存了。

3. 不要轻易浪费优秀创意

那么，是什么阻挡了大学生创业的脚步呢？不少大学生表示，启动资金是最大的困难。

浙江师范大学生化学院大四学生韩伟琴的奇灵化工项目，利用化学药剂清洁污水，使水资源得以循环利用。这个项目曾在全国创业设计大赛上获得铜奖，并已申请国家专利。之所以仍是纸上谈兵，是因为仅设施投入就需要几百万元，这对于一个普通大学生来说，无疑是无法获得的巨额资金。其实除了自主创业，还可以转让专利，与企业展开合作，令人遗憾的是，企业对大学生创业项目的关注度并不高。

分析点评

根据以上案例可知，大多数参与创业设计大赛的创业项目只能是停留在纸上，无法实现，不能验证其可行性，或者实践之初便遭遇挫折。其原因有三：

一是创业项目的设计只有创意而无准备，既没有创业前的市场调查，也没有创业时的资源应对，对于创业风险估算不足。

二是缺少志同道合的创业同伴，编制创业项目的目的是得奖而非创业，创业项目得不到同伴的支持，不可能取得成功。

三是没有有效的融资渠道，在没有投资者投资的情况下，项目无法启动。

从根本上说，以上创业项目之所以无法落实，就是因为其创业项目的设计存在缺陷，大学生参与创业项目，只是提出了“点子”，而没有为这个“点子”的落地做好计划准备。因此大学生在准备创业或者创业之初，要做好创业计划，全盘考虑各个要素，不仅把目光放在自己的产品上，还要认清创业的外部环境、评估机会风险、组建和谐团队、关心管理与运营，从而获得外部投资者的认可与支持，让自己的优秀创意插上腾飞的翅膀。

互动空间

创业计划融资展示

情境设定：

如果你的小组有了一份创业计划，或者找一份自己比较熟悉的创业计划书，认真研读和思考，确保自己掌握了项目的所有信息，然后凝练出创业计划的所有要点。

现在，你要代表这个创业项目，去面见投资人。而投资人比较忙，仅给你3分钟时间陈述你的项目计划。你会如何设计这3分钟的第一次融资沟通呢？你准备用什么样的方式和策略，去打动投资人，引起投资人的兴趣，从而获得融资机会呢？

模拟步骤：

1. 准备一份3分钟的展示材料和演讲稿。
2. 寻找指导老师和创业项目相关权威人士，扮演投资人。
3. 利用3分钟的时间，充分展示你的风采。
4. 征询“投资人”意见，聆听其感受和点评。
5. 总结发言信息，进一步思考，改进计划书。

他山之石

检测商业计划书是否合格的11条标准

1.“电梯”测验

你能在大约上一层电梯的时间里，用最多两个短句告诉我你的生意如何获利么？电梯测试是广为人知的电梯销售演讲的变本。你需要一个“电梯商业演讲”。为什么？因为你必须清楚自己要如何赚钱。这个简单道理看似不言自明，但实际上很多企业刚成立时关于如何最终盈利的概念非常模糊。所以，商业计划必须简单明了。

用来检验新公司的一个测验就是看公司被解释的难易程度。如果一个人能在他的名片后面概括他的公司计划的话，通常意味着他能向员工、顾客和利益相关者描述公司的目标。一份需要一段文字或者10分钟来解释的商业计划是含糊不清的。

2. "最多三件事情"测验

成功有赖于创业者将其能力集中在有限的几个关键领域的能力。当你审视一个商业创意时，你需要问自己如下问题：这里决定我成功的三件事是什么？下一个显然的问题就是我具备在这个范围内成功的必备能力吗？如果没有，如何获得？

3. "假如你是顾客"测验

把你放在潜在顾客的位置上，问你自己一系列的问题：

在已有选择的基础之上，我会买这个公司的新产品和服务吗？

如果是，为什么？

作为一个潜在的买家，我是独一无二的吗？还是很多人和我一样？

我会以现在的全价购买产品和服务吗？

购买服务有多快？多容易？我会立刻购买，还是先了解一下？然后，回到企业家的角色，问：现在的商业计划允许适当的时间和精力吗？

从这时开始，你必须去找潜在顾客，现场收集实际市场经验。

4. "差异化和市场领导权"测验

无论何时有人说"这是一个巨大的市场，我们只需占有一小部分就能成功"，赶紧转身离开，远走高飞，不惜一切代价避开这个陷阱！成功需要你的生意与众不同并能统治一些东西，当小池塘里的大鱼比当大海里的小鱼要好得多。

定义你的市场——即使它只是一个更大市场的一小部分——这样你才有与众不同之处吸引这部分顾客，让你统治这个领域。与众不同者必胜，千篇一律者必败。

5. "我会被包围吗"测验

在创业之前，你必须估计很常见的现象带来的风险，以及妨碍你长期成功的可能性。公司要有一些结构特性让供应商和合伙人难以竞争，从一开始你就要考虑你是否能有效构建你的公司，阻止合伙人和供应商复制你向顾客提供价值的企图。

6. "成本翻番"测验

正像电梯演讲测验一样，"成本翻番"测验也广为使用。本质上是这样的：你预料到会出现问题，每件事都比预期的费用要高，通常需要更多的时间实现收益流。这个测验检查你犯错误的回旋余地——很显然余地越大越好。看一下你的利润计划（你预期的花费、预期收益、取得收益的时间），问你自己如下的问题：如果成本翻番，这还是一份好的商业计划吗？如果第一年的收益只有预期收益的一半，成本又翻番，这还是一个好创意吗？

7. 留下“犯错误试验的空间”测验

好的商业创意通常留给你很大的犯错误的空间。并且，你最后挣的钱不一定来自打算挣钱的地方，所以留下试验的空间。在你投入时间和精力检测你的公司前使用这个测验最有价值。一旦你已经完善了你的业务模式——继续白天工作的同时——你就没必要选择如此大胆的假设，因为你的亲身体验告诉你什么管用。

8. “依赖性”测验

任何公司的重要风险来源之一就是对某个供应商或者顾客的巨大依赖。首要法则就是单一顾客不能占据一个公司销售额的35%。所以，问问自己：如果环顾四周，我的公司是否严重依赖某个公司呢？如果答案是肯定的，有办法减少这种依赖性或者减轻潜在的损失吗？如果你打算创立的公司严重依赖某个公司，要考虑如下两个问题：这种依赖性会榨取我的利润吗？如果我依赖的公司停业或者不再同我做生意，将会发生什么事情？要花时间仔细构思一个详细的权变计划，用笔写下来。你或许从来不用它，但是写下来，你强迫自己真正思考这个问题，你什么时候需要就能马上找出来参考。

值得注意的是：在当今激烈的竞争环境中，不幸的现实是公司不再像以前那样具有同样的价值了。过去，一个公司在一年中获得特定收入，下一年（管理良好的情况下）也会得到类似的收入。今天，很有可能没有持续创新，一个公司的收入将迅速逐年下滑。当今的买家要购买的是一个能够不断自我更新的平台，而不是一个一成不变的东西。

9. “多股收入流”测验

尽可能控制你的风险。控制风险的传统方法之一就是多样化。涉及公司收入，这就是说公司从多个来源获得收益的能力。

10. “脆弱性”测验

“脆弱性”测验，或者说用来分析商机的“最坏的情况是什么”的方法，是在开始时问这样一些问题：如果公司开业运转了，什么事情会让我的公司瞬间倒塌？我如何预测现有的和潜在的竞争者对我的公司做出的反应？是否有竞争者，作为对我这个潜在威胁的反应，有能力将我的公司立刻扫地出门？为什么现有竞争者不会对我的进入作出反应？

11.“不只是一条路”测验

创始人找到了迅速低成本扩大产品线的方法。这种低廉简单的测试并启动新产品和服务的能力通常反映了在职经验，但仍然有可能在启动公司之前了解能否并如何扩大你的产品线。如果你的公司——或者你将使用的技能——能够灵活地朝多个方向发展，你将更有可能成功。但是如果你知道你正在启动一个只有一条路可走的公司，那么停下来，反复思考，你没有多少犯错误的机会。

Chapter 8

管理新创企业

创业箴言

成长是企业生存所必需的。

——彼得·德鲁克

我们创立微软的时候，丝毫没有要把它发展成一个大公司的想法。是我们所看到的远景预示了它将成为一个大公司，但是我们还是用最谦卑的态度，一步一步地来。之所以选择这个领域切入，是因为我们喜欢，而且对此很兴奋。

——比尔·盖茨

核心知识

知识点 1　新企业财务管理

1. 财务管理的基本内容

（1）投资管理。投资管理包括认识投资评价基本要素、把握投资时机及控制投资规模等内容。

（2）筹资管理。创业筹资是创业者根据创业计划，通过不同渠道筹集资金的过程。筹资渠道是指筹集资金来源的方向与通道，反映出资金的源泉和流量。对于新创企业来说，有足够的资金是其进行一系列经营活动的先决条件。因此，如何拓展筹资渠道对创业公司的发展至关重要。

（3）利润分配管理。利润分配是指企业按照国家财政金融法规和企业章程，对所实现的利润总额在企业与国家之间、利润分配各项目之间、所有投资者之间进行的分配。

2. 财务管理的基本环节

财务管理虽然复杂，但只要把握如下七点，就可以做好财务管理工作。这七项工作要落到实处，做到财务管理“心中有数”，切忌含糊不清。

（1）制定财务制度。财务制度是企业组织财务工作、实行财务监督的依据，也是企业和所属各部门进行生产经营活动的规范，是企业处理财务关系的准则。

（2）进行财务预测。财务预测要求提高财务工作的预见性，避免盲目性，保证生产经营活动的效益。通过财务预测，提出生产经营活动各方面的财务目标、完成目标的措施保证，使生产经营活动沿着高产量、高质量、高效益的方向发展。

（3）编制财务计划。在财务预测的基础上编制财务计划，不仅可以使经营财务目标进一步具体化，也可以使财务计划指标具有更为充分的依据，提高计划的科学性和现实性。

（4）办理会计核算。企业经营活动和资金收支情况可通过会计核算系统得到反映。财务管理要依靠会计核算提供的资料，观察、了解资金的使用情况，分析、研究资金使用的效益，检查、考核资金使用的合理性和效益性。

（5）组织日常管理。日常管理是体现财务监督职能的主要形式。企业要通过日常管理，强化财务管理的监督职能。

（6）开展财务分析。财务分析是企业财务管理的重要环节。财务分析主要围绕财务计划指标的完成情况，对企业生产经营活动中资金收支的合法性、经营的效益性进行分析，即通过分析过去，指导未来。财务分析工作要经常化、制度化。

（7）实行财务检查。财务工作除了经常性的管理和监督外，还需要定期组织财务检查，以总结财务管理的经验，揭露管理中的漏洞和薄弱环节，提高企业遵纪守法的自觉性。

知识点 2　新企业营销管理

1. 产品差异化切入

如何扬己之长、避己之短是企业创业期制胜的关键。企业创立之初就要认真研究市场机会，拓展产品和市场的边界，从广阔的行业市场中寻找最适合的消费者群体。创新市场需求，从满足需求的角度去认识产品，创新产品价值，寻求自身特色和优势。新企业在制定产品策略的过程中必须要有清晰的产品上市思路，即企业先上什么产品，下一步再开发什么产品，产品结构升级的战略地图如何描绘。尤其是对于最初上市的产品，在产品决策之前必须有所了解：产品的哪些特质满足顾客的需求；哪些顾客接受本企业产品；产品在哪些方面优于市场竞争对手；产品制造的可行性、收益分析及市场前景如何。作为一个新企业，必须集中所有的优势和资源，力求在个别产品上打开市场缺口。

2. 制订市场覆盖计划

新企业一定要选择重点区域市场作为根据地进行大力开拓，不要试图一开始就建立全国性的营销网络。一般要优先选择若干价值高、有实力、成长性好、行业影响大、地理位置优，或者原来有关系的客户。要根据客户特征对每一个客户制定专门的销售策略，要发挥集体的力量来制定销售策略，发挥企业员工的聪明才智，建立整个公司的营销理念和销售流程。在对客户的选择上，新企业也应该区分识别，建立客户信息处理机制，进行分类分级管理。有些客户是不能直接给新企业带来经济回报的，但却可以帮其打开行业的大门，积累行业经验和品牌；有些客户虽然利润不高，但采购需求真实，财务和市场状况良好，在经济萧条期仍然能支持新企业；有些客户虽然利润很高，但财务状况不良，风险较大。

3. 寻找有效的促销支点

促销是企业的营销人员通过各种有利于销售的沟通方式如人员推销、广告推销、营业推广和公共关系等方式，针对目标顾客及其消费行为进行有效引导，促成购买的活动。一般有两种方式：一种是人员推销，即直接方式；另一种是非人员推销，即间接方式。新企业大部分面临的问题是产品及其品牌不为消费者所认知，更谈不上企业被社会认知。如何利用现有资源使有限的广告费用变得切实有效是企业经营者面临的共同问题。这就需要营销者在有效使用广告费用的同时，能灵活运用各种广告宣传工具进行企业宣传，如开展事件营销、选择有实效的赞助方式、撰写软文、选择合适的媒体投放、充分发挥关系网络和互联网等各种资源的作用等。一个有创意的促销策略，能够起到意想不到的作用。新企业因其人力、财力等资源相对匮乏，应选择投入小、见效快的有创意的促销策略。

4. 注意把握渠道效率与风险的平衡

新企业要根据产品的特质选择不同的营销渠道模式。一般情况下，服务业因其服务的提供与消费之间不需要通过中间商而选择直接渠道。工业品销售也采用直接渠道，它可以根据用户的特殊需要进行加工、安装，同时便于用户掌握产品的特性、使用功能和方法，减少产品不必要的损耗，降低流通费用，能够掌握价格的主动权。而消费品的主要销售方式为间接营销，通过中间商进行销售，可以节约流通领域的人力、物力、财力和时间，降低销售费用和产品价格，同时可以集中精力积累生产技能，扩大流通范围和产品销售，对于生产者和消费者均有利。如饮料制造商的产品主要通过超市、社区便利店、加油站、报刊亭、快餐店、娱乐场所等与消费者连接，很显然它的营销渠道属于宽渠道模式。劳力士手表属于奢侈品消费，一般通过专业珠宝店特许经销，属于窄渠道模式。窄渠道营销因生产者与消费者之间的中间环节少，产品可以迅速到达消费者手中，企业能及时地了解消费者需求，便于企业调整决策，较好地控制产品营销过程。如对售前及售后服务有特殊要求、技术性强、保险要求高的产品应选择较窄的渠道，而对于标准化程度较高且单价较低的产品则应选择宽渠道。

新企业应根据产品的属性，如价格、技术性、内外部特性等，还有市场因素，如包括潜在消费者在内的消费者的分布、数量、购买习惯及购买批量，企业的资金、销售能力以及竞争者状况等方面因素，综合分析选择适合自身产品的有效的、可控的营销渠道。

5. 打造精干高效的营销队伍

无论是营销任务的推进还是渠道的构建，新企业的营销能力都是影响和制约企业能否快速发展的重要因素。因此，必须有效开展全员营销计划，凝聚队伍，树立企业良好的形象，获得广泛的社会认同。这就既要吸引有行业经验的专业人士，同时需要引进拥有良好社会关系的市场开拓人才，在搭建营销队伍的同时，要注重队伍的整体质量。

知识点 3　新企业人力资源管理

1. 有效激励，吸引人才

新企业应根据自身企业所处行业的特点以及战略发展定位，明确企业的竞争优势方向，确定关键人才的类型与稀缺程度，设计有效的激励政策。例如，可以采用高额的远期风险收入吸引人才。新企业由于资金资源的限制可能导致企业的薪酬水平不具有较强的竞争力，那么可考虑通过风险收入和远期收入来吸引人才，一般可采用投资入股、给予股票期权等形式。同时，充分挖掘和利用感情留人、事业留人等激励政策的潜力，增强企业的和谐文化，注重关键核心人才的职业生涯发展，建立关键核心人才的归属感和成就感。

2. 专业规范，提高效率

企业可以根据自身的实际情况，通过在企业内部设立专人专职或者采取人力资源管理外包方式灵活实现企业的规范化人力资源管理。这两种方式都能确保管理的规范性，由于专业人员对人力资源管理相关法律和法规、人力资源管理工具和方法把握得较为准确，制订的人力资源计划以及日常管理工作都能够符合本企业的利益。此外，通过适时的人力资源管理诊断，也能及时在日常管理中发现问题和解决问题。

知识点 4　新企业风险控制与化解

企业在不同的发展阶段所面临的风险不同，尤其对新企业更需要针对不同情况采取最优的风险控制措施，化解风险，降低风险带来的损失。

风险是客观存在的，成功的企业不会被动地承担风险，而是积极地管理风险。同样，不是所有的风险对企业都造成相同的危害，如果试图避免所有的风险，那么企业就无法将产品或服务推向市场。因此，新企业在其成长过程中必然要遇到各种挑战及风险。风险发生后，新企业应运用合理的资源迅速识别，并通过对风险控制的成本分析、风险的损失评估，选择有效策略控制和化解风险以达到降低风险损失的目的。

风险控制和化解一般要经过以下几个步骤。

第一，成立风险应对小组，合理分工，快速展开工作。新企业在风险发生的第一时间，必须组织相关工作人员成立风险应对小组，针对发生风险的种类和实际情况，分工协作、讨论制订合理有效的风险解决方案。

第二，收集资料、了解情况，明确风险控制目标。在收集资料和信息的基础上，快速进行风险识别，认知风险源，并对可能的风险损失和影响进行评价，明确控制目标。

第三，制订风险控制解决方案，估算风险控制预算。

第四，积极开展相关的公关活动，与政府部门及其相关企业、单位和组织加强沟通，增进相互理解，注重宣传和及时地披露信息。

第五，及时开展风险控制效果评估，对阶段性的风险控制进行分析总结，调整和完善风险控制解决方案。

成功的企业不仅要善于总结自己的经验，同时也要能借鉴别人的教训。不同的企业、同一个企业在不同的发展阶段将面临不同的风险，对于新企业而言更是如此。其一，对于面临的风险，要进行有效的分类，找出导致企业失败的关键风险以及对企业有影响但能控制并消除的一般风险，确定风险的轻重缓急，有计划地进行控制、化解风险。其二，科学地评估风险及其影响。新企业在其快速成长过程中，必须避免制订不切实际的目标或不惜代价地追求市场规模，尽可能了解市场的不确定性因素，否则将导致企业承受重大的损失。其三，加强资金管理，有效使用资金，“钱要用在刀刃上”，新企业要高效利用有限资金提升自身的竞争优势。其四，建立有效机制，加强企业内部控制，提高企业应对风险的能力。

典型案例

案例1 贝贝云的畅想

罗小钊，2009年毕业于南京财经大学经济系，系阿里巴巴B2B销售类岗位第一批大学校园招聘生；2011年年初离开阿里巴巴，与朋友在北京创办爱一起乐网——专注于游乐园领域的旅游资讯平台，由于资源合作伙伴的变故项目终止；2011年9月加入雅座在线，负责江苏区域的市场拓展，建立苏州、无锡办事处；2013年年初，创办老榕树网站——邻里生活服务平台。在邻里社区网站项目的市场拓展中，创业伙伴们发现：由于中国国情的特殊性，现代邻里之间交流的触点主要在于小孩和宠物，家长尤其是孩子的爷爷奶奶非常关心孩子在幼儿园的生活状况；而幼儿园既是小孩的聚集地，也是对家长们具备高黏性的重要社区。因此，基于原有的互联网社区思路和用户触点思维，创业伙伴们意识到了连接小孩及家长的幼儿园信息服务平台存在着巨大的商业价值。在对该领域大量的市场调查基础上，他们确立了以幼儿园为基础、以宝贝成长为核心的幼儿园家长社区服务平台的思路。

三位共同创办老榕树网站的创业伙伴，开始创业项目的原型设计和寻求天使投资人。在这一过程中，已与罗小钊熟识多年的王翱听说了这个项目的想法后非常感兴趣。王翱2000年毕业于东南大学，创办了多家贸易及工程类公司。经过反复的考察、调研、交流，2013年年底，几位创业伙伴与天使投资人王翱共同启动了Babyun项目；2014年2月，注册南京贝贝云网络科技有限公司，王翱作为公司种子期投资人，罗小钊任公司总经理。

在公司成立之初，创业伙伴们敏锐地意识到：在互联网发展的现阶段，在一个垂直的细分领域，单纯的互联网工具类产品很难取得持久的生命力，必须深入结合幼儿教育行业的特性，才能真正推动移动互联网技术在幼儿教育领域的改造。于是，在大家共同的努力下，公司顺利地与南京师范大学教育科学学院达成战略合作伙伴关系，这样，一方面可以确保产品的开发方向符合幼儿教育行业的需求；另一方面也能够使得公司较快地获得市场的认可度和信任背书。2014年4月，Babyun1.0版本上线，公司也组建核心团队，招募首批员工，在南京5家幼儿园进行产品内测，经过市场反馈，不断调整产品，并着手Babyun2.0版本的开发；2014年5月，公司开始组建杭州办事处，并拓展杭州市场；2014年8月，组建合肥、福州、青岛办事处；2014年9月，Babyun2.0版本上线，签约幼儿园数突破100家，陆续组建运营团队和市场团队；2014年11月，签约幼儿园数突破200家，同时启动融资；2014年12月，完成首轮数百万人民币的pre-A轮融资；截至2014年年底，实现签约幼儿园350多家，并覆盖江苏、浙江、安徽、福建、山东五个省份，同时开始推进湖南、湖北、广东、上海等省市的市场拓展。

分析点评

企业从创立之初到其摆脱生存困境，并步入规范化管理这一过程，如果按照企业“初创、成长、成熟、衰退”的四阶段生命周期来看，新企业显然是指处在生命周期第一个阶段的企业，这时企业首先要考虑的问题是生存下来。由于新企业立足未稳、实力较弱，加上企业内外部环境变幻莫测，企业必须十分重视各项管理决策工作。因此对于新企业而言，此时最为重要的就是认知企业存在的主要风险，通过有效的市场营销管理、财务管理和人力资源管理等职能手段规避和化解风险，积累相关资源，加快企业进入快速成长期。

案例 2　迅雷公司的起步

2002 年，迅雷的创始人程浩和邹胜龙开始共同创业时，选择的项目是电子邮件的分布式存储系统。当时电子邮箱开始收费，邮箱容量也越来越大。不过电子邮箱的存储市场并没有他们当初设想得那么大，两三个月后公司陷入困境，两人商量转型。程浩发现，门户、邮箱、搜索、即时通信、下载五个领域，其他的都有主流提供商，唯独下载没有，但用户对于大容量文件，如电影、网络游戏有巨大的下载需求，于是程浩和邹胜龙决定研发迅雷软件。迅雷软件采用基于网格原理的多资源超线程技术，下载速度奇快，但漏洞百出。为了产品能以最快的速度发布，程浩在研发过程中放弃了对产品各种细节的考究，只关注目标消费者最关心的特性。

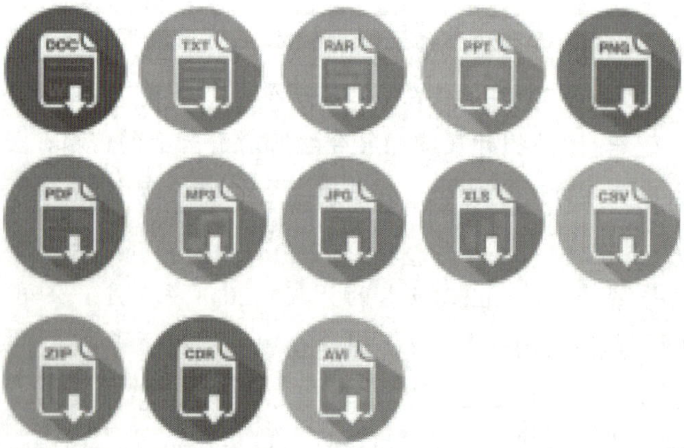

为了让用户使用该软件，迅雷公司聘请专业营销人员每月花费两三万元进行市场推广，但使用者寥寥无几。2004年中，程浩通过朋友找到了金山软件公司的总裁雷军。此时迅雷公司没有名气，雷军只是给了他一次测试的机会。测试显示，迅雷软件的下载速度是其他下载工具的20倍。于是金山软件公司同意推荐其游戏用户使用迅雷软件免费下载其热门游戏的客户端软件。在获得了金山软件公司的认同后，迅雷公司迅速和其他网络游戏厂商达成协议，新增用户量由每天不到300户增加到一万多户。半年多时间，迅雷公司拥有了300万名用户，95%由网游合作伙伴带来。有了可观的用户群后，迅雷公司很快通过广告、软件捆绑、无线、按效果付费的竞价排名广告等渠道获得了收支平衡。随即，迅雷公司也不断推出升级版本修正软件漏洞。

分析点评

与成熟公司不同，新创企业在创业初期的首要任务是在市场中生存下来，让消费者认识和接受自己的产品。

从迅雷公司的例子中我们可以看到，迅雷公司为了能快速把握住转瞬即逝的商机，在下载技术漏洞百出的情况下仍然将其发布上市，利用其速度奇快的优势抓住先机；在没有名气无法打开市场的情况下，迅雷公司不再靠高额的经费推广产品，而是借助金山软件公司的名气找到更多用户。创业初期，迅雷公司创始人不得不采取各种拼凑行为挣扎求存。然而，如果程浩和邹胜龙继续推广漏洞百出的下载软件，顾客会逐渐认识到下载软件的弊端，不但难以拓展更广泛的市场，而且会形成“迅雷软件属于次品”“迅雷公司属于低端企业”等印象。但是迅雷公司没有这样做，而是不断推出升级版本修正软件漏洞，让质量低的拼凑资源逐渐成为达到质量水平的标准资源，不断减少拼凑直到最终放弃拼凑行为，从而树立迅雷公司良好的企业形象，促进企业发展。

案例3　义工精神培养创业文化

杭州甲骨文科技有限公司位于华星路的创业大厦，该大厦是淘宝网曾经的办公地，当时除了一两层楼，其他楼层都被淘宝网“包”下了。其时甲骨文公司只有二三十人，“藏身”在淘宝网的办公楼内，嗅到的正是互联网蓬勃发展的气息。

甲骨文公司董事长顾惠波在创业10年后回忆说：“当初创业伙伴一共有8个人，现在6个都还留在公司里，其余2个去了外地发展。现在留下来的中流砥柱都是比较务实的人，能踏实地去做很多事情。所以，我们不在乎你有多聪明，更看重的是你能踏实做事，这也是我们企业的价值观。”

甲骨文公司做的是商品防伪溯源技术，公司近一半的人都是做技术的。顾惠波是学法律的，他用了很特殊的方法凝聚团队——做义工，并以此培育形成公司的文化。“每个新员工入职时都会被告之，进来后要做浙江省爱心事业基金会的义工。”

2008年，甲骨文公司以全公司的名义加入基金会义工管理办公室下属的阳光社团。甲骨文公司内部有一项加星制度：新进员工加入义工社团，就可以为自己加上一颗星；在工作上有积极表现，同样可以加星，这些星累计后，可以为自己赢得晋升机会，还能加工资。顾惠波说，当初公司选择橙色为主色调，就是希望整个团队充满激情。公司开始的时候人少，但有激情，后来人多了，反而变得缺乏激情。通过让员工参加义工活动，不仅能帮助他人，还激发了新的激情，更有价值和意义。

案例4 骨之味：中小企业该如何给员工分红

“骨之味”餐厅在厦门首创了筒骨砂锅餐厅，自2006年6月开业以来，已在闽、粤、鲁、桂、浙、苏、豫、匈牙利等开设餐厅二十余家。

当“今天，你跳槽了吗？”成为时下流行语的时候，“骨之味”连锁餐厅的员工流失率一直在50%以下。

老板罗文波也当过服务员，他带着憨厚腼腆的微笑说道：“我们采用员工入股分红的方式，让他们也能买得起房车。”罗文波说，“2010年6月至2011年6月的餐厅员工离职率是38.65%”。

盈科律师事务所合伙人孙健认为，员工持股分红仅是留住核心人才的有效方法之一，除此，尚有企业文化认同度、自主知识产权、企业成长性、商业秘密保护、竞业限制等多种积极的和消极的方法。

对人才的渴望，和如何能留住员工的问题上，罗文波也没少花心思考虑。除了改善住宿条件，提高伙食标准，对员工进行培训，物质激励，精神激励外，“一年以上的优秀员工，可以参股，从而实现年底分红。”罗文波说。

金蝶软件中小企业管理模式研究部杨白的分析显示，企业的制度建设起到一定作用时，领导者就要相对授权，要从家长式的文化转向兄长式的文化，建立员工的责任感和成就感，给予员工成长机会，增加员工收益，建立企业合伙人制度等人文理念，降低人才流动的频率。

罗文波恰是这样的兄长式领导，他无论挣多少钱，都首先想着与伙伴分享；他会去各个店巡视，甚至和员工一起接待客人。在“骨之味”工作的员工除了有机会参股，还有机会自己开门店。罗文波的经营哲学是，宁愿自己赔钱，也不让伙伴赔钱。如今，“骨之味”餐厅采用的钱滚钱模式，一个店一年利润可达 150 万元。

在“骨之味”工作的服务员小杨，今年刚刚 21 岁，她熟练地端盘子，招呼客人，自信而且神情愉悦。“我来这里工作 2 年了，去年春节，店里生意忙，我没有回家，公司给家人寄了礼品礼金。”对于小杨来说，在这里工作，不仅有看得见的升迁机会，而且是自我价值的提升。去年，小杨被评为了优秀员工，这也意味着不久她也有资格入股公司，也有机会实现入股分红。

在“骨之味”工作了四年的李福寿，已经当上了店长。“餐厅挣得多，我们也有份儿。”这四年里，住宿条件越来越好，老板还会跟他讨论职业发展。更重要的是，有了股份，“当家的感觉更强了”。

分析点评

像“骨之味”连锁餐厅这样的员工激励模式，“食味堂”“海底捞”“华为”等都在采用。其实，“分红”与“奖金”并不一定有本质差别，都是奖励，而且“分红”不一定比“奖金”高。但是，“分红”这个词绝对比“奖金”更有魅力。“奖金”的激励效果和工资差不多：不给肯定不满意，给多一点也不会提高多少满意度。而“分红”的正向激励效果明显比奖金好得多。

安德鲁·卡内基说：“带走我的员工，把我的工厂留下，不久后工厂就会长满杂草；拿走我的工厂，把我的员工留下，不久后我们还会有个更好的工厂。”这段话道出了留住人才对企业无可替代的重要性，对于新创办的中小企业而言，留住优秀员工是保证其生存发展的根本。

案例 5 善于转嫁风险的汽车巨头“通用”

近些年，通用乃至整个美国汽车业都失去了创新精神。虽然汽车新品种不少，但几乎千篇一律地打着“动力强、油耗高”的旗号。在汽车排放造成的高污染令全人类发愁，消费者倾向于高效能汽车的大环境下，这种“不节能、不环保”的策略是通用决策层的重大失误。

随着金融危机向实体经济扩散，美国人消费水平下降，汽车市场急剧萎缩，通用资金流出现枯竭。对一个企业来说，经济危机中最直接的威胁是现金流问题，它决定着企业在危机中的生存能力。但在这方面，通用又错失良机，未能像福特那样在信贷市场冻结前筹措到足够资金，最终只能看着存活的希望随着手中现金的消失而消失。

尽管如此，但通用知道自己的分量，如果它破产，就会造成新的失业大军，也会造成地区经济的滑坡，更会影响到社会的稳定。所以它理直气壮地向政府伸出了手，以负债 1728.1 亿美元，资产总额为 822.9 亿美元宣告申请破产保护。美国工业时代的象征——百年通用走向终结。

政府担保拯救陷入困境的企业，在美国并不罕见。通用公司经过事实上的国有化重组，美国政府将持有新通用 72.5% 的股份，美国总统奥巴马宣布在此前 194 亿美元援助的基础上，美国政府再次向通用注资 300 亿美元。联合汽车工人工会与通用达成旨在削减劳工成本的让步协议，从而为通用在政府的帮助下，最终渡过危机铺平了道路。

分析点评

当企业大到影响区域国计民生或虽然不大但代表着技术发展潮流时，企业面临的危机就超出了企业层面，上升为政府需要面对的事件，此时可通过将风险转嫁给政府来拯救企业。

案例 6 别了，港湾

2000 年李一男离开华为公司创办了港湾公司，并与华为公司签订同业禁止协议。做了一段华为数据通信产品代理之后，港湾公司很快将华为公司一脚踢开，推出了自己的产品。接着，华为公司北京研究所的一个研发团队集体投奔港湾公司。港湾公司挖人的手法为：除了提供高薪之外还摆出诱人的股票和期权，以及美好的上市前景。风险投资商在港湾公司先后投下了将近一亿美元的重注，希望公司能够尽快到美国纳斯达克上市。一位国际著名投资银行的高层在 2001 年公开表示，李一男是中国下一代企业家的第一人选。

李一男希望港湾公司也能像几年以前的华为公司那样高速增长，他希望港湾公司不是一家产品单一的网络设备商，而是华为公司那样的全业务解决方案供应商。当然，他本人也想成为第二个任正非。港湾公司在推出宽带接入产品并大获成功之后，急不可耐地杀入路由器、光网络等新领域，上马高端路由器，并在 2002 年年底推出了产品。这一次他确实跑在了任正非的前面——当时业界普遍认为，在数据通信领域，港湾公司要领先华为公司至少半年。

也许是认为超越华为公司的时机即将到来，港湾公司于 2003 年 12 月收购了另一位前华为公司副总裁黄耀旭创办的深圳钧天科技公司。如果之前只是像蚊子一样在华为公司这头大象身上叮几口的话，此时的港湾公司已经憧憬着正面击倒大象的时刻了：深圳钧天科技公司是一家专注于光网络的技术型公司，而光网络产品线一直都是华为公司的利润奶牛，曾经占华为公司全部利润的三分之一以上。

这使得任正非不得不对李一男痛下杀手。为了对付港湾公司，华为公司内部成立了专门的机构，并与港湾公司在每个地区、每个客户、每个订单上展开了血腥的争夺。据说，只要把订单丢给港湾公司，华为公司所在地的办事处主任就要被免职；在 2004 年某电信运营商宽带接入的招标中，华为公司将原来 1.4 亿元的投标价一口气降下了 50%，就是为了阻击港湾公司。

这是狼群中的头狼与小狼为争夺领导地位的巅峰之战，双方都使出了浑身解数。只有到了这个时候，李一男在管理能力上的欠缺才会暴露无遗：长期以来的独断专行使得他与投资人的关系日趋紧张，对投资业务的陌生又使得他轻率地与投资人签下了对赌协议；他对部下分而治之却无法掌握好平衡，各部门内斗不断；他对华为公司出身员工的盲目重用使得非华为公司出身员工的积极性备受打击；他对公司内部管理的疏忽使得公司产生了几千万元说不清道不明的坏账……他也许是一位很好的技术带头人和组织者，但不是一位真正的企业家。

最后，在投标失利、现金流枯竭、上市无望、与西门子通信的收购意向又被华为公司硬生生拆散之后，已经撑不下去的投资人再也无法忍受，将港湾公司的大部分资产出售给了华为公司。2006 年 6 月，他自己亲手创立的港湾公司完败于曾经带给他无限荣耀的老东家华为公司。

分析点评

在企业初创阶段，由于往往是瞄准某一市场空白点，如果推销工作做得好，企业的成长性往往很好，投资回报率相对于其他阶段要高出许多，企业销售收入能够获得快速增长。由于已有资源不多，企业觉得承担风险的代价不大，勇于冒险，创业者充满了探索精神，充满了对未来的期望，往往能够容忍暂时的失误，因此这一时期的创业者对未来的期望值大于已有成就，内部结构简单，办事效率较高等，都是创业初期的典型优势。但也正因为以上优势，当企业由小到大快速成长之后，随着人员的膨胀、市场的扩展等，一些管理问题随之而来。

案例 7　经验不足导致创业失败

毕业于某高校企业管理系的小飞和家住江苏吴江的同学小梁，看准吴江是中国化纤面料重要生产基地这一优势，合伙做起了化纤布料的中介生意。其创业的细节是：小飞扎根上海某商城，寻找客户，承接订单；小梁长驻吴江，负责解决供货渠道问题。他们初步约定，如果业务发展顺利，到当年年底，两人的股权按 30% 和 70% 分配。小梁的父母答应支持他们一年，公司所需的费用每月结算后找小梁的父亲报销。

凭借着参加一年一度的面料展销会的后续效应，每天都有十几个客户打电话或上门

找他们谈业务。与商场内竞争对手的产品相比，小飞自认为他们提供的产品质量有保证、价格合理，应该很有竞争力。但是，一个多月过去了，没有一个潜在客户签订单。

得知此事后，小梁的父母帮他们分析了原因：化纤面料这个行业很复杂，发展到现在，国内外厂商和供应商之间的关系相对比较稳定。因此，尽管产品质量好，价格低，但是如果缺乏业务往来的话未必能争取到客户。

小飞也想过变被动等人上门为主动上门洽谈，以增进跟客户直接沟通，但因为没有明确的目标，效果很差。为此他还草拟过一个销售计划，想招聘业务员，但由于成本会增加，遭到小梁父母的反对，只好作罢。

屡次碰壁后，小飞逐渐调整工作策略，不再有求必应，而是先跟客户充分沟通，有所选择地提供报价。6 月初，小飞总算吃到了创业后的第一只螃蟹——合同金额 1 万多元，利润 1000 元出头，紧接着又陆续签了几笔订单。7 月中旬，有个台湾老板跟小飞接洽，这笔生意如果谈成，每个月将有 2 万~3 万元的收入。

但 8 月中旬，小梁突然从吴江打来电话，说家里不支持他们创业了。小飞很希望能够再拖一拖，等把手头几个正在谈的单子敲定。但考虑到粮草已断，再坚持也是枉费精力，最终创业以失败告终。

分析点评

为了创业成功，小飞付出了热情和艰辛，并不断从失败中总结教训，加以改进，但低估风险和经验不足使这次创业以失败而告终。小飞的经历给了我们一些启示：

仅以地理优势作为项目选择的有利条件而忽略了大学生在客户信息和交易经验上的劣势，从而形成片面的决策，引发该创业项目的失败。

充足的启动资金和后续资金保障是创业成功的必要条件，对这点在创业之初就应该做好充分的思想准备。

要保证创业工作有充分的保障就应该以合同或协议的形式对相关事项予以记录，避免口头协议造成的纠纷。

案例 8　“大学生牛倌”邱展宗的创业经

邱展宗 2001 年大学毕业后，在内蒙古一家旅行社当经理，收入也不错，2002 年秋天，他带着借来的 30 多万元回到了家乡。放弃高薪的工作，却要回到穷山沟里来创业，邱展宗的举动，让他的父亲和村民都不理解。邱展宗的父亲邱应芳不认同儿子的做法:“我们家穷了这么久，好不容易赚了一点钱，如果败下去的话那就不得了了，一辈子都爬不起来。”

刚回来时，邱展宗首先拉着堂兄邱益武在村里到处找荒地，但却不说想干什么。最后，邱展宗看中了自己家门口那块地，因为比较贫瘠，那块地已经荒废了很多年。在堂兄的帮助下，邱展宗和村里签订了承包合同，租了80多亩的荒地，租期30年。

邱展宗像农村种地一样，把那个地起了行，起了垅，搞得漂漂亮亮。正在村民议论纷纷的时候，邱展宗拉着他堂兄到南宁走了一趟，买回来一些草种。邱展宗这时候才告诉大家，他要在村里种草、养牛。他的想法不仅遭到了村民的嘲笑，就连一直给他帮忙的堂兄也感到很奇怪。堂兄邱益武说:“养牛要种什么草，山上到处都是草地，还要种什么草。”

但邱展宗自己心里却很有数，在内蒙古工作的几年里，他特意去考察了当地依靠养殖致富的成功经验，他知道自己的家乡有山有水，非常适合生态养殖业，所以赚了点钱后，他就决定立即回乡养牛。而且在内蒙古，邱展宗还了解到光靠山里的野草，不能满足现代化养殖的需要，必须种上优质的牧草，所以，他回来的第一件事就是种草。邱展宗说:“这种草的好处就是蛋白质含量比较高，经过杂交改良以后，它的口感非常好，它的毛比较少，动物吃了以后不容易扎嘴，所以特别喜欢吃这种草。”

2003年春天，邱展宗种下的草已经长了将近一年了。但村民却一直没看见他养的牛，他们都觉得邱展宗的草是白种了。但邱展宗却并不着急，他原本就是要等到草长好后才开始养牛，而且养的还不是本地一般的牛。在内蒙古期间，邱展宗早就调查清楚了，只有经过杂交改良后的肉牛，产出的小牛才能迅速生长，而且产肉率高。“当时我就到我们当地畜牧部门去打听，正好我们贺州市也正在搞这种牛的品种改良，所以我就认定了这个路子。”这时，邱展宗在内蒙古挣来的钱只剩下十几万元，他用全部剩下的钱去买进口的种牛，并开始精心饲养种牛。

拓展利润，妙招连连

2005 年，邱展宗卖掉第一批牛挣了点钱，但他很快又不卖牛了。原来，那时候昭平县全县只有一家屠宰场收购肉牛，宰杀后再把牛肉卖到市场，因为没有竞争对手，他们收牛时故意压价。看到自己养牛的利润都被别人赚走了，邱展宗有了一个新的想法："我自己把牛拿到上面去屠宰，经过我自己的屠宰、分割，我这头牛能卖 2300 元，大概能产生毛利 400~500 元。"

从卖肉牛到卖牛肉，邱展宗的利润增加了，牛肉的销售量也越来越大，这更加坚定了他当初回乡养牛的信心。邱展宗说："我们这里有山有水，动物这个东西也讲究生态，这是纯生态养出来的牛，牛肉质量非常好。"除了将牛放牧到纯天然的状态下外，邱展宗还要给牛喂他特意种的优质牧草，这些牧草中含有丰富的营养物质，牛吃了后肉质也不一样。村民邱华海说："肉比较多，肉质也比较好。"

牛肉在市场上越卖越火，但邱展宗还是不满足。他觉得，既然自己的牛肉这么好，为什么不直接面对市场，向饭店直接销售牛肉，从而进一步减少一道环节而增加利润呢?

2006 年 5 月，邱展宗带着新鲜的牛肉直接去饭店里推销。饭店都有自己固定的供货渠道，对突然冒出来的邱展宗没人当回事。邱展宗连着找了十几家饭店，却一斤牛肉也卖不出去。怎么样才能让饭店接受自己呢？邱展宗又想出了一个怪招。

当时昭平县市场上的牛肉平均是 9 元钱一斤，而邱展宗将批发价定为 11 元钱。打出的是与众不同的优质优价的招牌。刚开始闯市场，价格就比别人高，邱展宗这个奇怪的举动让县城那些饭店都无法接受。如昭平县最大的饭店经理陈善邦回忆说："不敢肯定他是做生意的人，我第一次跟他做生意，我也不懂，我也不敢相信。"但邱展宗又出怪招，把牛肉送去给饭店免费试用，陈善邦这才勉强答应先试用，结果却是他意想不到的。陈善邦的饭店经过试验后，感觉他的牛肉确实不错，于是决定跟他合作。

科学决策，做社会公民

现在，邱展宗每天都要赶上几头牛送到县城去屠宰，新鲜的牛肉还没上市就被县城里的饭店早早地订购一空，他一个月就能挣到两万多元。但是，邱展宗和村里的亲戚一起养的牛加起来存栏只有 200 头，远满足不了迅速扩大的市场，邱展宗就到周围乡镇去发动农户按照他的养殖模式养牛，但却遭到了亲戚和村民们的不理解和强烈反对。

村干部吴繁荣说："也是我们隔壁镇，有一个地方我和他也去看了，他也准备在那里和我们这里一样搞一个牛场。”这件事让村里的亲戚们很气愤，自己辛辛苦苦发展起来的赚钱门路，就这么轻易地让村子外的人沾光。原来邱展宗2002年回到家乡养牛，不仅自己赚了120多万，还带动了家族亲戚养牛致富。现在他要将养殖基地建到其他乡镇去，亲戚们自然不愿意，认为是“肥水流了外人田”。

但邱展宗顾不上亲戚们的反对，还是要去村子外发展自己的养殖基地，他第一步就是让农民像他四年前一样，先种牧草后养牛。邱展宗说：“你看，像这种草叶子比较柔软，一比较就知道了，所以将来给别人拿草种的时候，一定拿好的给别人。”对于争执，邱展宗说：“这是很难协调的事，不是一天两天能解决的。”

2006年8月，当地政府决定扶持邱展宗发展养殖业，而且希望他传授村民养殖技术，带动全县农民一起养牛致富，邱展宗本人也当选为贺州市人大代表，他的身上又多了一份责任。邱展宗说：“大家把我这个路子放到农村去，稍微改良一下，也能像我一样过上富裕的生活。”

分析点评

（1）科学地制订创业战略和发展规划，才能实现稳健成长。邱展宗在创业前就在知识、资金、技术、市场和气候条件等方面做好了充分的准备，他引进大草原的现代养殖模式，先种草，再养牛，然后自己加工对接市场，再发动群众扩大规模，共奔致富路。他思路清晰、环环相扣，可见其成功并不偶然。

（2）新企业成长要注重价值创造和价值增值。邱展宗对养殖行业的整个产业链有清晰的了解和认识，因此，他才能从种草养牛，发展到加工宰牛，并对饭店直销，从而极大地提高了优质牛肉的附加值。同样也因为其对产业链的把握，他才在养殖基地的建设中，形成了“基地＋农户”的产业发展模式，变成草种、种牛、养殖技术的提供方，形成了他自身的核心竞争力。

（3）创业营销要打破常规，逆向思维，做低成本营销。面对接近饱和低价的批发市场，邱展宗选择了高端优质的定位，以高价、高调入市，越过批发市场直接和饭店打交道，并通过免费试用的方式打开市场，取得巨大成功，产品供不应求。

（4）创业者要追求个人价值和社会价值的有机统一，做企业社会公民。邱展宗很好地把个人创业和带动村民的致富结合起来，成就了他第一个阶段的成功，现在他把自身企业的规模发展和当地政府发展特色产业结合起来，带动全县农民脱贫致富，必将带来良好的社会效益。

互动空间

情景模拟一：招聘模拟训练

组织形式：

可以在教室里模拟企业招聘全过程。

准备事项：

桌子和椅子、简历、着装、面试提问、其他道具。

活动内容：

邀请师兄师姐或者老师担任面试官，小组同学事先准备好自己的简历，依次应聘。面试过程中回答面试官提出的各种问题，结束后由面试官点评，其他同学也可以参与评议。

面试问题：

1. 谈谈你自己（请介绍一下你自己）。
2. 对我们公司了解吗？为什么愿意应聘这个工作？
3. 请你用两分钟描述自己的优势和不足。
4. 说说你曾做过的最满意的一件事。
5. 你的适应能力如何？
6. 你周围的人是如何评价你的？
7. 你希望得到的薪酬是多少？
8. 你想找一份长期的还是临时的工作？
9. 五年内你给自己制定的目标是什么？
10. 你能为我们公司带来什么？

心得感悟：

____

____

情景模拟二：销售技能训练

情境：

现在，有一只签字笔，给你10分钟的时间，先来进行产品再设计、制定营销策略和销售策略、意向客户端选和制订销售流程与计划等准备工作，然后面向学习小组或班级其他成员，开展你的销售工作。

比一比，看谁的销售业绩最棒！

问题：

在此项活动中，你有哪些心得感悟？获得了哪些销售经验和技能？

他山之石

小企业的营销技巧

1. 免费发放你的产品

产品在没有被广泛接受之前，让大家试吃或试用是可行的。但要注意试用的东西一定是高质量的，会给客户留下深刻印象的产品，而不能是一些淘汰的、差的产品，那样不仅不能带来销售业绩，还会让客户讨厌你的企业！

2. 赞助本地的活动

许多本地活动费用并不高，如果这次活动的参与者与你的商品息息相关，就可以为其提供赞助，要么提供场地，要么提供其他的必需品。如果这种活动是经常举行的，你也可以一直赞助下去，他每次会带来新的参与者，也变相地为你带来新的客户。

3. 组织你自己的活动

如果你不喜欢别人的活动，也可以创办自己的活动，比如组织骑行活动、徒步活动或者其他公益活动。

4. 利用好播客

如果你做的产品本来就是为了解决客户某些方面的需求，在这个领域你会比一般客户了解得更多，所以在微信或者播客将自己的见解、观点发布出去，慢慢就会吸引特定一批人成为你的“粉丝”，你将成为他们的意见领袖，然后推销一些产品时就会变得很轻松。

5. 赞助一个组织

许多本地组织的经费并不是非常昂贵，如果你考虑到所谓的每次会议的成本，可以提供赞助一年。如果你的产品或者服务非常适合他们的听众，你在这个组织每次发出一封电子邮件或每次和他们见面，你都可以被曝光。参会者总是会记住并感谢赞助他们组织的公司。

6. 开发一个很酷的赠品

仔细考虑你的公司要赠送什么赠品，并确信这个东西很重要，他们不想扔掉，或者是会经常放在他们的桌子上或者包里。

附录 盐城师范学院创业典型案例

案例1 脚踏实地，稳步前行——敢想敢为的杨辉

杨辉，2017年毕业于盐城师范学院。1993年，他出生在重庆一个农村家庭，小时候的他一直有一个梦想，那就是当一位摄影师，拿着相机，去捕捉世间万物、人生百态。随着年龄的增长，小时候的梦想不但没有被磨灭，反而愈发清晰起来。2013年，杨辉来到盐城师范学院求学，这是他人生的转折点，正是盐城师范学院让杨辉的梦想有了点亮的机会。

大一刚入学的杨辉懵懂稚嫩，缺乏专业的摄影知识，于是他抓住一次机遇，来到了盐城市广播电视台实习。在最初的一年，杨辉系统了解了广播电视方面的知识，并在课余时间加入学校的校园电视台，通过校园电视台的工作，获得了大量的实践经验。既学习了理论知识，又有了一些实践经验，这让杨辉产生了一个大胆的想法——自己创业，实现从小的梦想。

说干就干，杨辉立刻展开了广泛的市场调研，并终于在大二的时候，向学校申请了一间免费的办公室，办公室里有一张桌子、一张椅子，杨辉最早的办公场所诞生了！这是一个只有一个人的工作室，杨辉既是老板又是员工。当时的环境很简陋，但是再简陋的环境，也浇不熄杨辉创业的热情，他为形形色色的客户拍摄了大量的美食、婚庆等短片，他的视频以价格便宜、制作精美著称，受到了客户的一致好评。这是杨辉创业的第一步，这一步走得辛苦却踏实，让杨辉的梦想有了实打实的光亮。

随着忠实客户的不断积累，公司的硬件条件已经远远不能满足于发展的需要，杨辉的事业必须要拓展。拓展公司有相当的风险，对于当时只有22岁的杨辉来说，做出决定并不容易。但杨辉明白，要创业就必须要有大刀阔斧的精神，于是他搬出了学校提供的免费办公室，用积蓄租下了写字楼办公室，又将工作人员增加到了5人，他们的团队作战开始了。

随后的发展中，杨辉的思路越来越活跃，想法也更加大胆。杨辉觉得，虽然公司已经有了一定的基础，而且稳步向前，但是公司的项目比较单一是不争的事实，这对

于持续发展不利，扩展公司业务范围，拓宽公司发展思路，是当前作为一个领导者应该做的。

于是杨辉又带着自己的团队从写字楼里搬到了大数据产业园，在那里实现了公司的转型。杨辉的公司正式成为一家从策划、拍摄、制作到投放推广一条龙服务的专业传媒公司，公司也由 5 人变成了 8 人。

现在，杨辉的山海文化传播有限公司已经步入正轨，各部门都在有条不紊地运作中，公司规模也在不断扩大。看着大家在公司里忙碌的身影，年轻的杨辉时油然而生一种自豪感，然而事业刚刚起步，杨辉的创业人生还会一步一步走得更加高远。

案例 2　匠心聚力，强企逐梦——填补市场空白的朱明飞

朱明飞，南京索酷信息科技股份有限公司创始人、董事长。他具有逾 15 年计算机硬件及软件开发管理经验，曾任职宝信、华冠通讯等国内国际著名 IT 机构，并先后受聘为中国社会福利协会资深养老服务管理专家、中国社会福利协会（SSIDC）养老服务信息化建设工作委员会核心委员，是中国养老服务信息化行业技术协作计划（SIU）发起人之一，江苏省优秀企业家、江苏省智慧养老企业联合创新中心主任、江苏省老龄产业协会副会长、江苏省老龄产业协会养老服务信息化标准委员会主任、2015 年度工信部领军企业人才、2016 年创业南京人才计划之高层次人才及创新型优秀企业家、南京青年商会（NJJCC）理事。

2002 年 9 月至 2006 年 6 月，朱明飞就读于盐城师范学院计算机科学与技术专业 02（7）班，在校期间一直担任班级团支部书记工作，专业基础扎实，社会工作能力强，曾带领班级获得江苏省先进班级荣誉。

2005 年，朱明飞还在大学就读，就在上海宝信软件公司担任项目经理，期间荣获 2007~2008 年度上海宝信软件公司十大杰出员工；2008 年 9 月至 2009 年 8 月，在华冠通讯南京研发中心担任高级项目经理，期间荣获 2008~2009 年度华冠通讯最佳员工；2009 年 9 月至 2012 年 10 月在因为科技无锡有限公司担任常务副总职位。

2005 年的时候，25 岁的朱明飞被宝信公司派往日本负责相关事务，正是在那个时期，他第一次接触到养老信息化产业。日本作为世界上养老产业最发达的国家，早在 2002 年便实现了智能化养老，完成了从不同业态的养老服务模式到各种先进护理辅具及信息化管理支持的完整产业链。在朱明飞的眼里，“我们目前的水平估计跟人家六七十年代差不多”。

2010 年之前，朱明飞一直是外企的上班族。但父亲的一次意外病倒令他心有余

悸，也让他萌发了创业的念头。“创业，我们肯定不会跨行业的。在选择过程中，‘智慧城市’被我们放弃了，规模太大。曾经我们也想过做通信游戏，但也被我们放弃了——游戏已经白热化，99% 的小企业都是死路一条。”最后，朱明飞明确了方向，“还不如选择一个新兴的产业”。

计算机专业出身的朱明飞对信息产业具有相当的敏感性，他意识到市场上老年人的智能照顾空白极大。朱明飞决定将创业方向定位在“智能养老物联网”。长期以来，“养儿防老”的观念根深蒂固，整个养老的产业链也仅仅是刚刚起步的阶段。2010 年的时候，养老更属于一个超前的产业，“刚刚进入这个行业的时候，我就做好了打持久战的准备”。

2012 年，朱明飞带领团队正式注册成立南京索酷信息科技股份有限公司，当年获得 CMMI3 认证。这是一家集医疗健康物联网信息化建设解决方案、老年人健康管理、康复服务及居家养老服务、医养融合服务的城市运营商，是中国智慧健康养老信息化的领军企业。

索酷科技面向政府机关、养老机构（福利院、养老院、护理院、敬老院、老年公寓等）、居家和社区养老服务中心、医院、养老地产等养老服务机构及集团，提供成熟的信息化解决方案，是中国首家智能养老物联网应用示范工程建设单位。

之后，索酷科技设立了全资子公司——江苏优福养老服务有限公司，集中打造“亲和家园”养老品牌（南京市首批居家养老服务试点品牌），投资居家养老服务和养老机构实体运营，目前拥有玄武老年公寓、红山老年公寓等机构近 1000 张床位；设立一所专业的护理院、四所护理中心，初步实现智慧养老线上线下业务生态闭环。

2014 年，索酷科技的销售收入达到 397 万元，同比增长 412%，净利润也扭亏为盈，达到 187 万元；2015 年公司步入良性、快速发展轨道，销售创收达 851 万元；2016 年，索酷科技的销售目标定为 5000 万元，仅上半年，合同额已达到 6000 多万元，并获得 10 项软件著作权。2015 年 7 月，索酷科技就获得 600 万元天使投资，2016 年公司进一步发展，得到资本市场的认可，获得东莞证券直投公司和北京科委 A 轮数千万元的投资。2017 年，索酷科技已在北京、上海、广州、成都、苏州、徐州、无锡等地设立控股子公司，初步完成全国性战略发展布局。

案例 3　爱融在孩子心田——张星星同学创业事迹

张星星，2004 年毕业于盐城师范学院学前教育系，毕业之初张星星并没有急于找工作，而是选择继续深造，先后攻读上海交通大学 MBA、美国森坦那瑞大学工商管理硕士，并顺利取得硕士学位。

学前教育专业和工商管理专业毕业的张星星，在2012年开始自主创业，创办了南京九曜教育、万江幼儿园。现经过发展，九曜教育已经走向集团发展的模式，下辖直营幼儿园、早托中心、专业公司，包括南京九曜教育管理咨询有限公司、南京九曜教育培训有限公司、九曜国际教育发展有限公司、香港朗德国际教育集团有限公司、朗德幼幼早托机构、朗德万江幼儿园、朗德樱花幼儿园、朗德海天幼儿园。多次承办国家人力资源和社会保障部职业培训项目，是亚太国际教育研究院、台湾正修科技大学、香港学前教育协会在大陆地区的战略合作伙伴，致力于国际学前教育基地的建设，助推学前教育国际化交流。

多年的创业打拼让张星星有了许多经验、感悟和体会。2016年，张星星重回母校盐城师范学院，并以《肩负责任、传承美好——论创业担当》为题，为在校学生们讲述了创业者的社会责任。她说:“人生是有两段路要走，一段是必须走的，一段是你想走的，你必须把你必须走的路走的漂亮，才能走你想走的路。”大学阶段就是人们必须走的路，她觉得大学期间最重要的两件事——完成学业和走上社会，同学们必须把自己的学业在学校期间认认真真、踏踏实实地完成，不要心存侥幸地等着混毕业。也许现在我们所学专业知识出了大学一点儿也用不到，但是毕业证书必须拿得够漂亮，而且要有分量，也就是要给自己添点金，让自己毕业出去的时候面对用人单位、面对创业的路是要有内容的，比如说多点获奖证书，比如说多几本技能证书，没有人不喜欢优秀的学生。她认为，老师们没事搞个比赛、拉个考试不是增加同学们的负担，而是为同学们的人生路多垫了几块砖。

她鼓励同学们在学期间走向社会，但并不是鼓励大家走出校园，去工作去赚钱。她所说的走向社会是让同学们更好地成长为社会人。张星星在大学里加入学生组织，参加各种社团活动，不断充实自己的大学生活，提高综合能力，缩短了让自己走向社会再开始锻炼的过程。大学是人生中最重要的历程，是让人升华蜕变的一个阶段。她认为上大学就要有大学生该有的气质。气质是什么，就是知识的积累，社会阅历的增加，人生目标的明确，人生价值的实现，所有的内在会一一在你的脸上显现，这就是相由心生。

如今的社会，就业压力是越来越大了，很多毕业的大学生都很难找到一份自己喜欢的工作。在如此严峻的就业形势下，张星星毅然决然地选择了考研。研究生在读期间可以更好地去了解发掘自己喜欢的专业，让自己知道自己想干什么，喜欢干什么，在一定程度上培养自己的能力，更好地规划职业。考研是一个很艰难的过程，是一项伟大的工程，它是对人的意志力，判断力，交际力等综合能力的考验。如果可以通过研究生的考试，那么你的毅力一定是坚定的，对于以后的人生职业发展是很有帮助的。

更何况张星星是跨专业考研，本科学前教育毕业的她，考的却是国内和国外的工商管理硕士，这比一般的考研要难很多，但张星星一直没有放弃，坚持不懈。她以惊人的毅力和过人的专业知识为之后的创业打下了坚实的基础。

2012年，她结合自己本科和研究生期间所学知识进行自主创业。创业初期的最大困难是请不到老师，许多应聘的老师看到幼儿园的小规模，都不愿意来。那段时间，她既当老师又当保育员，大事小事都是她一人张罗。尽管很累，但每次看到孩子天真活泼的样子，看到他们在一天天进步，她心里就美滋滋的。用心做事是办好幼儿园的关键，由于张星星的用心经营，许多家长从孩子身上看到了可喜的变化：孩子回家后主动地问候父母，还能自己刷牙洗脸。从第二学期开始，入园幼儿不断增加。谈到办园经验时，她说，兴趣是第一位，首先得喜欢孩子，把孩子的快乐当作自己的快乐，用心是做好这份事业的关键。其次，是办园的特色。说到办园特色，她希望将幼儿教育的计划以自己的方式展现出来。特色，是成功的不二法门。在竞争环境下，幼儿园要想获得社会的认可，必须有自己的特色。没有特色的幼儿园（除了公立园外）将被市场淘汰。调查表明，经营成功的、赢利能力良好的、口碑良好的幼儿园，都是有特色的幼儿园。特色，首先是课程特色，这是提高教学质量的基础。幼儿园特色课中，包括国际特色课、国内特色课，前者偏重素质教育，教学效果好；后者偏重文化课，效果不持久。为了提升教学质量，必须引进一些成熟的、有影响力的国际化特色课程，来吸引家长，来提升教师的能力。我国民办幼儿园越来越重视国际特色化建设，但他们开设国际特色课程的比例仍不及公立园所。民办园往往更重视文化特色课，这是一个误区。国际特色课程如蒙氏课程、奥尔夫课程、感统训练课程等，是我国幼儿园，尤其是民办幼儿园提升形象、长远发展的不二法门。

幼儿教育是一个需要爱的事业。下面的诗歌便是对幼师最好的赞美：每当孩子们入园的时候，您总是第一个到来，微笑迎接您的孩子，带给他们快乐。每当孩子们吃饭的时候，您总是不辞劳苦，悉心照料您的孩子，呵护他们成长。每当孩子们休息的时候，您总是久坐床前，细心看护您的孩子，保障他们安全。每当孩子们回家的时候，您总是最后一个离开，不舍送走您的孩子，给予他们眷恋。

爱在滋生，在蔓延，像播撒在孩子心田的一粒种子，在爱的浇灌下，茁壮成长，绽放五颜六色的花朵，结出异彩纷呈的果实。这便是对张星星这么多年奋斗历程的最好回报吧！

案例4 为教育而生，未来扬帆起航——左冬瑶

左冬瑶，男，江苏盐城人，盐城师范学院教育科学学院小学教育专业2003级学生，2007年以优异成绩毕业。

2007年，他做了一件事，从那时起就奠定了他的职业生涯。那年他进了英孚教育，同年6月，毕业之后，他远赴浙江宁波江东沃尔得少儿英语学校，担任市场专员，开始了职业生涯的第一步；2010年3月，他参加英孚教育总部New CM培训，大大拓宽了他的眼界和思维，之后他开始正式担任执行校长兼市场总监。同年，他还自己报名参加浙江大学人力资源培训，极大丰富和提高了管理岗位的知识与技能；

2011年5月，他被调往宁波余姚/慈溪，担任两所学校执行总校长，成为股东成员；2015年3月，接管精锐教育余姚中心，担任三校执行董事；

万事开头难，2015年9月，他退出英孚体系，创立宁波蔚蓝教育投资有限公司，投资创办了哈啰英语余姚、慈溪学校；2015年12月，在与牛津大学出版社谈判成功后，启动Oxford中国英语培训项目，在温州、宁波首先创办英语培训学校，并担任执行董事职务。

2016年5月18日下午2：30，盐城师范学院教育科学学院在国际会议中心举办了以“听创业故事，学创业典型，助创业梦想”为主题的“双创”（创新、创业）讲坛，邀请了教科院4位优秀校友和1名在校学生创业典型，走进“双创”讲坛，讲述创业故事，分享创业经历，传授创业经验，培养学生创新精神，树立学生创业意识。团委、教务处、学生处、招就处有关负责人及教科院领导、师生参加了此次活动。

活动中，左冬瑶总结经验与得失，作了《创业背后的辛劳》的讲话，学子们通过他从一个培训公司的小职员发展成为一名拥有4家培训学校的小老板的创业故事，了解了创业者的辛劳与毅力。

讲坛结束后，教科院学子纷纷表示，学姐学长们的故事让他们受益匪浅。小学教育专业132班王玥谈道：“听了左冬瑶学长创业背后的辛劳，我很感动，真是拼搏到感动自己，努力到无能为力，我现在创业园也有一个课外辅导班，遇到了一些困难，我会振作精神，要像学长一样，打造自己的品牌。”招就处处长王兴隆表示：“教科院邀请创业优秀校友代表回来现身说法，给在校大学生树立一个很好的榜样，能够引导一部分学生走向创业的道路，这样的活动很有意义。”

2016年6月5日上午，全球早教领导品牌“天才宝贝”在我市的第四家机构——天才宝贝梦多多中心正式开业。

开业当天，天才宝贝梦多多中心宣布将在未来一年投放“爱的第一课”100万教育基金，为温州的天才宝贝们助力成长。当天10点06分，赵小波、李茜、徐鑫、林

炎琴、李晓梅和左冬瑶6位重磅嘉宾举行剪彩仪式。

天才宝贝早教中心于1998年始创于美国丹佛，由美国斯坦福大学及英国曼彻斯特大学团队研发，秉承MBA六大核心能力培养理念，由12个中文学习领域及24个英文主题组成，致力于为2~6岁的孩子提供全方位的学前教育，培养孩子的综合能力，并帮助发掘他们的潜在天赋，目前已遍布全球50个国家400多家中心，在全国50多个城市开设近100家中心，拥有学员百万余名，被全球最著名的财经杂志《福布斯》评为“中国潜力企业”。

作为全球早教领导品牌，天才宝贝让千万家庭受益，更是温州的骄傲。

作为一个教育事业的践行者，左冬瑶在创业的道路上并不是一帆风顺的，但是他通过个人的努力取得了成功，为教育事业作出巨大贡献。并且，作为一名盐城师范学院的优秀毕业生，他是所有学弟学妹的榜样，不忘初心，坚持自己，努力奋斗，创造未来。

案例5　向着阳光前进——朱慧慧

朱慧慧，2009考入了盐城师范学院教育系应用心理专业，并且在大学期间乐于助人，甘愿为全体师生无私奉献，经系全体师生党员表决一致同意成为共产党员。后来她又经过自己的不懈努力，考入了山东省潍坊医学院心理系攻读心理学硕士。在读期间，朱慧慧依旧没有放弃自己在盐城师范所养成的艰苦奋斗、严于律己的习惯，不断充实着自己，坚守着自己最初的梦想，最终取得教育心理学硕士，这是她对自己最好的回报。

如果说考取心理学硕士只是一个台阶，那么取得国家二级心理咨询师就是为自己以后的梦想打下坚实的基础。

或许是自己一直以来的梦想，朱慧慧在大学毕业季，那个本该去为就业烦恼，在求职的泥潭止步不前，她却大胆的开创了自己的事业，成功开发了一套全新的早教教育系统。该系统主要是针对0~6岁的儿童，为他们开创了全新的课程体系，其中包括彩色绘本班，少儿声乐主持班，天才创意绘画班，思维数学兴趣班等，所有的课程紧密结合0~6岁各阶段儿童的自身特点，激发孩子的天赋，为以后更好的发展打下坚实的基础。

研三那年，她跟着导师在潍坊教育局下属的家庭教育与心理健康指导中心做兼职见习老师。通过这段时间和孩子们的零距离接触，她渐渐地觉得早教对于幼儿成长的影响很大。

朱慧慧发现，不同的教育方式教出的孩子往往有着很大的区别，老师或家长的一些不当行为会对孩子的心理造成很大的负面影响。“早教对于孩子以后的成长有一定的影响。”朱慧慧说，她觉得家乡的早教机构不是很多，便萌生了开设早教机构这一想法。

“我认为最好的教育方式，是用孩子能够接受的方式去引导他们。早期教育不容忽视，养成好的习惯和礼仪得从娃娃抓起。早教注重孩子的大脑开发和智力培养，最重要的是孩子的动手能力和人格性情的培养。”学习了7年心理学的朱慧慧对幼儿心理颇有研究，她很看好早教这个行业，并于去年夏天回家乡阜宁筹办东方爱婴早教机构。

早教可谓是近几年最热门的话题，随着经济的发展和重视教育的观念的盛行，越来越多的家长开始重视对自己孩子的早期教育，加之二胎政策的开放，早教也日趋流行，可谓前景一片大好。然而有人的地方就会有竞争，更何况在这片尚未开发完全的领域，多少人都想在此大展拳脚。因此朱慧慧面临的挑战可是不容忽视的。

在创办早教中心的过程中，朱慧慧遇到的最大困难，是早教中心的教育理念和传统教育理念的矛盾。她认为，在传统思维中只有“老师教、孩子学”才是学习，而忽略了孩子自学的能力。这样的教育大环境下，她感受到做家长的思想工作比改变孩子的思维方式要困难得多。

朱慧慧坦言：“对于早教，部分家长确实存在不少误区，认为找到一家好的早教机构后便能万事大吉。其实孩子在早教中心的时间非常有限，早教最好的机构还是家庭，特别是父母对孩子的教育，没有任何一家早教机构能代替父母对孩子那种贴心贴意的教育，但问题是大多数父母都不是早教专家，因此，父母跟孩子一起接受教育尤为重要。”

仅仅在“课堂”上唱几首歌，做几个游戏是不行的，要结合儿童的生理和心理特点，尽可能多举行活动，这成为朱慧慧教育理念的一个重点。她组织宝宝自己动手做糕点，开展户外亲子活动……给孩子创造各种各样展示自我、改变自我的机会，也给家长创造更多的和平常不同的与孩子交流的机会。

然而，有自己的理念只是开创早教的一部分，如何去经营才是最让人头痛的问题。

经过一番筹办，2017年12月，倾注了朱慧慧心血的东方爱婴阜宁中心试营业。

起初朱慧慧认为，阜宁有那么多的孩子，市场前景应该不错。然而没想到的是，现实没有想象中那么好。学生名额一直没有增长，心中的预想和现实形成了强烈的反差。但她是个不肯轻易认输的人。冷静下来，朱慧慧做了理智的分析，她想到，早教不像开饭店，它是一个长期性的产业，效益短时间内不会凸现，需要一个过程。她又坚持走了下去，一直到现在。

“从试营业到正式营业来看有发展空间。”朱慧慧说，刚开始营业的时候，来报名的人数不到30人，而正式开业几个月后，已经有会员六十多人了，这对于一家刚开的早教机构来说，人数也不算少了。创办早教机构以来，朱慧慧除了一开始从家里拿了部分资金外，正式运营的几个月中，没再向家里要钱，都是用自己挣的钱来进行周转。

也许是因为心向着阳光，无论多大的困难，朱慧慧都在咬牙坚持。心理学硕士回乡办早教也成了一段佳话，登上了阜宁人的公共网页。

今年28岁的她，却依然彰显着当年的青春活力，她笑着说：“今年28岁，这个年纪干着自己热爱的工作，我很满足，天天和孩子们在一块，感觉也年轻了不少。”向着阳光前进，伴着孩子们的欢声笑语，这条路，她必将一直走下去。

案例6　不忘初心，方得始终——王俊炜

王俊炜，2012年考入江苏建筑职业技术学院建筑设计系，攻读建筑设计技术（城镇规划）专业，并在2015年以优秀的专业成绩顺利毕业，同年参加“专转本”全省统考，考入盐城师范学院城市与规划学院人文地理与城乡规划（城市规划设计）专业，继续深造学习。

2015年对于王俊炜来说不仅是学历上从专科到本科的转变，他还做了一件事，从那时起就奠定了他的职业生涯。没错，就是在他本科入学前的那个暑假，他拉上了几个同学和学长，独资创办了自己的设计公司，主营特色建筑、精品景观的工程设计，又通过原来在专科院校时导师的介绍，招用了几名实习期的学弟学妹，就这样设计团队的骨架就建立起来了。王俊炜的家境虽然殷实，但他没有向家里要过一分钱，而是用自己的专科毕业证，在当地贷到了12万元的大学生创业贷款，用于公司的经营。

万事开头难，更何况是工程设计这种要求非常高的技术工种。而且在艰难开头同时，他还要在学校学习全日制的本科课程。为了更好地掌握公司的运营以及设计技术，他几乎每一周都要乘着没有课的时候乘火车来回公司和学校两趟甚至三趟，虽然路程并不远，从出了学校大门到达公司的办公室单程也就两个小时，但是每周这么高频率的往返，也是让人觉得非常疲惫的。平日里也有一些大小事务需要他去处理，甚至需要做设计方案，他都只能通过电话、网络视频和团队的成员进行沟通。同时作为班长，他在课业上也没有懈怠，城市规划科班出身的他，极高的专业素养使他成为整个学院老师、同学心目中的金字招牌。就在这样一个“半工半读”的状态下，他度过了最为艰难的一年半。

什么时候最艰难，当一个团队在发展的过程中遇到了瓶颈，那就是最艰难的。恰

恰就在这最艰难的短短一年半里，整个团队就遇到了两个瓶颈，而首当其冲的就是业务来源的问题。他们用过了各种各样的手段，发名片、蹲小区、谈合作、发网络广告……可就是不见成效。当然，功夫不负有心人，感觉都快要失去信心的时候，通过朋友的牵线，他们接到了第一个设计项目，在某个农村里建一座仿古的住宅。久旱逢甘霖，团队上下对这个项目格外珍惜，在设计周期里，加班加点地讨论空间方案，精心制作效果图。业主见到方案和效果图后就说了一句话："好！就这样做。"于是，他们又有条不紊地开始了新的工作周期，建筑施工图、结构施工图、景观施工图、室内设计依次完成。虽然看似很顺利的一个项目，但是中间的过程却有很多的不可预见性和业主的主观影响。虽然项目已经竣工交付使用了，但是很多的主观和客观因素，还是让这一座建筑带有了一些遗憾。而就是这个建筑，让身边很多的人对他，对他们的这个团队刮目相看。一传十，十传百，震撼的设计技术，加上丰富的人脉和社会资源，自己给自己带来了很好的广告效应，项目有了第一个也就会有第二个，逐渐逐渐，这个瓶颈算是过去了。

他们自己也在总结得失，中间引发的思考有很多很多，大到空间色彩，小到一个灯的安装，都有值得去探讨的价值。这就是这个团队的优势，在完成一个项目以后，不是把它直接存档放在了一边，而是会反过来去回顾、去思考、去研究，不论是艺术上还是技术上。而对业主的掌控力，他们一直在探讨和琢磨，这是一个永久性的话题，因为你不知道他的心里在想什么，这是你掌控不了的因素。

第二个瓶颈就是经济上的一些压力。项目有了，除了日常的办公开销、差旅，其他的一些资金都用在了项目上，因为项目来之不易，在自己能掌控运营的范围内，垫资也要去完成。所以到了后来，团队的工资都成了问题，生活费都是没有了，他们就想办法借一点，一人先发上一百、两百。就这样每天萝卜土豆的日子，差不多过了将近三个月，一直到接手了一个六万四千平方米的商业区景观设计，才逐步稳定下来，2016 年底，团队整体暂亏人民币 4 万多元；而到了 2017 年底的时候，总账面上已经能收支平衡，而且还略有盈余。2018 年才开年两三个月，业务已经是多到被迫选择性地接收项目了。

从创办以来，整个团队也有过人员更迭，无论项目有多少，无论怎么样地忙不过来，但是规模始终一直保持在一个设计组的人数。有人问他："为什么不随着项目的增多来扩大公司的规模呢？"王俊炜自己是这样说的："我的职业是景观建筑师，而不是一个商人，如果在管理、技术、财务上让我选择一个话，我宁愿把管理和财务的事务托付给其他人，我更愿意选择继续做技术。"面对设计技术和经济来说，王俊炜依旧坚持"不忘初心"，在他看来，机遇比利润更重要。就这样的一个年轻的设计团队，坚持先把事情做在前边，用自己与众不同的眼光和独特的专业技术去征服那些不好相处的业主们，这样还大大提高了成功的概率。他换了一个角度去思考问题：“因为任何不了解你的人，都不会轻易地把这样一个花费庞大的工程交给你，更何况看上去还是一个刚走出校门的孩子。如果张口就谈定金、预付款的事，那么，如果你作为业主你怎么看呢？”

就这么一个清一色“90后”的建筑景观设计团队，在王俊炜的带领下，用自己的真诚去做事，用自己的心去实现理想，不以金银多少论英雄。他们自己在实践中经历，自己在实践中成长，坚持凡事亲力亲为，深化设计、施工放线、主材选购等，从实际出发，从现场出发，认认真真地去完成工作中的每一件事情，精益求精地对待每一件作品。对于未来的团队发展，他们计划也不会大规模地去扩张，而是首先把技术做精湛，把作品做精致。期待着他们有一天能够实现自己的理想，成名成家。因为他们始终坚信：当一个人把自己该做的事情做到极致，那么其他该来的东西都会有的。无论做事还是做人，想做好景观建筑师这个职业，唯有不忘初心，方得始终！

案例7　青春无悔，圆梦支教情——贲卉

贲卉，女，中国共产党员，盐城师范学院2006级外国语学院06（3）班学生，浙江温岭创慧教育校长。

不忘初心，在教育事业中开辟新天地

2010年6月，贲卉毕业后，就职于中国石油苏浙沪管理处，从事行政工作。按道理说这样的国企，是每一个毕业生可望而不可求的。但对贲卉来说，简单而千篇一律的行政工作，是那么索然无味。她不停地问自己：“我为何要选择这样的工作？”在彷徨迷惑中，她离开了国企，专程去了一趟新疆——2009年在校期间参加支教的地方，看望那里的孩子，她和他们之间有一条割舍不断的感情线，是浓浓的师生情，这是别人无法理解和取代的。2011年她入职于上海交大昂立国际教育，担任华东地区的教学主管，并很快成为培训师。那一年，她去了很多城市，几乎把大半个祖国走下来。她在江苏泰兴有一拨孩子，在福建连江有一拨孩子，在山东寿光还有一拨孩子……这一年她像空中飞人一样，奔波于各大城市，辛苦但充实，累并收获着。那时她的想法就是，要去很多很多地方，然后有了更多的孩子，贲卉注定离不开孩子们，她更希望自己的世界能像孩子的世界那样美好。2012年9月，贲卉在自己的老家如皋江安创办了英语培训学校。于是，她在家乡又有了一拨孩子。她为家乡的孩子们带来全新的教学模式和方法，让家乡的孩子们体验到了不一样的英语课堂。她还开设免费的公开课，并对家庭困难的学生减免学费，得到了家长的啧啧称赞。2013年5月，贲卉将学校搬到了浙江温岭，创办了温岭创慧教育，目前有两个校区，在读学员300余人。创业正

在起步，教育不忘初心，贲卉知道做教育是一条不容易走的路，但她一直坚持着。她始终坚信，用心做事情，能把事情做好。贲卉致力于将创慧教育发展成为一所孩子们喜欢，家长们满意的新型培训机构。

青春无悔，在公益活动中传递正能量

毕业六年，贲卉像一个空中飞人一样，在各个城市停留。很多人看她穿梭于不同的城市，会问她的工作是什么？她将自己定义为志愿者。在获得2009年度中国大学生自强之星提名奖时，有记者采访贲卉，问到她的梦想，她的回答是想成为中国的“卢安克”。这是她学生时代的梦，也是她这些年一直坚持的梦想。她怀揣着这个梦，一直在路上，把爱传出去……

在大学期间，贲卉曾远赴新疆哈密支教。在支教期间，她与那里的老师和孩子们培养了深厚的感情。孩子们在她离开那天，一个个哭着拥住她，不让她走。贲卉望着她可爱的孩子们，流下了不舍的泪水。从新疆回来后，孩子们便成了贲卉刻骨铭心的牵挂，六年，四次新疆之行，带去的不仅是先进的教育理念，还有孩子们的学习必需品。新疆支教志愿者情怀已在她心里落地生根，开花结果。贲卉说:“她觉得幸福是有具体概念的，能陪着这群孩子学习，看着他们慢慢成长，她就觉得十分幸福。”她在校期间积极参加各种志愿者活动，被盐城市红十字会授予“优秀大学生志愿者”的荣誉称号。

创慧教育培训机构成立后，她一直致力于开展公益活动。每年暑期，她都会为小候鸟们开展趣味英语课堂。并于2013年5月开展“爱在暖春”公益活动。2013年7月，她组织孩子们进行了“把爱传出去”文艺汇演。2014年9月开展“爱在金秋”公益活动。12月份，学校进行了“圣诞嘉年华”慈善会演。2015年9月，组织了“月圆中秋”DIY及爱心义卖活动。2016年6月，组织了“我是小小卖报员”爱心义卖活动。2016年8月，组织了仲夏夜之梦文艺汇演。贲卉还受温岭太平街道妇联的邀请，给留守儿童开展了公益讲座。

做一个志愿者是她学生时代的梦，也是她这些年一直坚持的梦想。她怀揣着这个梦，一直在路上，把爱传出去……

心系母校，在甘于奉献中彰显母校情

她是一个感情细腻丰富的人，也是一个特别怀旧的人，所以时常在安静的夜里将自己过往的日志一遍遍翻阅，仿佛电影回放一般，重温着旧日的时光。她惊讶地发现自己在每一个毕业的纪念日都用文字记录了当年的感受。回看这些年走过的路，宛若穿越了无数个春夏秋冬，历经了一个又一个沧海桑田，但却又若刚刚离校不久般，甚至所有的记忆还都储存在那个象牙塔里。

尽管毕业七年，但贲卉与母校一直保持着密切的联系。2012年，应外国语学院宣

传中心邀请，贲卉回外国语学院参加了“遵章守纪，修身立德”主题活动。2013年，回母校参加了“创青春”创业实践挑战大赛。2016年6月，回母校参加了2016届毕业生典礼，并作为优秀毕业生代表发言。7月，随盐城师范学院“海天梦连”暑期社会实践教育关爱团队，赴新疆伊犁察布查尔县第一中学，给孩子们开展了“英语口语、小主持”培训。9月，贲卉再次回到母校，参加了盐城师范学院”与1000名新疆人同行“活动，并作为支教成员代表发言。

这些年，她将自己的生活态度总结为：简单、快乐、感恩。贲卉说：“一个真正懂得感恩的人才能够走得更长久，我想或许就是因为心存感激，所以才会让我毕业后仍然与母校一直保持着联系，才会这么幸运得拥有现在所拥有的一切。”

案例8　金融财富创业路——张岩

张岩，2014年毕业于盐城师范学院行政管理专业。毕业之初，沿袭大学时期创办的蛋生鸡创意礼品项目，他赚取了人生的第一桶金。经营过程中，他逐步认识到目前金融行业的强大，传统零售做的是单个的生意，金融做的则是以点到面的生意。于是，2016年他开始涉如金融行业，做金融支付业务。当时的项目名称是“考拉微信支付”，初次试水，无疾而终，因为各种状况，导致公司亏损几十万。

虽然这次的亏损给他带来了沉重的打击，但是对金融的钟爱和坚持并没有改变。通过与之前的朋友及合作伙伴之间的接洽、考察，他现在开始了一个成长空间相对较大的项目，即以支付为入口，帮商户智能化营销，解决线下生意难的问题，帮助中小商户，实现营业额流水的翻番。这一项目目前月流水突破1000万。现在公司全职员工11人，团队兼职人员遍布全国各省市，共计126人。

案例 9 学以致用，不断前行——田作艺

田作艺，男，连云港灌云县人，2012 年 9 月入校，就读于盐城师范学院音乐学院音乐表演系 12（1）班，于 2016 年 6 月毕业。

盐城市律动琴行由田作艺于 2013 年成立，是盐城地区集乐器销售、乐器培训、乐器维修于一体的综合音乐学校，也是目前盐城市民商业街规模最壮大，师资最雄厚，技术优势最强的知名单位。

律动琴行位于盐城市亭湖区新民商业街 41 号，总面积面积 300 平方米。琴行现有专业授课教师 10 人，学员 100 人，主要培训销售钢琴，架子鼓，古筝，吉他，二胡，竹笛，小提琴等乐器。琴行内设各类专业琴房，休息室，演出舞台。目前，律动琴行的年纯利润达到 15 万元。

律动琴行秉承“学以致用”的教学理念，不断改善教学环境，加强师资力量，完善教学计划。琴行以“人人都能学音乐”作为不断追求的目标，通过每年定期举办系列音乐会和各类沙龙来增加琴行知名度和学员专业自信心。

无论是乐器销售的专业性，知识教学的系统性还是售后服务的统一性，律动琴行都在往更好的前景发展，都在创造最真实的百姓口碑。为此，律动琴行在成立之初就建立了自己的企业形象，并通过企业快速发展进行不断改进和完善。为了给孩子更专业的教育，更美好的未来，律动一直在努力。

琴行内景——办公区

琴行内景——鼓房

琴行内景——办公室

琴行内景——钢琴房

案例 10　乐舞飞扬，扬帆起航——尹凡

乐舞飞扬艺术有限公司成立于 2016 年 4 月，目前地址在盐城师范学院大学生创业园 111 室，公司成立三年来，在校招生就业处老师的教导下，目前已进入稳步发展阶段。乐舞飞扬文化艺术有限公司在两届校三创大赛中都获得第二名的良好成绩，公司创始人尹凡也参加过学校组织的 SYB 创业培训，这有助于他更好地管理自己的创业项目。

乐舞飞扬文化艺术有限公司是一家集商业演出策划，婚庆礼仪，文化艺术交流活动策划，乐器销售，音乐培训于一体的综合性公司。公司依托于音乐学院资源，目前在校内主营乐器销售租赁及音乐培训业务，2016—2018 两学年预计盈利毛利润达到 40 万元。公司目前拥有学生 350 余人，共教授钢琴、吉他、架子鼓等乐器人数达到五百余人次。2017 年 12 月，公司还组织举办了第一届“乐舞琴行”学员成果汇报展演活动，学生们在学习的同时也收获了舞台实践的能力。公司在校外承接各个婚庆礼仪，商业活动演出、公司年会，共盈利约 15 万元。刚开始创业的每一步都走的特别艰难，在经营乐舞琴行期间，尹凡和他的团队在寻找资源、消费市场和琴行的管理上都付出了很多努力，尹凡本人也去北京参加了对琴行经营管理的学习培训班。他逐渐了解到，做一件事情不单单是要有想法，还要有强大的执行力和随时保持空杯状态的谦虚心。在商业演出市场上，乐舞飞扬的第一步是要立足于盐城本地市场，尹凡和他的团队用了一个月的时间走遍盐城的大街小巷去了解盐城的风土乡情文化，争取在商演表演领域做到按需定制。最近的好消息是，通过学校举办的创业大赛，尹凡认识了投资人，2018 年他正在对接与涡轮基金的第一次融资计划，项目进展顺利的话可能会引进百万以上的资金池。相信未来乐舞飞扬的发展会出现质的变化。

尹凡对未来市场的行情也做过前期规划及风险规避，近两年来他一直在与北京，上海，广州一线城市的大型乐器培训类公司交流，从中学习到很多有用的知识。在大背景下，盐城市人均 GDP 连年增长，居民消费水平的提高也大大增加了消费者对文化娱乐产业买单的可能性。另外，就艺术教育领域来说，二胎政策的开放以及江苏省对艺术类特长考试纳入小升初、初升高考试加分的政策鼓励，都说明了未来乐舞飞扬发展的可能性。

很快，尹凡将离开校园走进社会，回首这两年，他真的非常感谢校招生就业处给予大学生创业的扶持和鼓励，近两年来他也遵守大学生创业园的规定及管理办法，良好经营，正常营业。在李克强总理“大众创业，万众创新”的号召下，尹凡和他的团队在创业的道路上披荆斩棘，不惧坚信，必会获得自己想要的东西，享受成功带来的喜悦。

案例 11　成功转型、进军国际市场——孔祥宇创业事迹

2013 年 9 月，孔祥宇第一次来到盐城这座美丽的城市，走进盐城师范学院，开始他的大学时光。进入大学一个月后，他和小伙伴们听说盐城市正在筹办第一届大学生创业大赛，他们认为这是一个非常好的机会，就组建了属于自己的团队，报名参加了这次比赛。那时候学校还没有创业园，他们把宿舍当做仓库，开始了第一次尝试创业，每天都接触的同学成为他们的主要客户 。他们以二手书为起点，专注于解决同学们对图书资料的需求。团队只有三个人，大家凑了三千块钱，就开始了行动。

2013 年底，孔祥宇的团队获得了盐城市第一届大学生创业大赛全市第十八名，这对他们的鼓励非常大，虽然创业初期是艰难的，但是他们下定决心要坚持把自己的事业做下去！

2014 年，学校开始筹备大学生创业园，他们作为创业大赛获奖的项目申请第一批

入驻，拥有了属于自己的店铺，这对正处于创业初期的他们是最大的帮助。

2014 年正是互联网自媒体和电商零售飞速发展的时候，抓住风口才会抓住机遇，他们建立了自己的微信公众号，通过自媒体吸引更多学校外的粉丝，消费群体得到了很大的扩充，同时，他们的淘宝店铺也开始运营。他们努力把自己的服务和品牌推向更广更远的地方，让更多想要追求知识的人成为粉丝。

2015 年，他们报名参加江苏省大学生创业大赛，获得江苏省三等奖。

2016 年是他们快速发展的一年，经历了初期粉丝数量的沉淀和电商平台数据的积累，他们线上业务突飞猛进。同时也带来了更大的库存压力，以及来自消费者更多的责任。这一年他们的仓储面积已经达到 200 平方米，粉丝数量两万多个。

快速发展的时期也是问题突显的时期，这一年，国家连续出台新广告法，新知识产权法，以及更多影响到电商平台的法律法规。整个国内电商行业也存在着不正当竞争，价格混乱，质量参差不齐，最终导致利润微薄，甚至亏损的情况。幸好，他们还有线下实体店的盈利。

2017 年是他们毕业的一年，线上业务无法突破，他们变得有些迷茫。这一年，他们听到了“消费、投资、净出口——三驾马车”引领国家经济发展这个观点，而且习主席提出了一带一路战略。相比国内电商的混战，跨境电商数据的持续上升深深地吸引了孔祥宇：同样是做电商，为什么不可以尝试做跨境电商呢?

时间就是金钱，他听说义乌的跨境电商环境很好，马上启程去那里。来到义乌，当然是直奔义乌小商品市场，见到了很多前来采购的外国人。他也尝试着跟义乌的商人们进行沟通，但是结果是失败的。没人愿意搭理他，商人们只愿意跟外国人沟通。吃了无数的闭门羹，他依然在小商品市场不断地索要名片，并且从少数话语中了解各种商品的售价和特点。

回到盐城后，孔祥宇继续去拜访本地有进出口业务的公司，多跟他们交流。他了解到，盐城虽然有很多业务量很大的进出口企业，但是他们在跨境电商方面一直没有做得很好，甚至很多企业没有尝试过把自己的产品搬到线上，做跨境电商。

拜访学习了两个月，整理自己学到的新知识，重新梳理了自己的思路后，孔祥宇和他的团队决定转战跨境电商 B2B 平台，阿里巴巴国际站。他们新公司的注册名称为盐城欢乐基文化创意有限公司，公司目标客户是外国批量型轻定制纺织品订单。

有着国内电商平台的运营经验，团队原班人马立刻行动，原本国内电商的业务全部停止。从 2017 年 3 月开始，他们用了三个月搭建平台，并在第四个月成交了一个来自马来西亚的客户，订单金额三千美金。从接待客户到付款过程，再到发货物流，全程线上操作，并且在客户约定时间内送达。现在这个客户已经成为他们的好伙伴、好朋友，持续给他们带来了五个订单。

2017 年下半年，跟他们合作的客户有悉尼歌剧院，澳大利亚温莎酒店，美国联合银行，零售行业巨头 costco。沃尔玛等。

2018 年，他们收到阿里巴巴盐城区域经理邀请，分享电商操作的经验，把他们的运营方式分享给更多盐城的进出口企业。今年，他们总共做了五次分享，阿里巴巴给他们颁发了“首席伯乐讲师”奖杯。

2018 年，公司加入了新的员工，现在团队壮大，总共有八个人了。孔祥宇希望今年业务做得更好，同时带领盐城进出口企业开启跨境电商的新时代。

案例 12 曾经沧海，再度启程——郑志宇创业事迹

创业，是一个充满诱惑又充满危险的字眼，撩动着每一个有志男儿的心弦；创业，一方面是一个年轻人出人头地的机会，另一方面也是跌入社会陷阱的完美伪装。对于郑志宇这样的年轻人来说，创业就意味着付出更多艰辛和冒巨大的风险，但是这就是成长的代价。无论未来是失败还是成功，既然选择了就要有足够的勇气去面对生活。成功的过程必然坎坷，但是不经历坎坷就必然不会成功。面对人生转折，不以结局论英雄，拼过，就是成功！

郑志宇，江苏沭阳人，盐城师范学院 2017 届优秀毕业生，于 2013 年 9 月在盐城师范学院（新长校区）药学院开始本科学习计划。在校期间，在学校的大力支持下，创立了师缘易购电子产品销售平台、京东派校园服务平台、O2O 趣洗衣平台等，业务包含 3C 数码产品销售、京东快递物流系统、生活服务类等，业务涉及卫生、IT、娱乐、物流、电子等领域，在创业过程中，他吸取和积累了丰富的行业经验，经营业务多次获得校级大学生优秀创业项目。2017 年 6 月毕业以后，郑志宇响应盐城市“515”人才引进计划，受盐城市城南新区 M+ 创客工场（摩度空间）的邀请，在原有的实体基础上结合“互联网 +”的创业理念，于 2017 年 7 月创办了江苏创沃网络科技有限公司，主营互联网 + 生活服务类平台开发。

2013 年 9 月，郑志宇和其他大一新生一样，满怀对大学生活的憧憬和向往，踏入了盐师校园。在完成日常课程要求的前提下，为了丰富自己的大学生活，他通过兼职的方式加入了当时刚起步的互联网新概念公司——趣分期，成为趣分期互联网金融线下地推中的一员。很快，由于出色的业务能力和人际交往能力，在不到半年的时间里，他升职为趣分期盐城市城市经理，并与其团队在接下来的三个月里创造了突破 300 万交易额的记录。在此过程中通过长时间的管理、营销工作，他积攒了大量的互联网地推经验，总结出一套 O2O 模式下的营销策略，并且培养出了一批优质的校园地推团队。

在一定时间的经验沉淀后，郑志宇开始着手创办自己的互联网校园电商平台，通过近半年的筹划工作，拥有了属于自己的稳定的货源及销售渠道，并于2015年4月初成立了盐城经济技术开发区师缘易购电子科技有限公司，成功打开了盐城各大高校的3C产品市场。由于公司良好的市场占有率及其健康的发展思路，公司于2015年5月与知名上市公司——北京千橡网景科技发展有限公司签订合作协议，正式开启了师缘易购O2O概念的销售模式，并当年就取得了30万纯利润的回报。

在师缘易购健康运营的环境下，郑志宇通过不断的市场经验积累和对市场前景的预估，发现了洗衣行业在高校市场的良好的发展前景。根据目标市场客户的定位及实地考察，他于2016年2月将占地约300平的洗衣中央工厂选址在盐城市城南新区财富港，并于该月在上海绿环洗染有限公司进行了为期半个月的考察学习。在两个多月的市场调研与策划下，他于当年5月从业界知名品牌美国GEP购买了近50万的现代化洗衣设备，日均可处理衣物1000件，并于当月成立了盐城市趣洗清洁服务有限公司，注册资本100万元。但天有不测风云，由于对目标市场的保守估计和对服务产品优惠力度的错误制定，导致订单量与生产力开始不相匹配。2016年10月开始，半个月连续的阴雨天气导致订单量越来越多，机器设备有限，洗衣能力跟不上，很快开始了衣物积压，而在关键时刻，昼夜工作的两台烘干机、一台水洗机又被彻底烧坏。生产方面的问题很快开始影响公司的销售体系，进而影响公司的品牌口碑。在艰难度过了行业旺季后，郑志宇开始痛定思痛，对中央工厂进行停业整顿，并且对过去半年出现的一系列问题进行反思与思考，对公司的发展前景和产品的定位进行重新规划。通过近半年的市场调研和重新规划，郑志宇决定忍痛割去原有的产品服务体系，对原有的目标客户群体进行优化升级，开始针对成本适中、利润空间大的高端奢侈品护理方面制定新的服务产品。2017年6月，郑志宇受邀入驻M+创客工场（摩度空间），并结合“互联网+”的服务理念，于2017年7月成立江苏创沃网络科技有限公司，为趣洗线上新平台服务。目前项目正在稳步发展，他希望通过自己及其团队的努力，将新项目做大做强，为成为同行业中的知名企业和一名优秀的创客而奋斗！

案例13　心系家乡，寻找商机——肖凤

肖凤，盐城师范学院商学院会计学专业14级会计141班学生，来自广西壮族自治区柳州市，是一名少数民族学生。肖凤的性格具有两种特性，有时候她会沉着冷静地去思考和处理问题，凡事都想做到做好，而且会规定自己在特定的时间内完成任务；但多数时她是一个性格开朗，大大咧咧的女生。由于热情开朗、为人随和，因此无论在何时何地，她总能快速适应环境。与其他女生相比她在人际交往方面占有一定的优

势。无论面对多大的挫折和困难，她总能以积极乐观的态度去面对。在大学的这几年她曾积极加入各种学校组织及学校社团；曾担任过院学生会生活副部长，伯藜学社副社长等职务；同时积极参与创业比赛，文艺晚会，志愿者等活动，这些经历不仅丰富了她的阅历，也锻炼了她各方面的组织能力。学习上，她利用课余时间考取了专业技能证书，同时也获得了奖学金。在大一下学期开始，她就和小伙伴创立了创业团队，开始了创业之路。

肖凤一直以来就希望大学期间能达到经济独立，通过这两年的努力终于实现了。大一入学后她就开始尝试去做兼职，一个学期下来尝试了不同岗位的工作，做过发单员，牛奶销售，婚庆舞蹈演员等。做过的事很多，但是赚的钱却非常少，这让她非常烦恼。正在这时，学校宣传大学生创业园项目，鼓励学生积极创业，做自己的小老板。面临这个机遇，肖凤就邀请了两位少数民族同学成立了创业团队。通过一个学期的市场了解和观察，她们创立了一个独具特色的创业项目“少数民族风情工作室”，并在2015年九月份入驻校大学生创业园二期项目。少数民族风情工作室经营范围主要是：服装租赁服务项目，毕业季服装租赁以及写真。线上主推地方特产如柳州螺蛳粉，四川腊肉，宁夏枸杞等。现在店里服装有800多套，服装种类有十余款，店面资产两万余。店面营业额纯利润最高到5000元（不包括毕业季），最低在1000元左右，每学期平均下来营业额在15000元左右。服装租赁项目前期投入较多，但是可以重复利用，运用周期长，总体下来成本较少，利润非常可观。同时学校服装租赁业务少，所以发展前景非常好。经过她们一年的努力和完善，少数民族风情工作室得到很大的改变和提升，不仅在学校有了一定的影响力，业务还扩大到盐城其他学校及社会上。她们的客源变得更加广，店里服务项目更完善，服装类型更加丰富多彩，这在很大程度上了提高了店面的经营效果。

在创业的这段时间，团队产生过争执，经营遇到过瓶颈，肖凤曾经一度怀疑自己的管理能力，她心酸过，迷茫过，也哭过，但从未放弃过。正是由于一路坚持的探索，她的项目变得更加强大，市场前景更加广阔，她希望“民族风情工作室”的品牌越来越响亮，能更好地服务同学们，也感谢学校和老师的大力支持！

案例14 披荆斩棘，立志成才——陈梅

陈梅从小出生在农村家庭，父母在她年幼时遭遇横祸，导致父亲终身瘫痪，余生都靠手动轮椅度过，丧失劳动能力，母亲出车祸动过三次手术，欠缺劳动能力，爷爷奶奶皆因食道癌晚期无钱医治相继去世，一家人仅靠微薄的务农收入为生计，生活很艰苦。有亲戚劝母亲改嫁，当时的陈梅只有十岁，不懂事，也许是人性本善，母亲没

有离开她跟父亲，而是选择将自己的青春献给这个并不殷实的家。就在一家人都陷入绝望的时候，父亲变得很坚强，不安于现状，家里开始从事养殖行业。从小受爸妈乐观心态的影响和做生意的熏陶，陈梅慢慢变得懂事，独立，坚强！在她印象里，她的小学初中的寒暑假都是在当地工厂打工度过的，后来靠自己的努力，她考取了重点高中，上了大学，立志好好学习为爸妈分担压力，成为他们的骄傲！

两年多的大学生涯让陈梅成长了很多，学习上，她态度端正，努力刻苦，严于律己，生活上，陈梅会在课余时间参加一些勤工俭学的工作赚取生活费，积极主动参加各类活动和社团组织。她大一加入院篮球队，荣获新生赛二等奖，夏季联赛二等奖；参加商学院组织的智慧校园O2O创意创业大赛，荣获一等奖；参加商学院组织的大学生职业生涯规划大赛，荣获一等奖；大一上学期获得二等奖学金，下学期荣获三等奖学金。她大二担任大学生创业协会会长，带领100人的社团，用她的言行影响更多的大学生；大二上学期荣获院三好学生，三等奖学金，学费全免；大三继续留任大学生创业协会会长，走上创业道路！

2017年7月21日陈梅注册了自己的公司“盐城农家小妹土鸡蛋销售有限公司”，为了帮父母减轻压力，她将家养的纯天然家禽和禽蛋推向盐城市场甚至全国，获得了盐城农副产品行业协会会长顾克发先生的认可，免费入驻盐城青年创业体验馆；7月27日她参加“2017年江苏银行杯盐城青年互联网创业大赛”，成功进入决赛；9月29日，参加复赛成功荣获二等奖；10月份成功拿下大学生创业园创客咖啡项目，获得了学校领导和老师的认可，也感染了她身边一群爱创业的志同道合的朋友。陈梅实现了自己经济独立的愿望，成为爸妈的骄傲！这一路走来，有汗水也有泪水，她希望尽自己最大的力量，为自己和家人赢得一个更光明的未来。

营业执照
(副本)

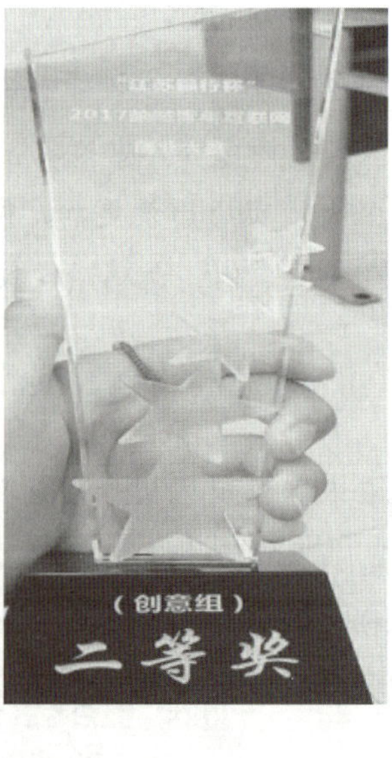

案例 15　互联时代 寻求商机——陈双义

没有人不渴望成功，创业如很多事情一样，不曾开始，没有人能预知结果，人生总要有所选择，有的人情愿停在过去，有的人却愿意搏个未来。站在人生的十字路口，创业者通常最喜欢说一句“拼搏”，拼搏的结果，一边通往天堂，一边通往地狱，一面炙热如火，一面寒冰如歌。但是，也只有经历过的人才会懂得，不论成败，创业路上的收获很多很多，苦辣酸甜，自有创业的独特之处！

陈双义，江苏盐城人，盐城师范学院 2017 届毕业生，中国共产党员。在校期间，除了完成日常学习外，为了丰富自己的大学生活，他在指导老师的带领下建立了启航团队，启航团队是一群年轻的、敢于冒险的、诚信的小伙子，致力于打造 O2O 模式的苏北地区农副产品网上交易平台，平台的使命是“PK 掉菜市场，让生鲜送到家”，宗旨是通过整合农民 / 牧民 / 渔民、农村合作社、农贸批发市场等行业资源，打破传统的供应利益链，让生产者和消费者直接联系，搭建一个融合了线下服务和线上支付的优势，为消费者和生产者创造了新的联系方式，使互联网成为线下交易的前台。陈双义采取当下流行的 O2O 模式，在当年即取得了 26 万纯利润的回报。该平台也获得中国版权保护中心的计算机软件著作权登记证书，并获得首届江苏省“互联网＋”大学生创新创业大赛创意组三等奖。

在平台健康运营的环境下，陈双义通过不断的市场经验积累和对市场前景的预估，发现了生鲜交易行业在苏北市场的良好发展前景。根据目标市场客户的定位及实地考察，2015 年下半年，陈双义带领团队开发出“苏农商城”苏北农村电子商务平台，主打苏北地区的农副产品交易市场。同时陈双义也考虑到，农副产品进城打通的不只是将农副产品送上消费者的餐桌，同时也可以将都市产品带进了千村万乡，带动新科技走入农户生活中去，并可以严格过滤掉层层附加成本的提高，直接保证了单线的产品对接，以确保将质优价廉产品输送到农村去，将便民思想与智慧体系融入农村生活中。

陈双义于2016年4月成立了盐城惠亿信息科技有限公司，注册资本100万元，“苏农商城”苏北农村电子商务平台当时创造每日近万的交易额的记录。“苏农商城”苏北农村电子商务平台在第三届盐城市科技创业大赛第四届江苏科技创业大赛上荣获了“大学生组”优秀奖。但天有不测风云，由于团队对目标市场和平台定位上的失误及政策等因素，导致平台日交易额逐步下降，公司不得不做出转型，重新定位与规划。

在寻求新的发展目标时，陈双义发现高校考试答题卡阅卷系统成本高、速度慢、效率低下，由此发现公司新的发展方向。陈双义再次带领团队开发出了云题100高速扫描智能阅卷分析系统。云题100高速扫描智能阅卷分析系统相对于传统阅卷机而言具备诸多的优势：功能大大超越于传统阅卷机，利用其可实现标准化考试阅卷、教学测评、问卷调查、干部评议与会议选举等应用的一体化；使用成本不足传统阅卷机的1/2，且阅卷效率高，准确率高达99.99%。在2017年中国“互联网+”大学生创新创业大赛上，云题100高速扫描智能阅卷分析系统获得了大赛一等奖的优异成绩。目前该项目正在稳步发展，其希望通过自己及其团队的努力，将新项目做大做强，为成为同行业中的知名企业和一名优秀的创客而奋斗！

案例16　大学读了一年，她休学去创业——“吃螃蟹”有滋有味的丁筱煜

盐城师范学院大一学生丁筱煜，上了不到一年的大学，决定休学创业。是什么原因让她有这样的想法？她的创业成功了吗？她还会继续学业吗？盐城晚报记者采访了这个与众不同的宜兴姑娘。

高中时瞒着父母做微商赚了20万

丁筱煜是宜兴市张渚镇人，2014年考入盐城师范学院商学院市场营销专业。学了一年的市场营销后，丁筱煜这个“不安分”的女孩子觉得总是纸上谈兵可不行，得要做点什么实际的事情。

丁筱煜告诉盐城晚报记者，她自己初中就住校读书，独立性和自主性都很强。由于高考成绩没有达到父母的预期，爸妈都强烈要求她复读，可是有清晰人生规划的她却坚决不同意。

丁筱煜在高中时期就一直瞒着父母做微商，卖韩国化妆品。丁筱煜对盐城晚报记者说：“高考成绩出来后，妈妈一定要我复读，我不肯。妈妈说如果不肯复读，她不会给我上大学的学费。”

脾气倔强的丁筱煜对要求她复读的妈妈说出了自己做了多年微商的秘密，“高中期间做化妆品代购，我就赚了20万，如果妈妈不给我学费，我自己也会支付学费来上学。”

妈妈拗不过这个倔脾气的女儿，也被她的赚钱能力惊呆了，看样子女儿是个做生意的料。

“我爸爸是个很成功的生意人，我从小就很佩服爸爸，想像他一样。”丁筱煜对盐城晚报记者说。丁筱煜上大一的时候，刚好有几个亲戚家的孩子大学毕业正找工作，他们中不乏出身名校者，但是似乎工作都找得不理想。

丁筱煜和爸爸谈休学创业的想法时，也拿这些哥哥姐姐们的事作为例子：“现在大学生找工作这么难，找到一个工作单位也不一定是自己喜欢做的事情，既然我现在有想法、有干劲，为什么不让我试试呢？如果成功了，我就有了自己的一份事业，学业我一定会完成的，只是推迟一点时间。如果不成功，继续回来读书，我也不会心怀遗憾了。”通情达理的爸爸被敢想敢干的女儿打动了，同意了她的决定。

踏实选择创业路——开平价饭店

丁筱煜拿着自己高中时期挣的 20 万和爸爸准备给她出国留学的 80 万开始谋划创业项目。

“原本还是想做和化妆品相关的生意，但是爸爸和二叔给出了不同意见。”丁筱煜说，“爸爸是做饭店起家的，二叔在一个五星级大酒店做厨师长，他们都建议我还是做餐饮。”

长辈的理由是，餐饮业虽然辛苦，但是挣钱比较踏实，不需要太大的做生意的技巧，只要真心实意、货真价实，就一定会有顾客上门。

丁筱煜接受了爸爸和二叔的意见，在宜兴张渚镇开了一家平价餐馆，取名丁香楼。

走马上任，丁筱煜既是老板也是伙计又是账房。资金有限，她一分钱掰成两半花。

“不能什么都指望雇人，必须亲力亲为。就从买菜开始，我从一个菜都不怎么认识的小姑娘，到随便什么菜现在市场价多少，哪里的菜品质好，统统都门清。”凌晨三四点，天都没亮，丁筱煜就开车去蔬菜批发点拿菜。一开始菜贩们都不太搭理她：“看你一个小孩能正经做生意吗？”

丁筱煜说：“和这些菜贩必须混熟，他们才会把好菜留给你，也不会乱给你开价。”

每次凌晨去买菜，丁筱煜都会带上一些热腾腾的早点请菜贩们吃，加上她嘴又甜，日子不长，就在那里无人不知无人不晓了。

“现在我到市场，他们都会给我留最好最新鲜的，价格也要得低。”丁筱煜自豪地跟盐城晚报记者分享她的生意经。

有一次，饭店里特别忙，丁筱煜给客人结账时不小心算错了钱，给一个客人多收了 12 元。客人发现后，在店里大吵大嚷，丁筱煜怎么给他道歉都不依不饶，一定要给他免单。

当时店里其他的客人看不下去，跟那个人说，这么点小事，人家小姑娘已经跟你道歉了，你就别要求太过分了，那个人这才罢休。送走了这个难缠的客人，丁筱煜委屈地哭了，妈妈安慰她："做生意、做人都要学会适当低低头，有亏自己吃。"

丁筱煜说，这一年生意做下来，她也深切体会到妈妈说的吃亏是福："有的时候虽然自己吃点亏，但是别人记住了你的好，可能会在你意想不到的时候给予你帮助。"

事业走上正轨，准备今年返校学习

丁筱煜在学校里的好朋友柯妍告诉盐城晚报记者，丁筱煜有休学创业的打算时，第一时间就来找她商量。

"我特别支持她。因为丁筱煜和别的女孩不一样，她特别热情，也不娇滴滴的。她非常能干，在学校里时化妆品代购的生意已经做得很好，她有这个能力去做这件事。"柯妍说。

创业初期，丁筱煜身心压力都特别大，有时候给柯妍打电话说自己每天只能睡三四个小时。柯妍心疼她说："如果做不下去，饭店就交给你爸爸，你回来上学吧。"丁筱煜坚定地跟她说："不，我不会轻易放弃的，这是我的选择，所以多大的苦我都得吃，我就是想跟你说说知心话。"

日子一天天过去，丁筱煜的饭店越开越火，镇子上的人都知道这个小姑娘开的饭店，菜价便宜、分量十足、口味上佳。丁筱煜已经准备在宜兴市里再开一家分店。

生意一天天好起来，丁筱煜也不像一开始摸不着头脑，忙得团团转了："对大局已经有了掌控，很多事情打打电话，或者通过网络就可以解决。现在我再也不用半夜起来买菜了，已经有固定合作的送菜渠道。"丁筱煜对盐城晚报记者说。

没那么忙了的丁筱煜准备今年四月回校继续学习。丁筱煜说："学业我一定会完成的，倒不是为了有个文凭。上大学是人生很重要的一段经历，我不想缺失。而且我对学校有着向往，还想以后继续读研深造。"

丁筱煜谈到，创业不只是为了挣钱，更多的是梦想，是一种情怀，所以她需要读更多的书，通过更多的学识来开阔视野，为她的梦想作支撑。

案例 17　大二女生校园里开洗车铺——冯琛

盐城晚报记者近日听说了一件奇事，盐城师范学院几个大学生在校园里开了一家洗车铺。昨天，盐城晚报记者在学校里见到了创业学生中的两位骨干——冯琛和刘璇，聆听了她们讲述开洗车铺的甘与苦。

冯琛和刘璇是盐城师范学院商学院国际经济与贸易系的大二学生。两个小女生个头不高，一个戴着眼镜，一个剪着齐刘海，都还是一副学生模样，却有着"大雄心"。冯琛是这个洗车铺的领头人，被洗车铺的其他同学戏称为"冯总"，她话不多，非常腼腆。刘璇则与她大不同，说起话来竹筒倒豆子，这两个人倒是完美搭档。

冯琛和刘璇的校园洗车铺现在一共有 5 个合伙人，不分主次，利益均摊。“现在洗一辆车 10 元钱，一个星期有 6 辆车左右的业务。我们干了快一年，挣了三四千块钱，分到每个人手上钱不多，但是大家还都挺有干劲的。”刘璇对盐城晚报记者说。

家在宿迁的刘璇，兄弟姐妹多，她对盐城晚报记者说：“父母为了让我们读书，经济压力还是挺重的，现在自己能挣点钱，减轻一点他们的负担，我很高兴。”

老师觉得很好，妈妈有些心疼

冯琛开办这个洗车铺子，初衷倒不是为了挣钱，“就是不想做一个和别人一样的人”，她从大一开始就琢磨着各种“干点什么的想法”。

刘璇对盐城晚报记者说：“别看‘冯总’闷不吭声的，她可是个闲不住的人，总憋着创业的念头，做事又很果断。以前她还在学校里做过零食代购，就是其他同学想吃什么，上她的微信订购，她去帮他们买，生意也很红火。

冯琛不好意思地说：“因为自己太爱吃零食，每次去给别人代购零食，自己买的比人家订的还多，后来这生意就不做了。”

当冯琛又萌生了开校园洗车铺的想法的时候，第一时间告诉了班主任刘成。刘老师非常支持她，还把她选为班级的创业委员。“学商的学生就是要课本与实践相结合。”刘老师说。

冬天，冯琛的妈妈到学校来看她，看到天寒地冻的时候，女儿还在洗车，很是心疼，想劝她别干了。冯琛对妈妈说：“冷是冷点，但是我快乐，做自己想做的事，吃这点苦算不了什么。”

继续扩大洗车队伍，拓展业务

冯琛和刘璇的洗车铺子受到了学校的大力支持。刘璇告诉盐城晚报记者：“我们没钱购买洗车设备，学院里赞助我们一套洗车设备。”

不少老师还成了她们的老主顾，商学院的李祥老师说：“我觉得她们洗得比外面洗车店洗得还干净，她们洗得很仔细，我车都给她们洗。”

冯琛准备再购进一台车内吸尘器，拓展服务项目，“再招进一些志同道合的同学，扩大我们的洗车队伍。现在如果生意接多了，我们人少也忙不过来。”冯琛说。

两个小姑娘对未来充满了美好的设想，她们说将来可能走创业的路，对自己当老板还挺期待，“现在吃点苦受点累，是为将来做准备，我们已经做好了经历风雨的准备。”两个美丽的姑娘对盐城晚报记者如是说。

案例 18　苗族小伙校园创业忙得欢——吴秀锋

今年 22 岁的吴秀锋，是盐城师范学院商学院市场营销专业大一学生，家在贵州松桃苗族自治县。在校园里，吴秀锋每天都忙得不可开交，他在学校里开民族服饰店、在宿舍办文印室，还兼职做软件推广。3 月 20 日，记者在师院见到这位努力的苗族小伙时，他说："我在这里学习、生活、创业，受到了学校、同学和朋友们很大的照顾和帮助，我要勤奋努力才不辜负他们的期待。当初选择到这里来上学真没选错。"在师范学院大学生创业基地的展示墙上，吴秀锋介绍自己店的 logo——"National"。

从家到学校车程 30 多个小时

从吴秀锋家到盐城可真是路途遥远："我要先从家坐汽车到贵州铜仁市，到铜仁才有火车站，然后坐火车到上海，再从上海坐汽车到盐城。"吴秀锋向盐城晚报记者介绍他要折腾这么多趟车程才能到学校，这一路要 30 多个小时。

为什么要到离家这么远的地方来上学呢？吴秀锋说："总在一个地方待着，会扼杀想象力，出去看世界，能带给我不一样的经历和心境。"

那为什么会选择盐城师范学院呢？吴秀锋告诉盐城晚报记者："因为盐城师院有面向少数民族的预科班，我们那儿有近 20 人都在这里上学，大家互相有个照应，也没有太大的陌生感。"

到学校上学之前，吴秀锋先在师院官网上了解了一下学校的概况，他告诉盐城晚报记者："我在学校网站上看到，学校有个学生创业基地，鼓励学生在学校里面创业，我对这一点特别感兴趣。"

一上学就开了民族服饰店

一进学校，吴秀锋就开始张罗申请进学生创业基地的事。申请个什么项目呢？想来想去，还是要做自己熟悉的东西，吴秀锋决定做家乡的苗族服装，渐渐又思维发散到可以开个民族服饰店。吴秀锋说："申请过程中得到了很多帮助，一开始我什么也不懂，系主任和班主任教我写策划书，学校也特别支持少数民族学生创业，所以很快我的民族服饰店就开起来了。"

吴秀锋告诉盐城晚报记者："开店的本钱一万二，我又拉了俩合伙人，我投资 50%，他们一人 30%，一人 20%。一个是肖凤，是我的苗族老乡，学会计的，她非常多才多艺，会跳舞、编舞。还有一个是沙文华，彝族人，做事特别认真、细心。我的本钱是找朋友借的，现在店开了一年多，借的钱已经还了，另外还挣了四五千元钱。"

就这样三个同学把小店开起来了，生意做着做着，他们想出了自己开发市场的方法。吴秀锋说："毕竟买民族服饰的同学不是很多。但是我们发现有时候学校有一些艺术活动，同学们苦于找不到民族服装，如果买一件，日常生活里也不一定会穿，我们就开发了民族服饰租赁业务，一件衣服租一天 25 元，没想到生意变得特别好。我们又自己组织了一些少数民族风情的派对，吸引同学们来参加，来参加的同学越来越多，有少数民族的，有汉族的，同学们对这样的派对非常有兴趣，我们的租衣生意也越来越好。”

吴秀锋他们不仅只顾自己的生意，学校里有社团开办文艺活动的时候，吴秀锋、肖凤和沙文华还经常帮他们一起搞策划、做节目编排。另外，每逢少数民族的大节日的时候，他们的小店还搞各样的庆祝活动，吴秀锋对盐城晚报记者说：“去年的古尔邦节，我们就搞了一个活动，给穆斯林同学送新年礼物，让参与的同学感受到学校家庭般的温暖。”

几多社会历练，体会到父母不易

吴秀锋的小店开得有声有色，他说：“我已经可以自己挣生活费了，还可以给上高中的妹妹一点儿零花钱。爸爸妈妈在外打工的压力也没有以前那么大了。”

光开民族服饰店，吴秀锋还嫌不够，他又动脑筋在宿舍创办了一个小小的文印室。吴秀锋说：“我和宿舍的兄弟们关系都特别好，我要在宿舍弄个打印机，办个文印室，他们全都没意见、支持我，我非常感谢他们。”

同学们在吴秀锋这儿打印，足不出户，而且价格便宜。很快，文印室的生意也火起来了。闲不下来的吴秀锋，还觉得自己有时间可以做更多的事情。他又组织了几个同学在学校里做百度外卖推广。

吴秀锋说：“我想带领更多的同学把学习的阵地扩大到社会，在社会这个大课堂上运用我们所学，锻炼我们的能力。有一些同学不珍惜在校学习的时光，一有空就打游戏，以前我也爱打游戏，可是打了一阵发现这事特别浪费时间，而且耗在游戏里，其他什么事都不想干，所以果断把游戏戒了。我自己创业、有了这些社会历练后，才知道各行各业都很不容易，父母在外挣钱有多么难，毕业以后走上社会，我不要做一个眼高手低的人，要一步一步为梦想打拼。”

案例 19　大学生创业两年开了四家分校——许晨逸

2017 年 12 月 5 日，江苏省人社厅公布了“2017 年江苏省大学生优秀创业项目”名单，无锡新吴区的“小爱迪生青少年成长中心”榜上有名，也获得省财政厅 10 万元创业补贴。之前，在 2017 年无锡市暨新吴区全民终身学习活动周开幕式上，全市 20 家培训机构代表在市教育局局长唐加俊的监誓下进行了“诚信办学”宣誓，“小爱迪生”便是其中之一。

2016 年从盐城师范学院毕业的许晨逸，就是“小爱迪生青少年成长中心”创办人。

这个90后大男孩，在校时担任过校电视台台长，大四时利用实习机会搞创业，现在他成了一名有着四个校区的“小爱迪生”的总校长。

“我大学学的是心理教育专业，参与组织过许多大型活动与演出，这些经历给了我创业很大的帮助。”小许告诉记者，“小爱迪生青少年成长中心”作为一个综合性培训机构与平台，是目前主推项目，现在新吴区已有硕放、宝龙广场等四家校区了，课程包括棋社、舞蹈、跆拳道、国际象棋、书法、国画、小主持人、机器人等，其中舞蹈等课程为与其他知名机构合作引进。“最初想引进课程时，我花了3个月的时间，拜访了十多家企业，最后终于谈成3门课。现在，反过来了，那些专业培训机构想要进驻我们的平台。”

据了解，“小爱迪生”目前最具有特色的课程有小主持人、小仙鹤舞蹈，小主持人课程注重学员在形体、声音、台词、表演、朗诵、口才演讲等方面综合能力与素质的培养，该课程荣获了第三届江苏省“未来之星”少儿才艺大赛优秀奖、无锡市二等奖。

“芳草园教育”已成为“小爱迪生”旗下专为中小学生量身定制学科培优的培训学校，现开设有幼小衔接、数学思维提高、新概念英语等课程，目前在硕放街道和宝龙广场开设了两所分校。

“明年初，我们将采用加盟的方式，开设中国区第294家爱贝国际少儿英语，并将引入注意力培训、国学课程……”谈起未来的打算，许晨逸眼睛炯炯有神，看来很是胸有成竹。